Das Jahreskochbuch

Rose Marie Donhauser, geb. 1959, ist in einem bayerischen
Landgasthof aufgewachsen. Nach einer Kochausbildung im Hilton
Hotel in München und im Hyatt Regency in Brüssel wurde sie
Food and Beverage Managerin. Seit 1988 arbeitet sie als Koch-
buchautorin, Foodjournalistin und Restauranttesterin.

Magdalene Krumbeck, geb. 1956, studierte Illustration in Biele-
feld und lebt heute in Wuppertal. Sie hat sich als Buchgestalterin
und Illustratorin einen Namen in der Verlagsbranche gemacht
und arbeitet für renommierte Buchverlage.

Bibliografische Information der Deutschen Nationalbibliothek
Die Deutsche Nationalbibliothek verzeichnet diese Publikation
in der Deutschen Nationalbibliografie; detaillierte Daten sind
im Internet unter *http://dnb.d-nb.de* abrufbar.

© 2008 Verlagshaus Jacoby & Stuart, Berlin
Alle Rechte vorbehalten
Gestaltung, Satz und Litho: typocepta, Wilhelm Schäfer, Köln
Gesetzt aus der Newzald und der National
Printed in Germany

ISBN 978-3-941087-06-4

www.jacobystuart.de

Rose Marie Donhauser

Das Jahreskochbuch

Rezeptideen für 365 Tage

Illustrationen von Magdalene Krumbeck

Jacoby & Stuart

Inhalt

DER AUTOMATISCHE EINKAUFSZETTEL FÜRS GANZE JAHR
Und damit Sie sich auch über das Einkaufen keine Gedanken machen
müssen, können Sie sich ein Jahr lang jeden Donnerstag den Einkaufszettel für die nächste Woche automatisch zumailen lassen.
Einfach auf www.jacobystuart.de/Jahreskochbuch eintragen, und los
geht's.

Was koche ich heute?

Jeden Tag stehen wir vor dieser immer gleichen Frage. Und wenn wir endlich wissen, was wir kochen wollen, müssen wir die Vorräte überprüfen, einen Einkaufszettel schreiben und und und ... Was kochen, wenn ein Kindergeburtstag ansteht oder Gäste kommen, wenn ein Picknick vorzubereiten ist oder an den jährlichen Festtagen?

Im *Jahreskochbuch* finden Sie Antworten auf all diese Fragen und können sich mühelos und abwechslungsreich an 365 Tagen »durchs Jahr kochen«, denn dieser intelligente Küchenleitfaden gibt eine phantasievolle Speisekarte mit gesunden Zutaten und schnell zuzubereitenden Gerichten fürs ganze Jahr vor!

Sie müssen sich nicht mehr den Kopf zerbrechen, was heute oder morgen auf den Tisch kommen soll. Obendrein sparen Sie Zeit durch cleveres Vorkochen und geschicktes Verbinden von Vorgekochtem mit neuen Komponenten, denn die meisten Rezepte des Buches verweisen nach vorne und zurück. Einige Zutaten haben Sie bereits vor einiger Zeit zubereitet, andere kommen neu hinzu, noch andere werden gleich auf Vorrat bereitet.

Und wenn Sie diesen Küchenplaner nicht jeden Tag benutzen wollen, kein Problem: Sie können jederzeit quereinsteigen, einzelne Rezepte nachkochen, Küchenklassiker auswählen und sich natürlich einfach durch die Rubriken inspirieren lassen.

Probieren Sie es aus, und der Spaß am Kochen hält auch im Alltag wieder Einzug!

Fröhliches Kochen und guten Appetit wünscht Ihnen
Rose Marie Donhauser

Januar

Blinis mit dreierlei Joghurt-Dips

📖 Bereiten Sie gleich die doppelte Menge Blinis zu und frieren Sie die Hälfte davon fertig gebraten ein, Rezept vom 9. Januar (s. Seite 16)

Dieser Brunch bietet sich für faule Sonntage an und ist natürlich auch für den Neujahrstag ideal, denn die Silvesternacht wird bekanntlich lang. Der Blini-Teig und der Kuchen können jeweils am Vortag zubereitet werden. Das einfache und schnelle Blini-Rezept stellt die Fleisch-, Fisch- und Veggi-Fans zufrieden, der Kuchen sowieso.

150 g Buchweizenmehl
150 g Weizenmehl
1 Prise Salz
400 ml lauwarme Milch
½ frischer Hefewürfel (etwa 20 g)
2 Eier, getrennt
50–80 g Butter zum Backen

FÜR DIE JOGHURT-DIPS:
500 g Naturjoghurt

150 g Räucherlachs
½ Bund gemischte Kräuter
150 g gekochter Schinken
1 EL Zitronensaft
Salz, schwarzer Pfeffer
1 Gläschen Kaviar bzw. Kaviarersatz

NACH BELIEBEN:
1 Zitrone, in Scheiben geschnitten

AM VORTAG:

▸ Buchweizenmehl und Weizenmehl mit einer Prise Salz versieben. Die Milch mit dem Hefewürfel gründlich verrühren und unter das Mehlgemisch rühren. Den Teig mit zwei Eigelben verrühren, mit einem Tuch abdecken und am besten über Nacht an einem nicht zu kalten Platz quellen lassen. Eiweiß abgedeckt in den Kühlschrank stellen.

AM NÄCHSTEN TAG:

▸ Das Eiweiß zu steifem Schnee schlagen und unter den Teig heben.
▸ Den Räucherlachs in feinste Streifen schneiden. Die Kräuter waschen, trocken schwenken, die Blättchen von den Stängeln zupfen und fein hacken.
▸ Den Schinken in kleine Würfel schneiden.
▸ Den Joghurt in drei Portionen aufteilen.
▸ Die erste Portion mit Räucherlachs verrühren und mit einigen Tropfen Zitronensaft, Salz und Pfeffer abschmecken.
▸ Die zweite Portion Joghurt mit Kräutern, Salz und Pfeffer verrühren.
▸ Die dritte Portion mit Schinkenwürfeln, Salz und Pfeffer verrühren und abschmecken. Die

Dips in Saucenschalen füllen.

▶ Einen Teelöffel Butter in einer Pfanne erhitzen und eine kleine Kelle flüssigen Teig in das heiß schäumende Fett geben. Anbacken lassen und den Blini wenden. Nacheinander 8 kleine Teigfladen backen und dabei immer wieder etwas Butter zugeben.

▶ Jeweils zwei Blinis auf einen Teller geben, mit je 1 Zitronenscheibe belegen und mit Kaviar garnieren. Die Dips dazu reichen.

Crostata di limone

FÜR DEN MÜRBETEIG:
200 g Mehl
100 g kalte Butterstückchen
70 g Zucker
2 Eigelbe
abgeriebene Schale von
1 unbehandelten Zitrone
Salz

FÜR DIE FÜLLUNG:
5 Eier
Saft und abgeriebene Schale von
2 unbehandelten Zitronen
150 g Zucker
100 g zerlassene Butter

FÜR DIE SPRINGFORM:
Butter und Mehl
5 EL Mandelblättchen
3 EL Puderzucker

Lazy Weekend
🍴 Für 1 Springform von 28 cm Durchmesser
🕐 Zubereitungszeit: 30 Minuten
🕐 Ruhezeit: 1 Stunde
🕐 Backzeit: 30 Minuten

AM VORTAG:

▶ Auf einer Arbeitsfläche aus Mehl, Butterstückchen, Zucker, Eigelb, Zitronenschale und einer Prise Salz einen Mürbeteig kneten. Zu einem Kloß formen, in Klarsichtfolie wickeln und für mindestens 1 Stunde oder länger in den Kühlschrank stellen.

▶ Eine Springform mit Butter ausfetten und mit Mehl ausklopfen und den Backofen auf 200 °C (Umluft 180 °C) vorheizen.

▶ Für die Füllung die Eier mit der abgeriebenen Schale von 2 Zitronen, dem Saft von ½ Zitrone und dem Zucker verrühren.

▶ Langsam die abgekühlte, zerlassene Butter unterrühren. Zuletzt den Saft von 1 ½ Zitronen unterziehen.

▶ Den Mürbeteig auf einer bemehlten Arbeitsfläche ausrollen und die Springform bis zum Rand hoch damit auskleiden.

▶ Den Mürbeteigboden mit Mandelblättchen bestreuen und diese andrücken. Die Füllung nochmals durchrühren, vorsichtig löffelweise in die Form geben.

▶ Die Oberfläche dick mit 2 EL Puderzucker bestäuben und den

Kuchen etwa 30 Minuten backen. Herausnehmen und abkühlen lassen.

AM NÄCHSTEN TAG:
▸ Vor dem Servieren den Kuchen mit Puderzucker bestäuben.

2. Januar

Lammburger mit Ziegenkäse

Ein pfiffiges Rezept, das flott von der Hand geht und besonders bei Kindern, aber auch bei gestandenen Männern beliebt ist.

Kinder, Kinder
🏃 Für 4 Portionen
🕐 Zubereitungszeit: 30 Minuten

🛒 Kaufen Sie gleich 1 kg Lammhackfleisch und frieren Sie die Hälfte davon ein, Rezept vom 9. Januar (s. Seite 16)

TIPP
Auf die Lammburger passen auch Gurkenscheiben, Paprika- oder Mango-streifen.

4 Scheiben Toastbrot	1 TL getrockneter Thymian
100 g Sahne	6 EL Olivenöl
1 Zwiebel	300 g Ziegenkäse
2 Knoblauchzehen	(oder Käse Ihrer Wahl)
500 g Lammhackfleisch	1 großes Baguette
1 TL mittelscharfer Senf	100 g schwarze Oliven ohne Kerne
1 Ei	1 Kopfsalatherz
Salz, schwarzer Pfeffer	

▸ Das Brot in 1 cm große Würfel schneiden und mit Sahne begießen. Die Zwiebel und die Knoblauchzehen abziehen und fein würfeln.
▸ Das Lammhackfleisch mit dem Brot, den Zwiebel- und Knoblauchwürfeln, dem Senf und dem Ei verkneten. Mit Salz, Pfeffer und Thymian würzen. Aus dem Teig vier flache, längliche Frikadellen formen.
▸ 3 Esslöffel Olivenöl in einer Pfanne erhitzen und darin die Frikadellen auf jeder Seite etwa 5 Minuten braten.
▸ Den Backofen auf 200 °C (Oberhitze) oder mit Grillstufe vorheizen.

▸ Den Ziegenkäse in Scheiben schneiden. Das Baguette in vier Portionen teilen, diese quer durchschneiden, mit dem restlichen Olivenöl beträufeln und zum Erwärmen in den Backofen geben.
▸ Die Oliven klein hacken. Das Salatherz waschen, trocken schwenken und in Streifen schneiden. Je eine untere Hälfte Baguette mit Oliven bestreuen und mit der Hälfte der Salatstreifen bedecken.
▸ Je eine Frikadelle auf die untere Brothälfte legen. Mit Ziegenkäse und Salatstreifen belegen. Die Baguettedeckel darauf setzen, und fertig ist der Burger.

Gefüllte Nudelrolle

Dieses Pasta-Gericht ist ausnahmsweise etwas aufwendiger, aber Kindern macht es nun mal Spaß, Nudelteig selbst herzustellen, und an manchen Tagen ist ja auch genug Zeit dafür.

Pasta, basta!

🍴 Für 4 Portionen

🕐 Zubereitungszeit: 1 ½ Stunden

300 g Mehl	4 EL Pflanzenöl
3 Eier	750 g fertiges Sauerkraut (Dose)
1 EL Pflanzenöl	grob geschroteter schwarzer
Salz	Pfeffer
100 g geräucherter Schinken	1 TL Kümmel
4 Debreziner	2 l Fleischbrühe
(oder spanische Chorizo)	

🗂 Bereiten Sie gleich die doppelte Menge Sauerkraut zu und bewahren Sie die Hälfte davon im Kühlschrank auf, Rezept vom 7. Januar (s. Seite 15)

TIPP

Wenn Sie keine Zeit haben, den Nudelteig selbst zuzubereiten, nehmen Sie einfach einen fertigen frischen Teig aus der Kühltheke im Supermarkt.

▸ Aus Mehl, Eiern, Pflanzenöl, einer Prise Salz und 1–2 Esslöffeln Wasser einen geschmeidigen Teig kneten. Zu einem Kloß formen, in Klarsichtfolie hüllen und 20 Minuten ruhen lassen.

▸ Inzwischen den Schinken fein würfeln. Die Debreziner oder Chorizo pellen und auch fein würfeln. In einem Topf das Pflanzenöl erhitzen und darin Schinken- und Wurstwürfel anbraten.

▸ Das Sauerkraut ausdrücken und in den Topf geben. Mit Salz, Pfeffer und Kümmel würzen. Unter Rühren einige Minuten dünsten, dann die Hälfte davon – sofern sie gleich doppelte Menge zubereiten – herausnehmen und abkühlen lassen.

▸ Das restliche Sauerkraut mit ½ Liter Fleischbrühe etwa 20 Minuten leise gar kochen lassen. Anschließend abkühlen lassen, in eine Kühlbox geben und für den 7. Januar in den Kühlschrank zur Aufbewahrung stellen.

▸ Den Backofen auf 200 °C (Umluft 180 °C) vorheizen. Den Teig auf einer bemehlten Arbeitsfläche zu einem langen Rechteck dünn ausrollen. Das abgekühlte, nicht fertig gekochte Kraut darauf verteilen, aber einen Rand lassen.

▸ Den Teig von der langen Seite aufrollen und quer in acht, etwa 5 cm dicke Scheiben schneiden. Diese mit der Schnittfläche nach unten in eine hohe, feuerfeste Form dicht nebeneinander setzen.

▸ 1 ½ Liter Fleischbrühe aufkochen und die Nudelrollen damit begießen, sie sollten eben bedeckt sein. In den Backofen schieben und etwa 40 Minuten garen. Anschließend die fertigen Nudelstücke in tiefe Teller verteilen und mit Brühe begießen.

Tafelspitz mit Semmelkren

Sonntagsessen

👥 Für 4 Portionen

🕐 Zubereitungszeit:
   3 Stunden

📖 Kochen Sie gleich die doppelte Menge Rindfleisch, also 1,2 kg, die Hälfte wird, abgekühlt und in Streifen geschnitten, in einer Kühlbox im Kühlschrank aufbewahrt, Rezept vom 8. Januar (s. Seite 16)

📖 Kochen Sie am besten auch gleich mehr von dem Beilagengemüse, Rezept vom 5. Januar (s. Seite 13)

Heute gibt es ein richtig winterliches Sonntagsessen, und Sie können auch gleich für die nächste Woche vorkochen.

600 g Tafelspitz (oberes Teil der Rinderkeule oder auch Rinderbrust)	2 Karotten
	½ Bund glatte Petersilie
	½ Stange Lauch
250 g Rinderknochen	100 g Knollensellerie
Salz	2 Semmeln (Brötchen) vom Vortag
1 Zwiebel	100 g frische Meerrettichwurzel
6 weiße Pfefferkörner	weißer Pfeffer
1 Petersilienwurzel	

▶ Den Tafelspitz und die Rinderknochen unter fließend kaltem Wasser waschen. Einen Topf mit Salzwasser zum Kochen aufstellen und, sobald das Wasser kocht, Fleisch und Knochen einlegen. Einige Minuten kochen lassen, alles abgießen und abspülen.

▶ Den Topf mit frischem Salzwasser zum Kochen aufstellen. Die Zwiebel halbieren und mit den Schnittflächen in eine ungefettete heiße Pfanne zum Bräunen legen. Die Zwiebelhälften aus der Pfanne nehmen und zusammen mit den Pfefferkörnern, dem Fleisch und den Knochen in das kochende Wasser geben. Die Petersilienwurzel und eine Karotte waschen, in kleine Stücke schneiden und zum Fleisch geben.

▶ Das Fleisch bei milder Hitze, je nach Fleischqualität, 2 ½ bis 3 Stunden garen lassen. Kurz vor Ende der Garzeit die Petersilie waschen, trocken schwenken, die Blättchen abzupfen und fein hacken. Die zweite Karotte schälen, zuerst in dünne längliche Scheiben und dann quer in schmale Streifen schneiden. Den Lauch längs halbieren, zwischen den Blattschichten waschen und quer in dünne Streifen schneiden. Den Knollensellerie waschen, schälen und passend zum anderen Gemüse schneiden.

▶ Die Brötchen halbieren, in dünne Scheiben schneiden und in eine kleine Schüssel legen. Den Meerrettich schälen und reiben und zusammen mit der Petersilie auf die Brötchen streuen. Mit Salz und Pfeffer vorsichtig würzen und mit 1 Schöpfkelle Fleischbrühe begießen. Abdecken und ruhen lassen.

▶ Das fertig gegarte Fleisch aus der Brühe nehmen, mit Folie abdecken und mindestens 15 Minuten ruhen lassen. Die Fleischbrühe durch ein Haarsieb passieren und erneut erhitzen. Die vorbereiteten Gemüsestreifen einstreuen und kurz ziehen lassen.

▶ Das Fleisch in Scheiben schneiden (die Hälfte im Kühlschrank verstauen) und in einer vorgewärmten, tiefen Servierplatte anrichten. Mit Fleischbrühe begießen und mit Gemüsestreifen überziehen. Den Semmelkren separat dazu servieren.

▶ Dazu passen Bouillonkartoffeln. Dafür kleine geschälte Kartoffeln in der Fleischbrühe mitkochen. Als Gemüse eignen sich Wirsing, Schwarzwurzeln in Rahm oder Kohl mit vielen Kräutern.

TIPP
Fleischpartikelchen und Häute sowie Eiweiß- oder Trübstoffe können sich beim Kochen des Fleisches auf der Kochflüssigkeit sammeln. Dieser Schaum muss abgeschöpft werden, oder das Fleisch erst ein paar Minuten kochen und dann mit frischem Wasser erneut aufsetzen.

Nudelauflauf

5. Januar

Das übrige Gemüse vom Vortag (s. Seite 12) mit 500 g gekochten Nudeln in eine gefettete Auflaufform schichten, mit einer Mischung aus 200 g Sahne, 2 Eiern und 50 g geriebenem Käse begießen und im vorgeheizten Ofen bei 180 °C etwa 30 Minuten überbacken – fertig ist der Auflauf!

Pasta, basta!
🍝 Für 4 Portionen
🕐 Zubereitungszeit:
   3 Stunden

Italienische Bohnensuppe

🍴 Für 4 Portionen

🕐 Einweichzeit:
   8 Stunden

🕐 Zubereitungszeit:
   1 Stunde

📖 Kochen Sie gleich die doppelte Menge Bohnensuppe und frieren Sie die Hälfte davon ein, Rezept vom 10. Januar
(s. Seite 17)

TIPP
Wenn Sie es eilig haben, kaufen Sie beim Italiener bereits gekochte weiße Bohnen im Glas.

Für diese Suppe müssen Sie zwar ziemlich viel schnippeln, aber die Mühe lohnt sich wirklich, denn die Suppe ist einfach köstlich!

400 g getrocknete weiße Bohnen	500 g Wirsing
4 Knoblauchzehen	1 große Karotte
1 Zwiebel	2 rote Paprikaschoten
1 Stange Lauch	Salz, schwarzer Pfeffer
4 EL Olivenöl	4 Fleischtomaten
4 Stangen Staudensellerie	etwa 10 Salbeiblätter

▸ Die Bohnen etwa 8 Stunden (am besten über Nacht) in kaltem Wasser einweichen und quellen lassen. Dann die Bohnen mit frischem Wasser zum Kochen aufstellen und etwa 30 Minuten offen kochen lassen.

▸ Die Knoblauchzehen und die Zwiebel schälen und fein würfeln. Den Lauch der Länge nach halbieren, großzügig das Grün entfernen und zwischen den Blattschichten waschen; quer in feine Streifen schneiden.

▸ Das Olivenöl in einem breiten Topf erhitzen und darin die Zwiebel- und Knoblauchwürfel andünsten. Die Bohnen abgießen, in einem Sieb waschen und in den Kochtopf geben. Mit 1 ½ Liter kaltem Wasser begießen, aufkochen und bei mittlerer Hitze weitere 30 Minuten kochen lassen.

▸ Den Staudensellerie putzen und in etwa 1 cm große Stücke schneiden. Den Wirsing entblättern, dicke Rippen entfernen und quer in etwa 1 cm breite Streifen schneiden. Die Karotte schälen und in Scheibchen schneiden. Die Paprikaschoten waschen, vierteln, Stiel, Kerne und Trennwände entfernen und in Streifen schneiden.

▸ Alle vorbereiteten Gemüse zu den Bohnen rühren und mit Salz und Pfeffer würzen. Die Tomaten mit heißem Wasser überbrühen, häuten, Stielansätze und Kerne entfernen und das Fruchtfleisch in Streifen schneiden. Die Salbeiblätter waschen und grob hacken. Beides in die Suppe geben, abschmecken und noch einige Minuten ziehen lassen.

Zanderravioli auf Rahmsauerkraut

Heute gibt's die Pasta mal als Ravioli, mit einer leckeren Fisch-füllung – ein echter Genuss!

FÜR DIE RAVIOLI:

200 g Mehl
Salz
2 Eier
1 TL Pflanzenöl

FÜR DIE FÜLLUNG:

200 g Zanderfilet
100 g Sahne
50 g Kräuter-Crème-fraîche

1 Eiweiß (Größe M)
Saft von ½ Zitrone
Salz, weißer Pfeffer
750 g fertiges Sauerkraut
100 g Sahne
1 TL gemischte Kräuter (TK-Ware)

AUSSERDEM:

Mehl zum Ausrollen des Teiges

▸ Für die Ravioli das Mehl auf eine Arbeitsplatte sieben und daraus mit Salz, Eiern, Öl und 2 Esslöffeln lauwarmem Wasser einen glatten Teig kneten. Diesen zu einem Kloß formen, mit Mehl bestäuben und 30 Minuten ruhen lassen.

▸ Für die Füllung die Zanderfilets unter fließend kaltem Wasser waschen, trocken tupfen, in kleine Stücke schneiden und im Küchenmixer fein pürieren. Mit Sahne, Crème fraîche, Eiweiß und Zitronensaft gründlich verrühren. Den Fischteig mit Salz und Pfeffer würzen, mit Folie abdecken und bis zum Gebrauch in den Kühlschrank stellen.

▸ Den Nudelteig in zwei Portionen teilen und jede auf einer bemehlten Arbeitsfläche dünn ausrollen. Die Teigfläche mit einem Teigrädchen in 4 bis 5 cm breite Streifen schneiden. Die Hälfte der Teigstreifen im Abstand von 2 bis 3 cm mit 1 Teelöffel Fischteig versehen, mit den übrigen Streifen abdecken und die Ränder fest andrücken. Mit dem Teigrädchen zu Ravioli portionieren und 5 Minuten ruhen lassen.

▸ In der Zwischenzeit das Sauerkraut mit Sahne und Kräutern einige Minuten garen. Die Ravioli in siedendes Salzwasser geben und bei mittlerer Hitze 5 Minuten ziehen lassen.

Pasta, basta!

👥 Für 4 Portionen

🕐 Zubereitungszeit:
   1 Stunde

🕐 Ruhezeit: 30 Minuten

📖 Das vorgekochte Sauerkraut stammt aus dem Rezept vom 3. Januar (s. Seite 11).

📖 Stellen Sie gleich die doppelte Menge Ravioli her und frieren Sie die Hälfte ein, Rezept vom 17. Februar (s. Seite 51)

Rinder-Carpaccio auf meine Art

Kalte Küche

Heute verwerten Sie das gekochte Rindfleisch aus dem Rezept vom 4. Januar (s. Seite 12) weiter. Einfach in Streifen schneiden und mit hauchdünn geschnittenen Zwiebelringen, Essiggurkenstreifen, Olivenöl, Balsamico-Essig und gemischten Kräutern zu einem pikanten Salat verarbeiten. Dazu gibt es Brötchen oder frisches Brot, Butter und Käse.

9. Januar

Blinis mit Lammhackfleischsauce

Kinder, Kinder

👪 Für 4 Portionen

🕐 Zubereitungszeit:
   30 Minuten

📋 Die tiefgefrorenen Blinis stammen aus dem Rezept vom 1. Januar (s. Seite 8), 500 g Lammhack frisch kaufen oder auftauen (s. Seite 10).

Ein ganz schnelles und besonders leckeres Gericht für Kinder – übrigens auch für Partys gut geeignet. Und obendrein ist es im Handumdrehen zubereitet.

1 kleine Zwiebel	Salz, schwarzer Pfeffer
2 Knoblauchzehen	je ½ TL getrockneter Oregano,
1 kleine Karotte	Thymian, Basilikum und Majoran
½ Bund glatte Petersilie	2 Lorbeerblätter
4 EL Olivenöl	400 g Tomatenwürfel im Saft
500 g Lammhackfleisch	(Konserve)
1 TL Tomatenmark	100 g frisch geriebener Käse
100 ml trockener Rotwein	(Gouda, Parmesan)

▸ Zwiebel, Knoblauchzehen und Karotte schälen und fein würfeln. Die Petersilie abbrausen, trocken schütteln, die Blättchen abzupfen und fein hacken.

▸ Das Olivenöl in einer größeren Pfanne mit hohem Rand erhitzen und darin die Gemüsewürfel andünsten. Das Hackfleisch hinzufügen und unter Rühren krümelig braten. Mit Tomatenmark durchrösten und mit Rotwein ablöschen. Den Pfanneninhalt mit Salz, Pfeffer und den getrockneten Kräutern würzen. Lorbeerblätter einlegen und die Tomatenwürfel mit Saft einrühren.

▸ Die Fleischsauce bei kleiner Hitze 15 bis 20 Minuten schmoren lassen. Die gefrorenen Blinis auf einem Backblech auslegen und im vorgeheizten Backofen bei 160 °C etwa 15 Minuten nur noch erwärmen.

▸ Die Hackfleischsauce nochmals abschmecken und die Lorbeerblätter entfernen. Die Blinis auf Teller verteilen, das Lammhackfleisch in einer Schüssel servieren und den Käse separat dazu reichen.

Bohnensuppe mit Einlage

Heute gibt es die zweite Hälfte der Bohnensuppe aus dem Rezept vom 6. Januar (s. Seite 14). Einfach auftauen und mit einer Einlage garnieren, z. B. Wiener Würstchen oder Reis oder Nudeln. Dazu geröstetes Knoblauchbaguette aus dem Ofen und einen bunten Salat servieren.

Lachs mit Gemüse aus der Folie

Zeit für Gäste
🍴 Für 4 Portionen
🕐 Zubereitungszeit:
40 Minuten

Sie haben Freunde zum Essen eingeladen und wollen nicht die ganze Zeit in der Küche stehen? Mit diesem Rezept zaubern Sie ein ausgesprochen leckeres und appetitlich anzusehendes Gericht auf den Tisch und haben trotzdem viel Zeit für Ihre Gäste.

🗒 Kochen Sie gleich die doppelte Menge Kartoffeln, die Hälfte können Sie morgen (s. Seite 19) zu Bratkartoffeln weiterverarbeiten.

1 kleiner Romanesco
1 kleines Bund Frühlingskarotten
1 Kohlrabi
Salz
3 EL Olivenöl
4 frische Dillzweige

1 entgrätete Lachsseite mit Haut (etwa 1 kg)
1 unbehandelte Zitrone
grob geschroteter schwarzer Pfeffer
5 EL trockener Weißwein
800 g kleine Kartoffeln

BEVOR DIE GÄSTE KOMMEN:
▸ Die Gemüse waschen, den Romaneso in Röschen schneiden, die Karotten putzen, wenn möglich, den Krautansatz nicht entfernen. Den Kohlrabi schälen, vierteln und in Scheibchen schneiden.

▸ Den Backofen auf 200 °C (Umluft 180 °C) vorheizen und ein Backblech mit Alufolie auskleiden. Die zweite Lage Alufolie quer darüberlegen und an beiden Enden überlappen lassen. Den Alufolienboden mit Olivenöl bepinseln und darauf die gewaschenen Dillzweige legen.

▸ Die vorbereiteten Gemüse in kochendem Salzwasser 5 Sekunden blanchieren, abgießen und sofort mit kaltem Wasser abschrecken; gründlich abtropfen lassen.

▸ Die Lachsseite waschen, trocken tupfen und mit dem Saft einer halben Zitrone beträufeln. Die zweite Zitronenhälfte in Scheiben schneiden, auf dem Blech verteilen und darauf die Lachshälfte mit der Haut nach unten legen.

▸ Den Lachs mit Salz und Pfeffer würzen, die Gemüse darauf anrichten. Leicht salzen und pfeffern, mit dem restlichen Olivenöl beträufeln. Kartoffeln schälen und ins Wasser legen. Beides stehen lassen, bis die Gäste kommen.

WENN DIE GÄSTE DA SIND:

▸ Rund um den Lachs den Weißwein träufeln. Die Folienenden nach oben ziehen und über dem Gemüse-Lachs gut verschließen. Das Blech in den vorgeheizten Backofen schieben und den Lachs etwa 25 Minuten garen. Gleichzeitig die Kartoffeln in Salzwasser aufsetzen.

▸ Den Gemüse-Lachs in der Folie servieren und dazu die Kartoffeln reichen.

Schweinelende mit Champignons

Heute geht es ruhiger zu, denn der Braten gart im Ofen von allein, und die Bratkartoffeln machen auch nicht viel Arbeit.

Sonntagsessen
🍴 Für 4 Portionen
🕐 Zubereitungszeit:
   60 Minuten

📖 Die gekochten Kartoffeln stammen aus dem Rezept vom 11. Januar (s. Seite 17)

1 kg Schweinelende am Stück	3 EL Pflanzenöl
Salz	1 Schuss helles Bier
grob geschroteter schwarzer	¼ l Fleischbrühe
Pfeffer	800 gekochte Kartoffeln
je 1 Msp. rosenscharfes und	2 EL Tomatenketchup
edelsüßes Paprikapulver	1 EL mittelscharfer Senf
2 EL Mehl	1 EL Worcestershiresauce
250 g Champignons	

▸ Das Schweinefleisch mit Salz, Pfeffer sowie den beiden Paprikasorten würzen und in Mehl wenden.

▸ Den Backofen auf 200 °C (Umluft 180 °C) vorheizen. Die Champignons mit einem feuchten Tuch abreiben und feinblättrig schneiden. Das Pflanzenöl in einem Bräter erhitzen und das Fleisch darin rundherum braten. Mit Bier und mit Fleischbrühe ablösen und den Bräter mit Alufolie verschließen.

▸ Den Bräter in den vorgeheizten Backofen schieben und das Fleisch 35 bis 40 Minuten garen lassen. Anschließend das Fleisch aus dem Bräter nehmen, in Alufolie wickeln und in den ausgeschalteten Backofen legen. Die Kartoffeln in heißem Pflanzenöl mit Salz und Pfeffer braten.

▸ Den Bräter auf den Herd stellen, die Bratflüssigkeit einmal aufkochen lassen und durch ein Sieb passieren. Dann mit Tomatenketchup, Senf und Worcestershiresauce würzen und die Pilze einrühren. Bei mittlerer Hitze 5 Minuten ziehen lassen.

▸ Die Schweinelende in Scheiben schneiden, auf Teller verteilen, mit der Sauce überziehen und mit Bratkartoffeln servieren.

Bandnudeln mit Wirsingsauce

Pasta, basta!

👥 Für 4 Portionen

🕐 Zubereitungszeit:
   30 Minuten

📋 Kochen Sie gleich die doppelte Menge Nudeln, die Hälfte können Sie morgen (s. Seite 21) weiterverarbeiten, und bereiten Sie auch gleich die doppelte Menge Sauce, die Hälfte benötigen Sie für das Rezept vom 15. Januar (s. Seite 22).

Es muss mal wieder ganz schnell gehen, da ist Pasta immer eine gute Wahl, und die Wirsingsauce ist auf jeden Fall etwas Besonderes.

500 g Wirsing	⅛ l Gemüsebrühe
Salz	500 g Bandnudeln
1 kleine Zwiebel	200 g Sahne
50 g gehackte Pinienkerne	schwarzer Pfeffer
½ Bund Schnittlauch	1 Msp. gemahlene Muskatnuss
2 EL Butter	100 g frisch geriebener Parmesan

▸ Den Wirsing putzen, in schmale Streifen schneiden, waschen und abtropfen lassen. Dann in reichlich kochendem Salzwasser etwa 5 Minuten kochen. Abgießen, mit kaltem Wasser abschrecken und abtropfen lassen.

▸ Die Zwiebel schälen und fein würfeln. Die Pinienkerne in einer heißen, beschichteten Pfanne unter Schwenken so lange rösten, bis sie duften, dann auf einen Teller schütten.

▸ Den Schnittlauch säubern und in Röllchen schneiden. Die Butter in einem breiten Topf heiß schäumend erhitzen und darin die Zwiebelwürfel andünsten. Die Wirsingstreifen hinzufügen, kurz mitdünsten und dann mit Gemüsebrühe aufgießen.

▸ Parallel dazu die Bandnudeln in reichlich kochendem Salzwasser bissfest garen. Das Wirsinggemüse mit Sahne verfeinern und mit Salz, Pfeffer und Muskatnuss würzen.

▸ Die Bandnudeln abgießen, abtropfen lassen und auf Teller verteilen. Die Wirsingsauce nochmals abschmecken, den Schnittlauch unterziehen und die Nudeln damit löffelweise überziehen. Mit gerösteten Pinienkernen bestreuen und den Käse dazu reichen.

Putengeschnetzeltes mit Austernpilzen

14. Januar

Wirkt sehr aufwendig, geht aber ganz schnell und schmeckt köstlich.

250 g Austernpilze
½ Bund glatte Petersilie
1 Zwiebel
1 Knoblauchzehe
500 g Putenschnitzel
3 EL Pflanzenöl

Salz, schwarzer Pfeffer
1 EL Butter
100 ml trockener Weißwein
200 g Sahne
500 g gekochte Bandnudeln

Schnellgericht

🍽 Für 4 Portionen

🕐 Zubereitungszeit:
   30 Minuten

📖 Die gekochten Band-
nudeln stammen aus dem
Rezept vom 13. Januar
(s. Seite 20).

▸ Die Austernpilze putzen und je nach Größe in Streifen schneiden. Die Petersilie waschen, trocken schwenken und fein hacken.

▸ Die Zwiebel und die Knoblauchzehe abziehen und fein würfeln. Das Putenfleisch in schmale Streifen schneiden.

▸ Das Pflanzenöl in einer Pfanne erhitzen und darin portionsweise die Putenfleischstreifen von allen Seiten scharf braten. Herausnehmen, auf einen Teller legen und mit Salz und Pfeffer würzen.

▸ Die Butter im Bratensatz zerlassen und darin die Zwiebelwürfel andünsten. Die Champignons einstreuen und so lange dünsten, bis der Pilzsaft verkocht ist. Mit Weißwein ablöschen und kurz einkochen lassen. Sahne zugießen, aufkochen und mit Salz und Pfeffer würzen. Zuletzt das Fleisch und die Petersilie einschwenken; nicht mehr kochen lassen.

▸ Die fertigen Nudeln vom Vortag kurz in Butter braten und mit dem Putengeschnetzelten servieren.

Kassler auf Wirsing

Schnellgericht

Die Wirsingsauce vom 13. Januar (s. Seite 20) mit etwa ⅛ l Gemüsebrühe erhitzen und leicht mit gemahlener Muskatnuss würzen. Vier Kasseler Koteletts zum Erwärmen darauf legen und bei kleiner Hitze mind. 10 Minuten ziehen lassen. Dazu passt ofenfrisches Bauernbrot.

---

16. Januar

Frühlingsröllchen mit Gemüse

Schnellgericht

🧺 Für 4 Portionen
à 10 Röllchen

🕐 Zubereitungszeit:
50 Minuten

📖 Bereiten Sie gleich die doppelte oder sogar die dreifache Menge Frühlingsröllchen zu; sie lassen sich sehr gut einfrieren; eine Portion brauchen Sie für das Rezept vom 28. Januar (s. Seite 33).

TIPP
Das Frittieröl hält sich einige Tage im Kühlschrank. Sie können darin z. B. noch einige Male Pommes für die Kinder frittieren.

Sie haben bestimmt noch frisches Gemüse im Kühlschrank, vielleicht ist auch noch rohes oder gebratenes Fleisch übrig. Na dann: Einfach klein schneiden und ab in die Röllchen damit ...

500 g gemischtes Gemüse (Karotten, Frühlingszwiebeln, Sojabohnensprossen, Chinakohl, Zucchini)
2 Knoblauchzehen
5 EL Pflanzenöl
3 EL Sojasauce
1 TL Zucker

Salz, schwarzer Pfeffer
10 Frühlingsrollenblätter
(TK, Größe etwa 21 x 21 cm)
2 EL Mehl

ZUM FRITTIEREN:
2 l Pflanzenöl

▸ Das Gemüse waschen, wenn nötig schälen und in gleich große, hauchdünne Streifen schneiden. Die Knoblauchzehen schälen und fein würfeln.
▸ Das Pflanzenöl in einer größeren Pfanne oder in einem Wok erhitzen. Unter ständigem Rühren Knoblauch, Karotten und Frühlingszwiebeln andünsten.
▸ Das Gemüse mit Sojasauce, Zucker, Salz und Pfeffer würzen. Den Pfanneninhalt in eine Schüssel zum Abkühlen umfüllen.
▸ Die Frühlingsrollenblätter in vier Portionsteile schneiden. Das

Mehl mit etwas Wasser zu einem dickflüssigen Teig verrühren.

► Auf jedes Teigblattviertel 1 Teelöffel Füllung geben. Die untere Kante darüber ziehen, linke und rechte Seite zur Mitte einschlagen und die letzte Kante mit Mehlwasserteig zum Ver-schließen bestreichen und fest andrücken.

► Das Pflanzenöl auf etwa 180 °C erhitzen und darin die Frühlings-röllchen portionsweise goldgelb backen. Mit einem Schaumlöffel herausnehmen und auf Küchen-papier entfetten.

Käsefondue mit Tomaten

Ein Fondue für Vegetarier: eignet sich für jeden Geburtstag oder andere Festlichkeiten und ist besonders beliebt bei Kindern. Wirkt aufwendig, geht aber schnell.

Zeit für Gäste

🍴 Für 4 Portionen

🕐 Zubereitungszeit: 40 Minuten

FÜR DAS FONDUE:

500 g frische Tomaten oder
250 g passierte Tomaten
2 Knoblauchzehen
2 EL Olivenöl
500 g fein geriebener Käse
(Provolone, Greyerzer, Gouda,
Emmentaler, Edamer)
100 g Sahne
1 EL Mehl
1 Schuss Weißwein
Salz

grob geschroteter schwarzer
Pfeffer
1 TL getrockneter Oregano

ZUM DIPPEN:

800–1000 g Gemüse (z. B. Kohl-rabi, Fenchel, Zucchini, Champi-gnons oder was Ihr Gemüsefach bietet)

AUSSERDEM:

Weißbrot

TIPP
Einfach die Käsesorten immer wieder variieren und mischen, denn jede Käsesorte oder Mischung schmeckt natürlich an-ders. Und wenn nach einer Party so einiges an Käse übergeblieben ist? Kein Problem: Den Käse reiben und in diesem Fondue zur Zweitverwertung frei-geben.

► Das Gemüse waschen. Den Kohlrabi schälen. Den Fenchel vierteln und entstrunken. Die Champignons mit einem feuchten Tuch abreiben und je nach Grö-ße halbieren oder vierteln. Das Gemüse in mundgerechte Stücke schneiden, auf Schüsselchen ver-teilen und auf den Tisch stellen.

► Die Tomaten waschen und klein schneiden. Die Knoblauchzehen schälen und fein würfeln. Das Olivenöl in einem Topf erhitzen und darin die Tomaten und den Knoblauch 10 Minuten dünsten.

► Das Tomatenmus durch ein Sieb streichen. Mit Käse, Sahne, Mehl und Weißwein unter stän-digem Rühren bei mittlerer Hitze cremig rühren. Mit Salz, Pfeffer und Oregano würzen.

► Die Käsecreme in den Fondue-topf umfüllen und auf den Tisch-rechaud stellen.

Tatar mit Baguette und Käse

Heute können Sie einen ausgedehnten Einkaufsbummel machen und brauchen sich trotzdem nicht ums Essen zu sorgen, denn es gibt frischestes Tatar vom Markt mit Eigelb, Zwiebelwürfeln, Kapern, tollem Baguette und einer kleinen Käseauswahl. Dazu einen gemischten Salat. Bon appétit!

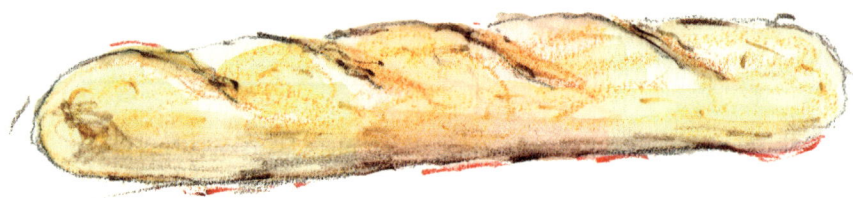

Chop Suey mit Schweinefleisch

Schnellgericht

🏮 Für 4 Portionen

🕐 Zubereitungszeit:
   30 Minuten

📖 Kochen Sie gleich die doppelte Menge Reis, die Hälfte brauchen Sie für das Rezept vom 21. Januar (s. Seite 26).

Heute wird's asiatisch, und der Wok kommt zum Einsatz. Außerdem können Sie üben, mit Stäbchen zu essen. Suzie Wong lässt grüßen.

4 getrocknete Mu-Err-Pilze (chinesische Morcheln)	2 kleine Zwiebeln
	200 g Sojabohnensprossen
400 g Schweinelendchen	3 EL Pflanzenöl
3 EL helle Sojasauce	2 EL chinesischer Reiswein
1 TL Zucker	(ersatzweise Sherry)
Salz	schwarzer Pfeffer
500 g Langkornreis	1 TL Maisstärke
250 g Bambusschößlinge (Dose)	einige Tropfen chinesisches
100 g Champignons	Sesam-Würzöl

▸ Die Pilze mit kochendem Wasser begießen und 10 Minuten quellen lassen. Das Schweinefleisch in dünne Streifen schneiden. Sojasauce, Zucker und eine Prise Salz verrühren und das Fleisch mit der Hälfte davon vermengen.

▸ Den Reis in kochendes Salzwasser geben und in etwa 15 Minuten gar kochen.
▸ Die Bambusschößlinge in Streifen schneiden. Die Champignons putzen und feinblättrig schneiden. Die Zwiebeln schälen und fein würfeln. Die Sojabohnen-

sprossen waschen und abtropfen lassen. Die Morcheln ausdrücken, harte Stiele entfernen und in Streifen schneiden.

▸ Den Wok heiß werden lassen und das Pflanzenöl darin erhitzen. Unter ständigem Rühren die Zwiebeln andünsten und die Fleischstreifen mitbraten. Nach und nach Pilze, Bambus und Sojabohnensprossen mitbraten. Parallel dazu den Reis abgießen und warm halten.

▸ Den Wokinhalt mit dem restlichen Sojagemisch, Reiswein, Pfeffer und etwas Salz abschmecken. Die Maisstärke mit 2 Esslöffeln Wasser verrühren und unterrühren. Mit Sesamöl vollenden und mit Reis servieren.

Karottensüppchen mit Orangenduft

20. Januar

Die Zutaten für diese Suppe präsentieren sich Ton in Ton, das Ergebnis ist ein exotischer Hochgenuss: süß-sauer und mit einer leichten Schärfe.

Suppentag

🍚 Für 4 Portionen

🕐 Zubereitungszeit: 40 Minuten

1 kleine Zwiebel	1 Prise Zucker
1 Knoblauchzehe	1 Prise Cayennepfeffer
etwa 1 cm frischer Ingwer	1 l Gemüsebrühe
500 g Karotten	50 g Kräuter-Crème-fraîche
1 Kartoffel	50 g Mangochutney
3 EL Olivenöl	1 Orange
Salz, schwarzer Pfeffer	etwas Orangensaft

▸ Zwiebel, Knoblauchzehe und Ingwer schälen und fein würfeln. Die Karotten und die Kartoffel waschen, schälen und in kleine Stücke schneiden.

▸ In einem breiten Topf das Olivenöl erhitzen und darin Zwiebel-, Knoblauch- und Ingwerwürfel glasig andünsten. Karotten und Kartoffel hinzufügen und einige Minuten dünsten.

▸ Den Topfinhalt mit Salz, Pfeffer, Zucker und Cayennepfeffer würzen. Mit Gemüsebrühe aufgießen und aufkochen. Das Gemüse bei mittlerer Hitze in etwa 20 Minuten weich kochen. Dann die Suppe mit einem Mixstab cremig pürieren. Mit Crème fraîche und Mangochutney verfeinern.

▸ Die Orange schälen, auch die weiße Haut entfernen, und das Fruchtfleisch in Filets schneiden. Auf vier vorgewärmte Teller verteilen. Die Suppe nochmals abschmecken, mit etwas Orangensaft parfümieren und auf die Teller verteilen.

🗄 Bereiten Sie gleich die doppelte Menge Suppe zu und frieren Sie die Hälfte entweder ein oder verbrauchen Sie sie innerhalb der nächsten 3 Tage mit einer Einlage, z. B. Sternnudeln, Backerbsen, fertigen Maultaschen aus der Kühltheke oder frisch geschnittenen Karotten- und Zucchinistreifen.

Reisfrikadellen mit Gemüsesauce

Schnellgericht

🍴 Für 4 Portionen

🕐 Zubereitungszeit:
30 Minuten

📖 Der gekochte Reis stammt aus dem Rezept vom 19. Januar (s. Seite 24).

(s. Seite 24).

TIPP
Sie können aus dem Reisteig auch Kroketten formen und diese in reichlich heißem Pflanzenöl frittieren.

Es muss mal wieder ganz schnell gehen: Mit vorgekochtem Reis und ein paar gezielten Griffen in den Kühlschrank und die Speisekammer ist das kein Problem.

500 g gekochter Langkornreis	**FÜR DIE GEMÜSESAUCE:**
2 Eier	½ Bund Suppengrün
50 g geriebener Käse	1 kleine Zwiebel
Salz, schwarzer Pfeffer	1 Knoblauchzehe
100 g Paniermehl	1 EL Butter
8 EL Pflanzenöl	1 Schuss trockener Weißwein
	200 g Sahne

▸ Den Reis mit den Eiern, dem Käse, Salz und Pfeffer gut verkneten. Mit nassen Händen 8 Frikadellen formen und in Paniermehl wenden.

▸ Das Suppengemüse waschen, nach Bedarf schälen und in dünne Stifte schneiden. Die Zwiebel und die Knoblauchzehe schälen und fein würfeln.

▸ In einer Pfanne die Butter erhitzen und darin Zwiebel, Knoblauch und Gemüsestifte andünsten. Mit Salz und Pfeffer würzen und mit Weißwein ablöschen.

▸ Sahne über das Gemüse gießen, einmal aufkochen lassen und dann bei geringer Hitze 5 Minuten ziehen lassen.

▸ In einer größeren Pfanne das Pflanzenöl erhitzen und darin die Reisfrikadellen portionsweise in 8 bis 10 Minuten goldbraun braten. Je zwei Frikadellen auf einem Teller anrichten und mit Gemüsesauce überziehen. Dazu passt ein Kopfsalat oder ein Romanasalat mit einer Vinaigrette.

Mexikanischer Salat im Tostadakorb

Kontrollieren Sie erst mal Ihren Kühlschrank und Ihre Speisekammer: Vieles, was Sie für dieses Rezept brauchen, werden Sie bereits im Haus haben. Die Tostadas müssen Sie wahrscheinlich noch kaufen, aber wenn Sie sie erst einmal ausprobiert haben, werden Sie immer ein Paket vorrätig haben.

Schnellgericht
🍴 Für 4 Portionen
🕐 Zubereitungszeit:
   30 Minuten

TIPP

Tostadaschalen sehen nicht nur dekorativ aus, sondern sind quasi das Brot zum Salat. Alternativ können Sie die Salatteller auch mit Tacochips auslegen und den Salat darauf anrichten.

---

1 kleiner Eisbergsalat
1 frische rote Chilischote
500 g Salat- und Gemüsereste
(Radicchio, Fenchel, Zucchini)
100 g Kidneybohnen (Dose)
100 g Gemüsemais (Dose)
1 rote Zwiebel
2 Knoblauchzehen

1 TL scharfer Senf
1 Eigelb
50 ml Olivenöl
3 EL Weißweinessig
Salz, schwarzer Pfeffer
4 Tostada-Schalen (s. Tipp)
100 g Käse am Stück
(Gouda, Emmentaler)

▸ Den Eisbergsalat vierteln, in Streifen schneiden, waschen und gut abtropfen lassen. Die Chilischote säubern, entkernen und fein würfeln.
▸ Den Radicchio waschen, vierteln, entstrunken und quer in schmale Streifen schneiden. Den Fenchel putzen, vierteln, den Strunk entfernen und in Streifen schneiden. Den Zucchino waschen, Stielenden entfernen, längs halbieren und in Scheibchen schneiden. Kidneybohnen und Gemüsemais separat abtropfen lassen.
▸ Die Zwiebel und die Knoblauchzehen schälen und in Streifen schneiden. Alle vorbereiteten Zutaten in einer Schüssel locker vermengen.

▸ Mit einem elektrischen Handrührgerät Senf und Eigelb cremig rühren. Nach und nach Olivenöl unterschlagen, bis eine cremige Sauce entsteht. 2 Esslöffel lauwarmes Wasser und Weißweinessig unterrühren. Mit Salz und Pfeffer abschmecken.
▸ Die Salatmischung auf die Tostadaschalen verteilen und mit Dressing beträufeln. Mit einem Sparschäler Käsestreifen abhobeln und über die Salatportionen streuen.

Flambierte Fleischbissen

Party, Party!

🍴 Für 4 Portionen

🕐 Zubereitungszeit:
   30 Minuten

🕐 Kühlzeit: 2 Stunden

🕐 Garzeit: 10 Minuten

Ein ideales Männeressen, sei es im Winter, wenn sich alle um den Wok auf dem Küchentisch versammeln, sei es im Sommer draußen im Garten! Dazu gibt es im Winter Ofenkartoffeln und im Sommer Folienkartoffeln vom Grill.

500 g Schweinefilet
Salz, schwarzer Pfeffer
1 frische Chilischote
4 Knoblauchzehen
½ TL gemahlener Kreuzkümmel
3 EL Pflanzenöl
6 cl weißer Rum

FÜR DIE SAUCE:
100 g Naturjoghurt
100 g Mayonnaise
Saft von 1 Limette
(ersatzweise Zitrone)
etwa 10 frische Minzeblättchen

AUSSERDEM:
4 Fonduegabeln

▸ Das Schweinefilet in gleichmäßige, etwa 25 g schwere Würfel schneiden. Mit Salz und Pfeffer würzen. Die Chilischote waschen, entkernen und fein würfeln. Die Knoblauchzehen schälen und durch die Knoblauchpresse drücken.

▸ Die Fleischstücke mit Knoblauch, Chili und Kreuzkümmel vermengen. Mit Klarsichtfolie abdecken und etwa 2 Stunden in den Kühlschrank stellen.

▸ Inzwischen Joghurt mit Mayonnaise und Limettensaft verrühren. Mit Salz und Pfeffer würzen. Die Minzeblättchen waschen, trocken schwenken, in Streifen schneiden und unter die Sauce mischen. Auf vier Schälchen verteilen.

▸ Die Schweinefiletstücke aus dem Kühlschrank nehmen. Das Pflanzenöl im Wok heiß werden lassen, und die Fleischstücke darin portionsweise von allen Seiten anbraten, je nach gewünschtem Garzustand.

▸ Kurz vor dem Essen den Rum in eine Kelle gießen, an der Unterseite erhitzen und den Rum anzünden. Über die Fleischstücke im Wok gießen. Jeder nimmt sich mit einer Fonduegabel »brennende Bissen« aus dem Wok und dippt sie in die bereitgestellte Sauce.

Herzhafte Waffeln mit Gemüse

Waffeln mögen alle gern! Auch pikante! Falls Sie kein Waffeleisen haben, können Sie den Teig portionsweise, als kleine Küchlein, in heißer Butter in einer Pfanne braten.

Schnellgericht

🍴 Für 8 Waffeln von 24 cm Durchmesser

🕐 Zubereitungszeit: 40 Minuten

FÜR DAS GEMÜSE:
1 rote Paprikaschote
1 kleiner Zucchino
2 Fleischtomaten
250 g Kräuterquark
5 Stängel Oregano

FÜR DEN WAFFELTEIG:
1 Karotte (etwa 150 g)
1 EL Honig
150 g weiche Butter
4 Eier
½ TL Salz
½ TL getrockneter Oregano
250 g Mehl
½ Tütchen Backpulver
200 ml lauwarmes Wasser

🔲 Backen Sie gleich 16 Waffeln (doppelte Menge Teig) und frieren Sie die Hälfte davon ein, Rezept vom 2. Februar (s. Seite 39). Waffeln aus dem Tiefkühlfach können im gefrorenen Zustand im Toaster schnell wieder »aktiviert« werden.

▸ Das Gemüse waschen. Die Paprikaschote von Stielansatz, Samen und Scheidewänden befreien und in kleine Würfel schneiden. Den Zucchino von den Stielenden befreien, längs vierteln und quer in Scheibchen schneiden.

▸ Die Fleischtomaten vierteln, entkernen und in kleine Würfel schneiden. Die Hälfte des Gemüses unter den Kräuterquark ziehen. Den Oregano waschen, trocken schwenken, die Blättchen von den Stängeln zupfen und in Streifen schneiden.

▸ Die Karotte schälen und auf einer Küchenreibe fein raspeln. Mit dem Honig verrühren. Für den Waffelteig Butter, Eier, Salz und Oregano cremig rühren. Nach und nach Mehl, Backpulver und Wasser unterschlagen. Die Honig-Karotten-Raspeln untermischen.

▸ Die Waffeln im vorgeheizten, gefetteten Eisen backen und nebeneinander auf ein Kuchengitter legen. Zum Servieren die Waffeln auf Teller verteilen und mit Gemüse-Kräuterquark bestreichen. Mit restlichem Gemüse und Oregano garnieren.

Orientalischer Lammrücken

🍴 Für 4 Portionen

🕐 Zubereitungszeit:
60 Minuten

🕐 Marinierzeit:
60 Minuten

📖 Das Lammfleisch ist großzügig berechnet; was übrig bleibt, können Sie zu einer Art Carpaccio weiterverarbeiten, das am 29. Januar (s. Seite 33) auf den Tisch kommt. Dazu das erkaltete Fleisch in sehr dünne Scheiben schneiden, mit Zitronensaft beträufeln und mit Folie umhüllt in den Kühlschrank legen. Kochen Sie am besten gleich die doppelte Menge Pellkartoffeln, Rezept vom 26. Januar (s. Seite 31).

Nur ab und zu mal einen Blick in den Backofen werfen und voller Vorfreude den köstlichen Bratenduft einatmen ...

100 g getrocknete Aprikosen	1 frischer Thymianzweig
1 ¼ kg Lammrücken ohne Knochen	2 Frühlingszwiebeln
2 Knoblauchzehen	500 g Kartoffeln
4 EL Olivenöl	Salz, schwarzer Pfeffer
¼ TL zerstoßene Nelken	100 g Rosinen
1 TL gemahlener Koriander	⅛ l Orangensaft
¼ TL gemahlener Zimt	1 EL Butter
¼ TL gemahlener Ingwer	¼ l Bratensauce (Instant)

▸ Die Aprikosen mit lauwarmem Wasser begießen und etwa 30 Minuten quellen lassen. In der Zwischenzeit den Lammrücken von eventuellen Sehnen und Häuten befreien, unter fließend kaltem Wasser waschen und mit Küchenpapier trocken tupfen.

▸ Die Knoblauchzehen schälen und durch die Knoblauchpresse drücken. Mit 2 Esslöffeln Olivenöl, Nelken, Koriander, Zimt und Ingwer verrühren. Das Lammfleisch damit bestreichen bzw. alles in das Fleisch einmassieren und 1 Stunde in den Kühlschrank stellen.

▸ Den Backofen auf 200 °C (Umluft 180 °C) vorheizen. Den Thymianzweig waschen und trocken schwenken. 2 Esslöffel Olivenöl in einem Bräter erhitzen und darin den Lammrücken von allen Seiten anbraten. Den Thymianzweig einlegen und den Bräter in den vorgeheizten Backofen schieben.

▸ Den Lammrücken während der Garzeit von etwa 45 Minuten ein- bis zweimal wenden. In-

zwischen die Frühlingszwiebeln putzen und fein würfeln und die ungeschälten Kartoffeln zum Kochen aufsetzen. Den Lammrücken aus dem Bräter nehmen, mit Salz und Pfeffer würzen, in Alufolie wickeln und in den ausgeschalteten Backofen legen.

▸ Die Rosinen mit Orangensaft begießen. Den Bräter auf den Herd stellen und die Butter darin vorsichtig zerlassen. Die Frühlingszwiebeln darin andünsten und alles mit Lammfond aufgießen. Einige Minuten offen kochen lassen.

▸ Die Aprikosen kleiner oder in Streifen schneiden und mit etwas Einweichwasser sowie den Orangen-Rosinen in die Sauce rühren. Mit Salz und Pfeffer würzen und noch einige Minuten ziehen lassen.

▸ Das Lammfleisch aus der Alufolie wickeln (den entstandenen Bratensaft in die Sauce rühren) und in Scheiben schneiden. Die Fleischscheiben auf Tellern anrichten und mit Sauce überziehen. Dazu Pellkartoffeln reichen.

Kartoffelsalat mit Würstchen

26. Januar

Schnellgericht

Heute gibt es lauwarmen Kartoffelsalat mit Würstchen. Dafür gekochte Kartoffeln vom Vortag in Scheiben schneiden. 1 gewürfelte Zwiebel in Butter dünsten, mit ⅛ l Gemüsebrühe (Instant) aufgießen, aufkochen lassen und über die Kartoffelscheiben gießen. Mit Pflanzenöl, Essig, Salz und Pfeffer anmachen und gleich servieren. Dazu die erhitzten Würstchen reichen.

Vollkornblechkuchen

Kinder, Kinder

👥 Für 4 Portionen

🕐 Zubereitungszeit:
  80 Minuten

📋 Backen Sie gleich 2 Kuchen und frieren Sie den zweiten Kuchen, in Portionen aufgeteilt, ein – ein cleverer Vorrat, Rezept vom 23. Februar
(s. Seite 55)

Das freut besonders die Kinder: ein pikanter Kuchen! Das freut besonders die Eltern: ein gesunder Kuchen.

FÜR DEN TEIG:
50 g Haferflocken
200 g Weizenvollkornmehl
1 Päckchen Trockenhefe
1 EL Honig
Meersalz

FÜR DEN BELAG:
500 g frisches Gemüse (Zucchini, Paprika, Fenchel und Auberginen oder Champignons, Karotten, Spinat oder Sojabohnensprossen)
2 Knoblauchzehen
100 g gekochter Schinken
(oder geräuchert oder gepökelt)
5 EL Olivenöl
Salz, schwarzer Pfeffer
100 g Tomatenwürfel im Saft
(Konserve)
100 g geriebener Käse

▸ Die Haferflocken mit 100 ml kochendem Wasser begießen und quellen lassen. In eine zweite Schüssel das Mehl sieben, eine Mulde formen und Trockenhefe und Honig hineingeben. Mit 100 ml lauwarmem Wasser begießen und mit Mehl vom Rand überstäuben. Mit einem Tuch abdecken und 30 Minuten ruhen lassen.

▸ Inzwischen die Zucchini waschen, Stielenden entfernen, längs vierteln und quer in Scheibchen schneiden. Die Knoblauchzehen abziehen und fein würfeln. Den Schinken fein würfeln.
▸ Den Vorteig mit den Haferflocken sowie mit einer Prise Meersalz zu einem geschmeidigen Teig kneten. Zu einem Kloß formen, mit einem Tuch

abdecken und 30 Minuten ruhen lassen.

▸ 2 Esslöffel Olivenöl in einer Pfanne erhitzen und darin Knoblauch, Schinken und Gemüse einige Minuten dünsten. Mit Salz und Pfeffer würzen und den Pfanneninhalt kurz abkühlen lassen.

▸ Den Backofen auf 220 °C (Umluft 200 °C) vorheizen und ein Backblech mit Olivenöl bepinseln. Den Vollkornteig auf einer bemehlten Fläche durchkneten und in Backblechgröße ausrollen.

▸ Das Backblech mit dem Teig auskleiden, diesen mit 2 Esslöffeln Olivenöl und mit Tomatenwürfeln bestreichen. Den Pfanneninhalt darüber verteilen und alles mit Käse bestreuen. Das restliche Olivenöl darüber träufeln und den Vollkornkuchen auf der untersten Schiene im Backofen in etwa 25 Minuten knusprig backen.

Frühlingsröllchen mit gemischtem Salat

28. Januar

Schnellgericht

Die Frühlingsröllchen aus dem Rezept vom 16. Januar (s. Seite 22) im gefrorenen Zustand in der Friteuse knusprig backen. (Alternativ dazu in der Pfanne braten oder im Backofen knusprig grillen.) Dazu gibt es gemischten Salat aus Eisbergsalat, Paprika, Zucchini, Kirschtomaten und Kohlrabi. Für das Dressing 3 Esslöffel Erdnussbutter mit 2 Esslöffel Sojasauce und ⅛ l Gemüsebrühe in einem Topf erhitzen und dabei ständig rühren. Mit Salz, Pfeffer und Chilipulver würzen. Etwas erkalten lassen und unter den Salat mischen.

Carpaccio vom gekochten Lamm

29. Januar

Schnellgericht

Die Lammfleischscheiben vom 25. Januar (s. Seite 30) auf vier Tellern breitflächig auslegen. Frisch blanchierte Keniaböhnchen darüber streuen und alles mit Olivenöl sowie Balsamico-Essig beträufeln. Oder mit Olivenöl beträufeln und mit gehackter Petersilie bestreuen. Dazu schmeckt ofenfrisches Fladenbrot.

Kaiserschmarrn

Kinder, Kinder
🏃 Für 4 Portionen
🕐 Zubereitungszeit:
20 Minuten

Die ganze Woche gab es Gemüse quer durch den Garten und Fleisch und Fisch. Jetzt kommt die süße Antwort. Ihre Kinder werden begeistert sein!

4 Eier, getrennt
¼ l Milch
2 EL Zucker
200 g Mehl
1 Prise Salz

ZUM BACKEN:
2 EL Butter

ZUM SERVIEREN:
Puderzucker

NACH BELIEBEN:
2 EL Rosinen und/oder
2 EL Mandelblättchen

▸ Das Eiweiß zu steifem Schnee schlagen. Mit einem elektrischen Handrührgerät Eigelb mit Milch und Zucker kräftig verquirlen. Nach und nach Mehl unterziehen und klümpchenfrei rühren. 1 Prise Salz unterrühren und zuletzt den Eischnee unterziehen.

▸ Die Butter in einer größeren Pfanne erhitzen und den Teig hineingießen. Anbacken lassen, nach Belieben Rosinen und Man-

delblättchen aufstreuen und wenden. Dabei den Teig mit einem Holzspatel in grobe Fetzen reißen. Die Teigstücke fertig backen, mit Puderzucker bestäuben und in der Pfanne servieren. Dazu passen verschiedene Kompotte oder Apfelmus.

Spaghettini mit Meeresfrüchten

31. Januar

Das wird ein ganz fauler Samstag, und dazu passt ein ganz einfaches Nudelgericht: Die Kinder mögen die »Teigschnürchen« gerne mit Butter oder mit Ketchup, die Eltern mögen es mediterran …

Pasta, basta!

🍴 Für 4 Portionen

🕐 Zubereitungszeit:
   30 Minuten

TIPP
Die Meeresfrüchte dürfen nicht zu lange schmoren, sonst werden sie hart. Also nur kurz schwenken, damit sie zart im Biss bleiben.

4 Frühlingszwiebeln	⅛ l Gemüsebrühe
2 Knoblauchzehen	einige Safranfäden
½ Bund gemischte Kräuter	100 g Sahne
(Petersilie, Oregano, Basilikum)	schwarzer Pfeffer
500 g Spaghettini	250 g gemischte Meeresfrüchte
Salz	(TK, aufgetaut)
1 TL Olivenöl	etwas abgeriebene Schale von
⅛ l trockener Weißwein	1 unbehandelten Zitrone

▶ Die Frühlingszwiebeln putzen und fein würfeln. Die Knoblauchzehen abziehen und fein würfeln. Die Kräuter waschen, trocken schwenken, die Blättchen abzupfen und grob hacken.

▶ Die Spaghettini in reichlich kochendem Salzwasser bissfest garen. In der Zwischenzeit das Olivenöl in einer größeren, beschichteten Pfanne erhitzen. Frühlingszwiebeln und Knoblauch darin andünsten.

▶ Den Pfanneninhalt mit Weißwein ablöschen und mit Gemüsebrühe aufgießen. Safranfäden und Sahne einrühren und alles mit Salz und Pfeffer würzen. Die Spaghettini in ein Sieb abgießen und noch tropfnass zusammen mit den Meeresfrüchten unter den Pfanneninhalt mischen. Ein bis zwei Minuten schwenken, nochmals abschmecken und die Kräuter sowie die Zitronenschale unterheben.

Februar

Thunfischpizza de luxe

Diese Thunfischpizza ist so besonders und köstlich, dass sie auf jeden Fall als Sonntagsessen durchgeht. Und sie schmeckt auch all jenen, die keinen Käse mögen.

Sonntagsessen

🍽 Für 4 Portionen

🕐 Zubereitungszeit: 40 Minuten

🕐 Ruhezeit: 1 Stunde

📋 Bereiten Sie die doppelte Teigmenge zu und fertigen Sie nach dem Essen kleine Pizzen für das TK-Fach. Diese Mini-Pizzen mit Tomatenmark bestreichen, 10 Minuten bei 220 °C (Umluft 220 °C) vorbacken, abkühlen lassen und einfrieren, Rezept vom 12. Februar (s. Seite 48)

500 g Mehl
1 frischer Hefewürfel (42 g)
1 Prise Zucker
knapp ¼ ml lauwarmes Wasser
½ TL Salz

FÜR DAS BACKBLECH:
Olivenöl

FÜR DIE ARBEITSFLÄCHE:
Mehl
2 Dosen Thunfisch im Aufguss
(à 200 g)
4 frische Basilikumzweige

4 Knoblauchzehen
Saft von ½ Zitrone
2 EL Olivenöl
Salz, schwarzer Pfeffer
50 g Butter
2 Eigelbe (Größe M)
5 EL trockener Weißwein
½ TL Worcestershiresauce
1 TL Tomatenmark
1 kleine Dose Tomatenstückchen
(350 g)
6 mild eingelegte Peperoni
100 g eingelegte Silberzwiebeln

▸ Mehl in eine Schüssel sieben, eine Mulde formen, Hefe einbröckeln, Zucker darüber rieseln lassen und mit lauwarmem Wasser begießen. Die Schüssel abdecken und den Vorteig 30 Minuten ruhen lassen.

▸ Inzwischen den Thunfisch in einem Sieb abtropfen lassen. Die Basilikumzweige waschen, die Blättchen abzupfen und in Streifen schneiden. Die Knoblauchzehen abziehen, durch eine Presse drücken und zusammen

mit Basilikum, Zitronensaft und Olivenöl verrühren.

▶ Den Thunfisch mit einer Gabel zerpflücken und mit dem Zitronenöl vermengen, leicht salzen und pfeffern. Den Vorteig mit Salz zu einem geschmeidigen Hefeteig kneten; nochmals zugedeckt für 30 Minuten gehen lassen.

▶ Den Backofen auf 220 °C (Umluft 200 °C) vorheizen und ein Backblech mit Olivenöl bepinseln. Die Butter bei geringer Hitze in einem Topf flüssig rühren. Die Eigelbe mit Weißwein in einer hitzebeständigen Schüssel über einem heißen Wasserbad cremig aufschlagen.

▶ Die Schüssel vom Wasserbad nehmen, die Creme kurz kalt schlagen und langsam die flüssige Butter unterschlagen. Dann mit Salz, Pfeffer, Worcestershiresauce und Tomatenmark würzen und bis zum Gebrauch mit einem Tuch abdecken.

▶ Den Hefeteig auf einer bemehlten Arbeitsfläche gut durchkneten und in Backblechgröße ausrollen. Auf das Backblech legen, die Ränder leicht hochziehen und den Teig mit einer Gabel mehrmals einstechen. Die Tomatenstückchen mit Saft gleichmäßig auf dem Teigboden verteilen, mit Salz und Pfeffer würzen. Das Backblech in den Ofen schieben und den Teigboden 10 Minuten vorbacken.

▶ Das Backblech aus dem Ofen nehmen, die marinierten Thunfischstücke, Peperoni und Silberzwiebeln auf dem Teig verteilen. Die Sauce löffelweise darüber ziehen. Die Pizza in den Ofen zurückschieben und in knapp 15 Minuten fertig backen. Dazu passt ein knackiger Salat.

Überbackene Gemüsewaffeln

2. Februar

Schnellgericht

Gut, dass die Gemüsewaffeln, Rezept vom 24. Januar (s. Seite 29), im TK sind. Waffeln einzeln und gefroren auf einem Backblech auslegen. Im vorgeheizten Backofen bei 140 °C in 8 bis 10 Minuten langsam auftauen lassen. Das Backblech herausnehmen, die einzelnen Waffeln mit insgesamt 150 g geriebenem Pasta-Käse (oder Parmesan, Gouda) bestreuen und zurück in den Backofen schieben. Die Waffeln bei 180 °C (Oberhitze) oder mit Grillstufe überbacken. Dazu passt ein gemischter Salat.

Kartoffel-Birnen-Auflauf mit Spiegeleiern

Kinder, Kinder

🏃 Für 4 Portionen

🕐 Zubereitungszeit:
   40 Minuten

TIPP

Sie können die Eier auch als »richtige« Spiegeleier in der Pfanne braten, dann müssen Sie allerdings hinterher eine Pfanne mehr abwaschen ...

Dieser Auflauf mit Spiegeleiern sieht nicht nur lustig aus, er schmeckt auch noch gut – und zwar nicht nur Kindern!

1 kg Kartoffeln
1 große Birne (Williams)
Saft von ¼ Zitrone
Salz, schwarzer Pfeffer
2 frische Thymianzweige
2 Lorbeerblätter
200 g Sahne

1 EL flüssige Butter
4 Eier
1 Msp. edelsüßes Paprikapulver

AUSSERDEM:
1 TL Butter

▸ Den Backofen auf 180 °C (Umluft 160 °C) vorheizen und eine Auflaufform mit Butter ausstreichen. Die Kartoffeln waschen, schälen und in dünne Scheiben schneiden oder auf dem Gemüsehobel feinblättrig schneiden.
▸ Die Birne schälen, vierteln, entkernen und in Scheibchen schneiden; mit Zitronensaft beträufeln. Kartoffel- und Birnenscheiben abwechselnd und dachziegelartig in die Form einlegen.
▸ Alles mit Salz und Pfeffer würzen. Thymian waschen, trocken schütteln und mit den Lorbeerblättern auf den Birnen-Kartoffeln verteilen. Mit Sahne begießen und mit Folie abdecken. Im vorgeheizten Ofen etwa 20 Minuten garen, dann die Folie abnehmen.
▸ Sobald die Kartoffeln gar sind, die Auflaufform aus dem Ofen nehmen. Die vier Eier darüber schlagen und Butterflöckchen darauf legen. Zurück in den Ofen schieben und, sobald die Spiegeleier fertig sind, herausnehmen. Mit Paprikapulver bestäuben und in der Form servieren.

Feurige Papaya

Exotisch, köstlich und Vitamine satt: Nach diesem Salat können Sie Bäume ausreißen. Kaufen Sie gleich mehrere Überseefrüchte – sie sind eine leckere Frühstücksbeigabe.

Kalte Küche
🍴 Für 4 Portionen
🕐 Zubereitungszeit:
20 Minuten

1 reife Papaya (etwa 300 g)
1 reife Mango (etwa 300 g)
je 1 gelbe, rote und grüne
Paprikaschote
1 rote Zwiebel
1 Knoblauchzehe
1 frische, grüne Chilischote
2 Becher Vollmilchjoghurt
(à 150 g)

5 EL Orangensaft
Kräutersalz
grob geschroteter Pfeffer aus der
Mühle

NACH BELIEBEN:
1 EL frisch gehacktes Koriandergrün

▶ Die Papaya schälen, halbieren und die Kerne mit einem Löffel herauskratzen. Das Fruchtfleisch in dünne Scheiben schneiden. Die Mango schälen und das Fruchtfleisch vom Kern schneiden; passend zur Papaya schneiden.
▶ Die Paprikaschote waschen, vierteln, entkernen und in schmale Streifen schneiden. Die Zwiebel und die Knoblauchzehe abziehen und in Streifen schneiden.
▶ Die Chilischote säubern, entkernen und fein würfeln. Die vorbereiteten Salatzutaten locker miteinander vermengen und auf vier großen, flachen Tellern anrichten.
▶ Den Joghurt mit Orangensaft glatt rühren. Mit Salz, Pfeffer und Cayennepfeffer würzen. Koriander unterheben und die Sauce über den Salat träufeln.

Bauch-weg-Suppe

📷 Am besten verdreifachen Sie dieses Rezept, denn diese Suppe lässt sich wunderbar portionsweise einfrieren.

Heute gibt es mal etwas ganz Gesundes und Kalorienarmes. Und das Gemüseschnippeln kann nach einem langen Tag geradezu meditativ wirken.

¼ kleiner Wirsingkopf (etwa 250 g)	1 Knoblauchzehe
1 gelbe Paprikaschote (wegen der Farbe)	2 Fleischtomaten
1 großer Zucchino	1 EL gekörnte Gemüsebrühe
1 große Karotte	1 TL getrocknete Kräuter der Provence
1 kleine Zwiebel	Salz, schwarzer Pfeffer

▸ Das gesamte Gemüse waschen. Den Wirsing in Streifen schneiden. Die Paprikaschote halbieren, entkernen und in Streifen schneiden.
▸ Den Zucchino sowie die Karotte längs halbieren, Stielenden entfernen und in Scheibchen schneiden. Die Zwiebel und die Knoblauchzehe abziehen und in Streifen schneiden.

▸ Die Fleischtomate überbrühen, häuten, entkernen und in Streifen schneiden. Das vorbereitete Gemüse abwechselnd in einen breiten Topf schichten.
▸ Das Gemüse mit so viel Wasser begießen, dass alles bedeckt ist, dabei die gekörnte Gemüsebrühe mit einrühren. Mit Kräutern der Provence, Salz und Pfeffer würzen. Den Topf mit einem Deckel verschließen und das Gemüse bei mittlerer Hitze etwa 15 Minuten garen.

Kalbfleisch mit Kapernsauce

Kollegen kommen zum Essen, da soll es natürlich etwas Besonderes geben. Dieses Gericht ist recht aufwendig in der Zubereitung, aber sehr beliebt.

Zeit für Gäste

👥 Für 7 bis 8 Portionen

🕐 Zubereitungszeit:
   30 Minuten

🕐 Garzeit: 1 Stunde

📑 Bei diesem Rezept verwendet man am besten ein großes Stück Kalbfleisch wie im Rezept angegeben, das für 7 bis 8 Portionen reicht. Das übrige gebratene Fleisch einfrieren, Rezept vom 11. Februar (s. Seite 48)

1 ½ kg Kalbsnuss
500 g Kalbsknochen
Salz, schwarzer Pfeffer
1 TL getrocknete italienische Kräuter
1 EL Mehl
4 Stangen Staudensellerie
2 Karotten
1 große Zwiebel
4 Knoblauchzehen
1 Bund glatte Petersilie

4 EL Olivenöl
Schale und Saft von
½ unbehandelten Zitrone
¼ l trockener Weißwein
¼ l Kalbsfond (Glas)
50 ml Marsala
(italienischer Dessertwein)
100 g Kapern

FÜR DIE GARNITUR:
feinste Zitronenzesten

BEVOR DIE GÄSTE KOMMEN:

▸ Den Backofen auf 200 °C vorheizen. Das Fleisch und die Knochen unter fließend kaltem Wasser waschen und mit Küchenpapier trocken tupfen. Alles mit Salz, Pfeffer und italienischen Kräutern würzen und mit Mehl bestäuben.

▸ Sellerie und Karotten waschen und in kleine Stücke schneiden. Die Zwiebel und die Knoblauchzehen schälen und grob würfeln. Die Petersilie waschen, die Blättchen von den Stängeln zupfen und fein hacken. Die Stängel kleiner schneiden.

▸ Das Olivenöl in einem Bräter erhitzen. Das Kalbfleisch und die Kalbsknochen darin rundherum anbraten. Vorbereitetes Gemüse sowie die Petersilienstängel und die Zitronenschale einstreuen und mitbraten. Seitlich am Rand Weißwein und Kalbsfond eingießen.

▸ Den Bräter mit einem Deckel verschließen und in den vorgeheizten Backofen schieben. Das Fleisch in knapp 1 Stunde fertig schmoren. Den Bräter aus dem Backofen nehmen, das Fleisch herausnehmen und in Alufolie wickeln. Am besten 10 Minuten in den ausgeschalteten Backofen legen.

▸ Den Bratenfond mit Marsala und 100 ml heißem Wasser aufgießen, aufkochen und etwa 5 Minuten leise kochen lassen. Anschließend durch ein Sieb passieren und nach Bedarf nochmals nachwürzen. Die Kapern sowie die Hälfte der Petersilie einrühren.

WENN DIE GÄSTE DA SIND:
▶ Das Kalbfleisch aus der Folie nehmen, den entstandenen Bratensaft zur Sauce gießen, und das Fleisch in möglichst dünne Scheiben schneiden. Die Fleischscheiben breitflächig auf Teller verteilen. Löffelweise mit Sauce überziehen und mit Zitronen- zesten bestreuen. Die restliche Petersilie zur Garnitur auf die Tellerränder streuen. Dazu passt gemischtes Gemüse (TK): einfach in Kräuterbutter anschwenken und servieren.

7. Februar

Scharfes Straußenfilet aus dem Wok

Sie haben etwas zu feiern, aber keine Zeit für die große Küche? Dann gönnen Sie sich doch etwas Besonderes, das nicht so viel Arbeit macht.

Party, Party!
🌿 Für 4 Portionen
🕐 Zubereitungszeit: 40 Minuten

TIPP
Statt Hühnerbrühe kann man auch Sherry oder Whisky nehmen und damit den Wokinhalt flambieren. Der Spinat lässt sich durch gehackten Blattspinat aus der TK ersetzen.

500 g Straußenfilet	Salz, schwarzer Pfeffer
2 getrocknete Chilischoten	2 EL Mandelblättchen
6 EL Pflanzenöl	2 EL gemahlene Mandeln
4 Frühlingszwiebeln	⅛ l Hühnerbrühe
2 Knoblauchzehen	1 TL rosa Pfefferkörner
250 g frische Spinatblätter	

▶ Das Straußenfilet in schmale Streifen schneiden. Die Chilischoten entkernen, zerbröseln und mit 2 Esslöffeln Pflanzenöl verrühren. Mit dem Straußenfilet vermengen und abgedeckt ziehen lassen.
▶ Die Frühlingszwiebeln putzen und fein würfeln. Die Knoblauchzehen schälen und fein würfeln. Den Spinat putzen, waschen und in kochendem Salzwasser blanchieren. Mit eiskaltem Wasser abschrecken und abtropfen lassen.
▶ Die Straußenfiletstreifen mit Salz und Pfeffer würzen. Den Wok heiß werden lassen und die Mandelblättchen darin rösten, bis sie duften. Herausnehmen und auf einen Teller legen. Die Straußenfiletstreifen in den gemahlenen Mandeln wenden. Im Wok 2 Esslöffel Pflanzenöl erhitzen und darin die Fleischstreifen von allen Seiten braten; herausnehmen.
▶ Das restliche Pflanzenöl im Wok erhitzen und darin Frühlingszwiebeln sowie Knoblauch andünsten. Mit Hühnerbrühe aufgießen, kurz aufkochen lassen und den Spinat einlegen. Mit Salz, Pfeffer und roten Pfefferkörnern würzen. Die Fleischstreifen mit dem entstandenen Bratensaft unterziehen und nicht

mehr kochen lassen. Nochmals abschmecken und auf vier Teller verteilen. Mit gerösteten Mandelblättchen garnieren. Dazu passen Süßkartoffeln, Reis oder Nudeln.

Bayerischer Obazda mit Brezen

8. Februar

Uff – die Woche war heftig, und mit dem Kochen sieht es heute mau aus. Was bieten Kühlschrank und Speisekammer? Tiefgefrorene Brezel-Teiglinge, Weichkäsereste, Apfel, Sellerie und frischen Schnittlauch – na, daraus lässt sich doch was Leckeres machen ...

Lazy Weekend
Für 4 Portionen
Zubereitungszeit:
20 Minuten

1 kleine Zwiebel	Salz, weißer Pfeffer
1 Bund Schnittlauch	edelsüßes Paprikapulver
250 g zimmerwarmer Camembert (45 %)	4 frische oder TK-Brezel (oder anderes Laugen-Salz-
50 g zimmerwarme Butter	Gebäck)
50 g Sahne	

▸ Die Zwiebel abziehen und klein würfeln. Den Schnittlauch waschen, trocken schwenken und in Röllchen schneiden.

▸ Den Camembert grob würfeln und in einer Schüssel mit einer Gabel zerdrücken. Nach und nach Butter, Sahne und die Zwiebelwürfel einrühren.

▸ Die Käsecreme mit Salz und Pfeffer würzen. Auf vier Vorspeisentellern in der Mitte kegelförmig anrichten. Mit Paprika bestäuben und mit Schnittlauch üppig bestreuen. Dazu für jeden eine Brezel auf den Teller legen.

Sellerie-Apfel-Salat

Lazy Weekend
🍴 Für 4 Portionen
🕐 Zubereitungszeit:
    20 Minuten

TIPP
Wenn es rasend schnell
gehen soll, einfach 50 g
fertige Mayonnaise ver-
wenden, obgleich die
selbst gemachte besser
schmeckt und ziemlich
schnell geht.

½ Bund glatte Petersilie	2 frische Eigelbe
50 g Walnusshälften	1 TL scharfer Senf
500 g Knollensellerie	50 ml Olivenöl
1 säuerlicher großer Apfel	1 TL Worcestershiresauce
1 EL Zitronensaft	Salz, schwarzer Pfeffer

▸ Die Petersilie waschen, trocken schwenken, von den Stielen zupfen und fein hacken. Die Walnusshälften grob hacken.
▸ Den Knollensellerie waschen, schälen und auf einer Küchenreibe in feine Streifen hobeln. Den Apfel waschen, schälen, ent-

kernen und passend dazu hobeln. Beides in eine Schüssel geben und mit Zitronensaft beträufeln.
▸ Mit einem elektrischen Handrührgerät Eigelbe und Senf cremig rühren. Teelöffelweise oder ganz langsam das Olivenöl unterschlagen, bis eine cremige Mayonnaisen-Konsistenz erreicht ist.
▸ Die Mayonnaise mit Worcestershiresauce, Salz und Pfeffer würzen. Die Hälfte der Petersilie und der Walnüsse unterziehen und alles mit Sellerie-Apfel locker vermengen. In vier Portionsschalen verteilen. Mit den restlichen Nüssen und Petersilie garnieren.

9. Februar

Tomatensuppe mit Maultaschenstreifen

Suppentag
🍴 Für 4 Portionen
🕐 Zubereitungszeit:
    40 Minuten

🗐 Einfach die doppelte
Menge Suppe zubereiten
und die Hälfte einfrieren,
Rezept vom 19. Februar
(s. Seite 52).

Draußen ist es kalt, und da wärmt bekanntlich nur eines: heiße Suppe! Wir machen es aber nicht nach dem Motto »5 sind geladen, 10 sind gekommen, gieß' Wasser zur Suppe, heiß' alle willkommen«, sondern wir kochen gleich mehr.

1 kg aromatische Tomaten	1 Msp. getrockneter Oregano
1 mittlere Zwiebel	1 EL Mehl
100 g durchwachsener Räucherspeck	1 l Brühe (Fertigprodukt)
2 EL Butter	1 Packung Maultaschen aus der Kühltheke
Salz, schwarzer Pfeffer	

▸ Die Tomaten waschen und klein schneiden. Die Zwiebel schälen und klein hacken. Den Speck fein würfeln. In einem breiten Topf die Speckwürfel auslassen, 1 Esslöffel Butter und die Zwiebelwürfel hinzufügen.

▸ Den Topfinhalt 1 bis 2 Minuten rühren und dann die Tomatenstücke hinzufügen. Mit Salz, Pfeffer und Oregano würzen und die Tomaten 5 Minuten schmoren lassen.

▸ Die restliche Butter und das Mehl einrühren. Nach und nach die Brühe zugießen, sodass das Mehl klumpenfrei verrührt wird. Die Suppe einmal aufkochen und dann bei mittlerer Hitze etwa 20 Minuten leise kochen lassen. Durch ein Sieb streichen, nochmals erhitzen und abschmecken.

▸ Die Maultaschen in Streifen schneiden und nur noch zum Erwärmen in die Suppe geben. Dazu passt frisches Brot und Butter.

Makkaroni mit Tomaten-Fleischklößchen

10. Februar

Endlich gibt's mal wieder Nudeln: Und zwar mit kräftiger winterlicher Sauce, die richtig durchwärmt ...

Pasta, basta!

🏃 Für 4 Portionen

🕐 Zubereitungszeit: 40 Minuten

500 g gemischtes Hackfleisch	im Saft (Dose)
2 Eier	½ Bund glatte Petersilie
Salz, schwarzer Pfeffer	500 g Makkaroni
2 EL eingelegte Kapern	
6 EL Olivenöl	ZUM SERVIEREN:
500 g geschälte Tomaten	100 g frisch geriebener Parmesan

📋 Bereiten Sie von den Fleischklößchen gleich die doppelte Menge zu und frieren Sie die Hälfte ein, Rezept vom 16. Februar (s. Seite 51)

▸ Das Hackfleisch mit den Eiern verkneten und großzügig mit Salz und Pfeffer würzen. Die Kapern zerdrücken und mit etwas Kapernwasser unter das Hackfleisch kneten; der Teig soll nicht zu fest sein. Aus dem Fleischteig Klößchen formen und diese in heißem Olivenöl rundherum braten.

▸ In der Zwischenzeit die Tomaten klein schneiden und zusammen mit dem Tomatensaft zu den Fleischklößen geben. Bei mittlerer Hitze 10 bis 15 Minuten garen und dabei mit Salz und Pfeffer würzen.

▸ Die Makkaroni in reichlich kochendem Salzwasser bissfest garen. Anschließend abgießen und abtropfen lassen. Dann in einer Schüssel zusammen mit den Tomaten-Fleischklößchen sowie der Petersilie locker vermengen. Auf tiefe Teller verteilen und mit Parmesan bestreuen.

Vitello tonnato

Kalte Küche

Die tiefgefrorenen gebratenen Kalbfleischscheiben aus dem Rezept vom 6. Februar (s. Seite 43) am Abend zuvor aus dem Tiefkühlfach nehmen und in den Kühlschrank legen. Auftauen. Zum Servieren breitflächig auf vier Teller oder einem großen Servierteller verteilen. Thunfisch aus einer kleinen Dose (200 g in Wasser eingelegt) sowie 150 g Naturjoghurt und 50 g Mayonnaise mit dem Mixstab fein pürieren. Mit Salz, Pfeffer und etwas Worcestershiresauce würzen. Die Fleischscheiben damit löffelweise überziehen. Dazu passen ein gemischter Salat und frisches Baguette. Buon appetito!

Mini-Pizzen alla marinara

Schnellgericht

Die Mini-Pizzen aus dem Rezept vom 1. Februar (s. Seite 38) aus dem Tiefkühlfach direkt auf ein mit Alufolie ausgelegtes Backblech legen. Mit Krabben und geschälten Tomaten aus der Dose belegen, leicht salzen und pfeffern und mit Käse bestreuen. Im vorgeheizten Backofen bei 180 °C 10 bis 15 Minuten backen.

Rindfleischeintopf nach schwäbischer Art

Suppentag

🍲 Für 4 Portionen
🕐 Zubereitungszeit: 30 Minuten
🕐 Garzeit: 1 ½ Stunden

📖 Bereiten Sie von dem Rindfleischrezept die doppelte Menge zu, die Hälfte der Brühe können Sie aufheben, Rezept vom 15. Februar (s. Seite 50), die Hälfte vom Fleisch einfrieren, Rezept vom 18. Februar (s. Seite 52)

Schon wieder so ungemütlich draußen. Wie gut tut es da, sich die kalten Hände über einer dampfenden Suppe zu wärmen!

500 g Rindfleisch (Bug oder Brust)	1 Lorbeerblatt
2–3 Suppenknochen	5 Pfefferkörner
Salz	250 g Kartoffeln
½ Bund Suppengrün	50 g Butter
2 große Zwiebeln	250 g fertige Spätzle (Kühlfach)
1 Gewürznelke	½ Bund Schnittlauch

▶ Das Rindfleisch und die Knochen unter fließend kaltem Wasser waschen und in einen Topf legen. Mit etwa 1 ½ l kaltem Wasser aufgießen, salzen und zum Kochen aufstellen. Das Suppengrün putzen und in kleinere Stücke schneiden.
▶ Eine halbe Zwiebel mit Schale mit der Gewürznelke sowie dem Lorbeerblatt spicken und zusammen mit dem Suppengrün sowie

den Pfefferkörnern in den Topf geben.

▶ Nach dem ersten Aufkochen das Fleisch bei mittlerer Hitze in etwa 1 ½ Stunden garen. Anschließend das Fleisch herausnehmen, kurz abkühlen lassen und die Brühe durch ein Sieb gießen. Das Fleisch in etwa ½ cm große Würfel schneiden.

▶ Die Kartoffeln schälen und in etwa 1 cm große Würfel schneiden. Zusammen mit den Fleischwürfeln in die Brühe geben und alles etwa 15 Minuten garen. Die restlichen Zwiebeln schälen und in Streifen schneiden. In einer Pfanne Butter heiß schäumend erhitzen und darin die Zwiebelstreifen goldgelb rösten.

▶ Sobald die Kartoffeln fast gar sind, die Spätzle zum Erwärmen in die Suppe geben. Den Schnittlauch säubern, in Röllchen schneiden und die Suppe damit überstreuen.

Wachtelbrüstchen mit Herzkirschen

14. Februar

Dieses Gericht eignet sich natürlich besonders für den Valentinstag, ist aber auch zu anderen Gelegenheiten ein Hochgenuss. Selbst wenn die Kirschen aus dem Glas kommen und die Erdbeeren aus Spanien – die Farbe Rot muss heute einfach sein.

Party, Party!
🚶 Für 4 Portionen
🕐 Zubereitungszeit:
    30 Minuten

8 Stück Wachtelbrüstchen ohne Knochen	150 g entsteinte Herzkirschen (aus dem Glas)
Salz, schwarzer Pfeffer	1 EL Balsamico-Essig
2 EL Butter	½ Friséesalat
etwa 1 TL Zucker	etwas Olivenöl und Zitronensaft

▶ Die Wachtelbrüstchen salzen und pfeffern. In der Pfanne in heiß schäumender Butter auf beiden Seiten goldbraun braten. Danach die Brüstchen auf Küchenpapier beiseite legen. Den Zucker in der noch heißen Pfanne karamellisieren lassen. Die Herzkirschen hinzufügen und mit dem Balsamico ablöschen. Danach den Friséesalat mit Olivenöl, Zitronensaft, Salz und Pfeffer anmachen. Zusammen mit den lauwarmen Wachtelbrüstchen und den Herzkirschen anrichten. Dazu passen weiße oder grüne Nudelnester oder Reis.

Flambierte Erdbeeren mit grünem Pfeffer

Party, Party!

🍽 Für 4 Portionen

🕐 Zubereitungszeit:
   30 Minuten

FÜR DIE ERDBEERSAUCE:
250 g Erdbeeren
50 g Zucker
4 cl Wasser

FÜR DIE FLAMBIERTEN ERDBEEREN:
400 g Erdbeeren,
60 g Zucker
4 cl Orangensaft
1 TL grüne Pfefferkörner
4 cl Grand Marnier

▸ Für die Sauce alle Zutaten aufkochen, dann pürieren und kalt stellen.
▸ Für die flambierten Erdbeeren den Zucker mit dem Orangensaft aufkochen. Die Erdbeeren und die Pfefferkörner darin schwenken. Mit Grand Marnier flambieren.

▸ Auf vier Suppentellern anrichten, mit der Erdbeersauce nappieren und mit frischen Minzeblättchen garnieren. Besonders gut dazu schmeckt Vanilleeis.

15. Februar

Rinderbrühe mit Einlage

Lazy Weekend

Die fertige Rinderbrühe aus dem Rezept vom 13. Februar (s. Seite 15) bekommt heute »gesellschaftliche Einlagen«, seien es Gemüseüberbleibsel oder Nudeln, Reis oder Fleischstückchen. Und wenn Sie gar nichts davon vorrätig haben: einfach Toastbrotwürfel in heißer Butter rösten und als Einlage verwenden. Oder frische Eigelbe in die Suppenschalen schlagen und mit heißer Rinderbrühe aufgießen. Herrlich, so ein Suppensonntag!

Penne-Auflauf mit Klößchen

16. Februar

Es soll ja Leute geben, die können nicht genug bekommen von Pasta-Gerichten aller Art: Hier mal wieder eine besondere Variante.

Pasta, basta!

🍴 Für 4 Portionen

🕐 Zubereitungszeit:
   40 Minuten

500 g Penne (oder Nudeln Ihrer Wahl)	3 EL Olivenöl
Salz	gebratene Fleischklößchen
800 g geschälte Tomaten im Saft (Dose)	schwarzer Pfeffer
½ Bund Basilikum	1 Prise Chilipulver
	100 g geriebener Parmesan
	2 EL Butterflöckchen

📖 Die fertig gebratenen, tiefgefrorenen Fleischklößchen stammen aus dem Rezept vom 10. Februar (s. Seite 47).

▸ Fleischklößchen aus dem Gefrierfach nehmen und auftauen lassen.

▸ Die Nudeln in reichlich kochendem Salzwasser in etwa 10 Minuten (vor)garen bzw. sehr bissfest kochen. Die Tomaten klein schneiden und wieder zurück in den Tomatensaft legen.

▸ Das Basilikum waschen, trocken schwenken und ⅔ der Blättchen in Streifen schneiden; die restlichen für die Garnitur beiseite legen.

▸ Den Backofen auf 200 °C (Umluft 180 °C) vorheizen und eine Auflaufform mit 1 Esslöffel Olivenöl ausstreichen. Die Nudeln abgießen und mit dem restlichen Olivenöl beträufeln.

▸ Die Penne mit Basilikumstreifen, den Fleischklößchen sowie den Tomaten mit Saft in der Auflaufform locker vermengen. Mit Salz, Pfeffer und Chilipulver würzen. Parmesan darüber streuen und mit Butterflöckchen belegen. Im vorgeheizten Backofen etwa 15 Minuten überbacken. Dazu passt ein gemischter Salat.

Zanderravioli in Gemüsebrühe

17. Februar

Schnellgericht

Etwa 1 ½ Liter Gemüsebrühe (Instant) aufkochen und die eingefrorenen Zanderravioli vom 7. Januar (s. Seite 15) als Einlage verwenden. Dazu die Ravioli bereits am Abend vorher zum »sanften Auftauen« aus dem Gefrierfach nehmen und in den Kühlschrank legen.

Rindfleisch in Blätterteig

18. Februar

Schnellgericht

Das gekochte Rindfleisch aus dem Rezept vom 13. Februar (s. Seite 48) auftauen. Mit Sauerkraut (kleine Dose) vermischen und mit Salz, Pfeffer, edelsüßem und rosenscharfem Paprikapulver würzen. Fertigen Blätterteig aus der Kühltheke ausrollen und Rechtecke von etwa 10 x 7 cm ausschneiden. Die Teigstücke auf einer Hälfte mit dem Sauerkraut-Rindfleisch belegen und die unbelegten Hälften darüber schlagen. Die Ränder fest andrücken und alle gefüllten Päckchen mit flüssiger Butter bestreichen. Im vorgeheizten Backofen bei 180 °C knusprig backen. Dazu passen Fertigsaucen oder eine leichte Joghurtsauce mit frischen Kräutern.

Tomatensuppe mit Einlage

19. Februar

Suppentag

Heute gibt es die Tomatensuppe vom 9. Februar (s. Seite 46). Einfach auftauen und mit einer Einlage wie Nudeln, Reis oder Gemüse servieren. Falls gar nichts davon zur Hand ist, einfach Brot mit Käse überbacken und als Einlage verwenden.

Paella

20. Februar

Party, Party!
🏛 Für 4 Portionen
🕐 Zubereitungszeit:
60 Minuten

🔳 Bereiten Sie vom Safranreis gleich die doppelte Menge zu, denn am 22. Februar (s. Seite 55) können Sie aus der einen Hälfte einen kreativen Reissalat machen.

Der erste Geburtstag im Sternzeichen Fische, und was wünschen sich diese Februar-Fische? Ewas Spanisches, nämlich Paella mit Scampi, Gemüse und Safranreis.

1 kleine Zwiebel	Salz, schwarzer Pfeffer
1 Knoblauchzehe	1 Prise edelsüßes Paprikapulver
150 g spanische Chorizowürstchen (oder Cabanossi)	300 g Langkornreis
100 g Kochschinken	1 Döschen gemahlener Safran
je 1 grüne und rote Paprikaschote	1 Msp. Chilipulver
6 EL Pflanzenöl	¾ l Fleischbrühe
4 Hähnchenschenkel	200 g geschälte Scampi
	Saft von ½ Zitrone

▸ Den Backofen auf 200 °C (Umluft 180 °C) vorheizen. Die Zwiebel und die Knoblauchzehe abziehen und fein würfeln. Die Wurst pellen und fein würfeln. Den Schinken in feine Streifen schneiden. Die Paprikaschoten waschen, entkernen und in etwa ½ cm große Würfel schneiden.

▸ 3 Esslöffel Pflanzenöl in einem Bräter erhitzen. Die Hähnchenschenkel mit Salz, Pfeffer und Paprikapulver würzen und in dem Öl rundherum knusprig anbraten; herausnehmen.

▸ Das restliche Pflanzenöl in den Bräter gießen und darin Zwiebel- und Knoblauchwürfel glasig dünsten. Wurst, Schinken, Paprika und Reis einrühren und einige Minuten braten. Mit Salz, Pfeffer, Safran und Chilipulver würzen.

▸ Den Bräterinhalt mit Fleischbrühe aufgießen und aufkochen lassen. Die Hähnchenschenkel zu dem Reis geben und den Bräter in den Ofen schieben. Die Paella etwa 25 Minuten garen und dann den Ofen ausschalten. Die Scampi mit Zitronensaft beträufeln, mit Salz und Pfeffer würzen und unter den Reis heben. Die Paella 10 Minuten im ausgeschalteten Backofen ruhen lassen.

Schweinebraten mit Kruste

21. Februar

Sie wollen Ihre Gäste mal so richtig mit bester deutscher Hausmannskost verwöhnen? Dann sollten Sie etwas mehr Zeit zum Kochen einplanen, denn: Gut Ding will Weile haben.

1 ¼ kg Schweinefleisch mit Schwarte	2 mittelgroße Zwiebeln
250 g gehackte Schweineknochen	1 Karotte
Salz, schwarzer Pfeffer	100 g Knollensellerie
1 Prise edelsüßes Paprikapulver	1 Tomate
1 TL Kümmel	1 EL Pflanzenöl
1 Knoblauchzehe	½ l Fleischbrühe

Zeit für Gäste

🍴 Für 4 Portionen

🕐 Zubereitungszeit: 2 Stunden

📋 Bereiten Sie gleich die doppelte Menge Knödel zu, die Hälfte davon allerdings als Miniknödel, und frieren Sie diese ein, Rezept vom 26. Februar (s. Seite 57)

BEVOR DIE GÄSTE KOMMEN:
▸ Schweinefleisch und Knochen unter fließend kaltem Wasser waschen und mit Küchenpapier trocken tupfen. Die Schwarte vom Fleisch mit einem scharfen Messer rautenförmig einschneiden. Fleisch und Knochen mit Salz, Pfeffer, Paprika und Kümmel einreiben. Die Knoblauchzehe abzie-

hen, durch eine Presse drücken und auf dem Fleisch verteilen.

▸ Den Backofen auf 200° C (Umluft 180° C) vorheizen. Die Zwiebeln ungeschält vierteln. Die Karotte und den Sellerie waschen und in grobe Stücke schneiden. Die Tomate waschen und kreuzweise einschneiden.

▸ Das Pflanzenöl in einem Bräter erhitzen und darin das Fleischstück von allen Seiten anbraten. Dann rundherum Knochen und Gemüse verteilen. Den Bräter auf die mittlere Schiene in den Backofen stellen. Während der Garzeit von etwa 1 ½ Stunden mehrmals wenden.

▸ Damit der Braten eine schöne Kruste bekommt, darf nicht zu viel Flüssigkeit an das Fleisch. Nur während der ersten Stunde das Gemüse und die Knochen mit

ein paar Esslöffeln Fleischbrühe befeuchten. Den Bräter aus dem Ofen nehmen und das Fleisch auf Alufolie legen. Die Schwarte mit Salzwasser (etwas Wasser mit einer Prise Salz) bepinseln und das Fleischstück nochmals in den Ofen geben.

WENN DIE GÄSTE DA SIND:

▸ Den Bräterinhalt mit der restlichen Fleischbrühe loskochen. Alles durch ein Sieb passieren und die Sauce in einem Topf erneut erhitzen. Eventuell nochmals nachwürzen. Das Fleisch aus dem Ofen nehmen, den entstandenen Bratensaft in den Topf gießen und das Fleisch 5 bis 8 Minuten ruhen lassen. Erst dann in Scheiben schneiden, auf Teller verteilen und mit dem Bratensaft beträufeln.

Semmelknödel

Zeit für Gäste

Für 4 Portionen

Zubereitungszeit: 40 Minuten

10 Brötchen oder	1 EL Butter
300 g geschnittenes Knödelbrot	2 Eier
¼ l heiße Milch	Salz, weißer Pfeffer
einige frische Petersilienstängel	etwas Mehl
1 Zwiebel	

BEVOR DIE GÄSTE KOMMEN:

▸ Das geschnittene Brot in eine Schüssel legen und mit heißer Milch begießen. Die Schüssel mit einem Küchentuch abdecken und den Inhalt ziehen lassen.

▸ Inzwischen die Petersilie waschen, trocken schwenken,

Blättchen von den Stängeln zupfen und fein hacken. Die Zwiebel schälen und fein würfeln.

▸ Die Butter in einer Pfanne heiß schäumend erhitzen und die Zwiebelwürfel glasig dünsten. Den Pfanneninhalt mit dem eingeweichten Brot, der Petersilie, den Eiern, Salz und Pfeffer vermengen. Leicht mit Mehl bestäuben und einen lockeren Teig herstellen.

▶ Einen großen Topf mit Salzwasser zum Kochen aufstellen. Mit befeuchteten Händen aus dem Teig etwa 8 Knödel formen und in das siedende Wasser gleiten lassen. Die Knödel bei mittlerer Hitze 15 bis 20 Minuten ziehen lassen. Nicht mehr kochen lassen. Falls die Gäste noch nicht da sind, Knödel im heißen Wasser im geschlossenen Topf warm halten.

Pikanter Reissalat

22. Februar

Lazy Weekend

Ein großer Ausflug steht auf dem Programm – da bleibt nicht viel Zeit zum Kochen. Gut, dass der Safranreis aus dem Rezept vom 20. Februar (s. Seite 52) noch da ist. Daraus können Sie jetzt einen pikanten Reissalat mit Ananas machen. Dazu den kalten Safranreis mit einer frisch gewürfelten Ananas vermengen, nochmals mit Salz, Pfeffer und Chilipulver würzen und auf Salatherzen anrichten. Dazu passt ein TK-Kräuterbaguette, knusprig gebacken aus dem Ofen.

Vollkornkuchen und Quatsch mit Soße

23. Februar

Schnellgericht

An Karneval soll es schnell gehen: Den Vollkornblechkuchen aus dem Rezept vom 27. Januar (s. Seite 32) auftauen, in Streifen schneiden und im Ofen erwärmen. Mit Butter, Käse, Aufschnitt und Essiggurken servieren. Und dazu gibt's das Karnevalsrezept **Quatsch mit Soße:** Den Kühlschrank nach »verlassenem« Gemüse durchforsten, eine Dose Gemüsemais öffnen, Artischockenherzen aus dem Glas nehmen und mit Tomaten, übrigem Salat und Kräutern von der Fensterbank zu einem »lustigen Salat« vermengen. Aus 1 Esslöffel süßem Senf, 50 g Mayonnaise, je 2 Esslöffeln Sherryessig und Wasser, Salz und Pfeffer eine Sauce rühren.

Schokoladenfondue

Ein warmes Schokofondue, wenn draußen klirrende Kälte herrscht, das hebt die Kinderlaune. Dazu einfach Eiswaffeln oder anderes handliches Gebäck zum Dippen bereitstellen. In einer hitzebeständigen Schüssel über einem heißen Wasserbad 100 ml Milch, 100 ml Sahne, Mark von ¼ Vanilleschote verrühren. 400 g Toblerone in kleine Stücke brechen und unter Rühren darin schmelzen. Nochmals gut durchrühren, in Portionsschalen füllen und ... ran ans Dippen!

Bandnudeln mit Lachssahne

📖 Kochen Sie die doppelte Menge Nudeln und verwenden Sie die Hälfte später, Rezept vom 27. Februar (s. Seite 58)

TIPP
Für alle, die es weniger gehaltvoll mögen: Lachsfilet grillen, kleiner schneiden und nur mit Zitronenbutter und in Gemüsebrühe gegarten Erbsen unter die Nudeln mischen.

Dieses Gericht passt gut zum Aschermittwoch, aber auch zu jedem anderen Tag: Bandnudeln mit leckerer Lachssahne.

400 g enthäutetes Lachsfilet	200 g Sahne
Saft von 1 Zitrone	200 g Crème double
Salz	250 g Erbsen (TK-Ware)
schwarzer Pfeffer	
½ Bund Petersilie	**ZUM SERVIEREN:**
500 g Bandnudeln	1 Zitrone, geviertelt

▸ Das Lachsfilet in mundgerechte Stücke schneiden. Mit Zitronensaft beträufeln und mit Salz und Pfeffer würzen. Die Petersilie waschen, trocken schwenken, die Blättchen abzupfen und fein hacken.

▸ Die Nudeln in reichlich kochendem Salzwasser bissfest garen. In der Zwischenzeit Sahne und Crème double erwärmen, aber nicht kochen. Lachsstücke und Erbsen hinzufügen und bei kleiner Hitze etwa 5 Minuten ziehen lassen. Mit Salz und Pfeffer würzen.

▸ Die Nudeln in ein Sieb abgießen, abtropfen lassen und auf tiefe Teller verteilen. Mit Lachssahne und Erbsen überziehen. Reichlich mit Petersilie bestreuen und die Zitronenviertel dazu reichen.

Semmelknödel mit Pilzrahm

Gut, dass Sie noch selbst gemachte Semmelknödel im Gefrierschrank haben, da müssen Sie nur noch den leckeren Pilzrahm zubereiten.

Schnellgericht

🍴 Für 4 Portionen

🕐 Zubereitungszeit: 30 Minuten

📋 Die tiefgefrorenen Semmelknödel stammen aus dem Rezept vom 21. Februar (s. Seite 53)

300 g gemischte Pilze (Champignons, Austernpilze, etc.)	1 EL Butter
1 Zwiebel	Salz, schwarzer Pfeffer
½ Bund glatte Petersilie	100 ml trockener Weißwein
	200 g Sahne

▸ Die Pilze putzen und nach Belieben kleiner schneiden. Die Zwiebel schälen und fein würfeln. Die Petersilie waschen, die Blättchen abzupfen und fein hacken.

▸ Die Butter in einer Pfanne erhitzen und darin die Zwiebelwürfel andünsten. Die Pilze einstreuen und so lange braten, bis der Pilzsaft verkocht ist. Mit Salz und Pfeffer würzen und Weißwein zugießen.

▸ Die Pilzpfanne mit Sahne aufgießen, kurz aufkochen lassen, nochmals abschmecken und vom Herd nehmen. Die Petersilie unterheben. Parallel dazu die tiefgefrorenen Semmelknödel direkt in siedendes Salzwasser geben und darin erwärmen.

▸ Die Semmelknödel auf tiefe Teller verteilen und mit Pilzrahm überziehen. Dazu passen Kopfsalatherzen in einer Vinaigrette.

Bandnudel-Gemüse-Auflauf

Pasta, basta!

👥 Für 4 Portionen

🕐 Zubereitungszeit:
60 Minuten

📖 Die gekochten Band-
nudeln stammen aus dem
Rezept vom 25. Februar
(s. Seite 56).

*Die gekochten Bandnudeln aus dem Kühlschrank kommen heute als
Grundlage für einen leckeren Gemüseauflauf zum Einsatz.*

800 g Gemüse (bestehend aus Karotten, Zucchini, Paprika, Champignons und Lauch oder anderem
Gemüse)
2 Fleischtomaten
2 EL Butter
1 EL Mehl
1 l Milch

2 Lorbeerblätter
500 g gekochte Bandnudeln
Salz, schwarzer Pfeffer
150 g Mozzarella

AUSSERDEM:
Butter für die Form

▸ Das Gemüse putzen und waschen. Die Karotten schälen und
zusammen mit den Zucchini in
½ cm dicke Scheiben schneiden.
Die Champignons feinblättrig
und den Lauch in dünne Scheiben
schneiden.
▸ Den Backofen auf 180 °C (Umluft 160 °C) vorheizen und eine
Auflaufform mit Butter ausfetten.

▸ Die Fleischtomaten waschen
und in Scheiben schneiden. In
einem Topf aus Butter und Mehl
eine helle Schwitze rühren. Mit
Milch aufgießen, Lorbeerblätter
einlegen und aufkochen. Unter
ständigem Rühren einige Minuten durchkochen lassen.
▸ Die Bechamel durch ein Sieb
passieren und bereitstellen.
Zuerst den Boden der Form mit
etwas Bechamel beträufeln.
Bandnudeln darauf verteilen, mit
Sauce überziehen und darüber
gemischtes Gemüse verteilen.
Dann wieder Nudeln und Sauce.
▸ Jede Schicht kräftig mit Salz
und Pfeffer würzen. Den Mozzarella in dünne Scheiben schneiden und die oberste Schicht
damit belegen. Mit der restlichen
Sauce überziehen. Den Auflauf in
den Ofen auf die mittlere Schiene
stellen und in etwa 40 Minuten
backen.

Hähnchenpakete mit Salbei und Zitrone

Sie wollen Ihren Kindern eine Freude machen? Mit Hähnchen landen Sie immer einen Volltreffer.

Kinder, Kinder

🍴 Für 4 Portionen

🕐 Zubereitungszeit: 60 Minuten

1 küchenfertiges Hähnchen von etwa 1 kg	1 kleine rote Chilischote
Kräutersalz	5 Stängel Salbei
schwarzer Pfeffer	1 EL Olivenöl aus der Sprühflasche
1 Knoblauchzehe	
Saft von 2 Zitronen	AUSSERDEM:
	Alufolie

▸ Den Backofen auf 200 °C (Umluft 180 °C) vorheizen und ein Backblech bereitstellen. Das Brathähnchen in vier Teile schneiden, waschen und mit Küchenpapier trocken tupfen. Rundherum mit Kräutersalz und Pfeffer würzen.

▸ Die Knoblauchzehe schälen und durch eine Knoblauchpresse zum Zitronensaft drücken. Die Chilischote waschen, Stielansatz und Kerne entfernen und sehr klein würfeln. Den Salbei waschen, trocken schwenken, die Blättchen abzupfen und in Streifen schneiden.

▸ Den Knoblauchzitronensaft mit Chiliwürfeln sowie mit Salbei verrühren und die Hähnchenteile damit begießen. Vier größere Stücke Alufolie auf einer Arbeitsfläche ausbreiten und leicht mit Olivenöl besprühen. Je ein Hähn-

chenteil darauf legen und mit restlichem Olivenöl besprühen. Die Folienseiten hochschlagen, verschließen und die Pakete auf das Backblech legen.

▸ Die Hähnchenteile im vorgeheizten Backofen auf der mittleren Schiene etwa 35 Minuten garen. Dabei in den letzten Garminuten die Folien nach oben öffnen. Dazu passt geröstetes Weißbrot aus dem Backofen und ein gemischter Salat.

März

Bowle Kalte Ente

Sonntags-Frühschoppen beginnt mit einer Bowle aus Großvaters Zeiten: Kalte Ente. Einst war sie das Synonym für Gutbürgerlichkeit und wurde von den männlichen Hausvorständen sonntags oder zu Festen zelebriert. Dann geriet sie in Vergessenheit, wohl weil niemand mehr süße Weine trinken mochte. Doch wie die Feuerzangen- oder Waldmeisterbowle, der Grog oder Pharisäer ist sie als nostalgische Botschafterin gerade wieder auf dem Vormarsch. Und danach gibt's thailändischen Feuertopf, der macht den Kopf wieder klar.

1 Zitrone	2 Flaschen kühlen süßen Mosel-
5 bis 8 Eiswürfel	wein (etwa 1 ½ l)
	1 Flasche eisgekühlter Sekt

▸ Die Zitrone heiß waschen, mit Küchenpapier trocken tupfen und die Schale ohne die weiße Haut girlandenförmig abschneiden.
▸ 2 Eiswürfel in ein Bowlengefäß geben, die Zitronengirlande darüber legen und mit Moselwein begießen. Etwa 20 Minuten ziehen lassen oder so lange, bis der Moselwein leicht zitronig schmeckt.
▸ Die Zitronengirlande entfernen und die Bowle mit eisgekühltem Sekt aufgießen.

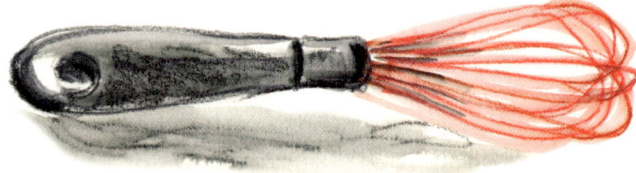

Thailändisches Shabu Shabu

100 g Glasnudeln	FÜR DIE DIPSAUCE:
250 g Hähnchenbrust	100 g Rettich
250 g Rinderfilet	1 Schalotte
1 Tube (100 g) Tintenfisch	1 kleine Knoblauchzehe
8 geschälte Tigergarnelen	200 ml helle Sojasauce
2 Frühlingszwiebeln	1 EL Sesamöl
¼ Chinakohl	3 Tropfen Tabasco
1 ½ Liter kräftige Hühnerbrühe	

▶ Die Glasnudeln in eine Schüssel legen, mit kochendem Wasser begießen und 15 Minuten quellen lassen. Hähnchenbrust und das Rinderfilet in gleichmäßige schmale Streifen schneiden. Den Tintenfisch und die Riesengarnelen waschen und trocken tupfen.

▶ Die Tintenfischtube in dünne Streifen schneiden. Fleisch und Fisch getrennt auf einer runden Keramikplatte anrichten.

▶ Die Frühlingszwiebeln putzen, längs vierteln und in etwa 3 cm lange Stücke schneiden. Den Chinakohl entblättern, waschen, trocken schwenken und in etwa 1 cm breite Streifen schneiden. Das Gemüse auf Tellern anrichten. Die Glasnudeln abgießen, gründlich abtropfen lassen und auf dem Tisch bereitstellen.

▶ Für die Sauce den Rettich auf einer Küchenreibe sehr fein raspeln. Die Schalotte und die Knoblauchzehe schälen und dazu reiben. Alles vorsichtig unter die Sojasauce rühren. Mit Sesamöl und Tabasco würzen.

▶ Die Sauce in vier Portionsschalen füllen. Die Hühnerbrühe aufkochen und den Topf auf dem Tisch auf einem Rechaud bereitstellen. Jeder spießt seine »Lieblinge« auf die Fonduegabel, gart sie nach Belieben lang oder kurz in der Brühe und genießt sie dann mit der Dipsauce.

Tzatziki mit Gemüsesticks

2. März

Dieses allseits beliebte griechische Gericht ist im Handumdrehen zubereitet.

Kalte Küche

Für 6–10 Portionen

Zubereitungszeit: 30 Minuten

1 große Salatgurke	**ZUM DIPPEN:**
Salz	2 große Karotten
4 Knoblauchzehen	2 kleine Zucchini
500 g Sahnejoghurt	
1 Bund Dill	**AUSSERDEM:**
je 1 EL Saft und	1 ofenfrisches Fladenbrot
abgeriebene Schale von	
1 unbehandelten Zitrone	
schwarzer Pfeffer	

▶ Die Gurke schälen, längs halbieren und die Kerne mit einem Teelöffel herauskratzen. Die Gurkenhälften grob raspeln und salzen. Die Knoblauchzehen abziehen und durch eine Presse in den Joghurt drücken.

▶ Den Dill waschen, von den

Stielen zupfen und fein hacken. Den ausgetretenen Gurkensaft auffangen und die Gurkenraspel zusammen mit dem Dill unter den Joghurt rühren.

▶ Das Tzatziki mit Zitronensaft und -schale sowie mit Salz und Pfeffer würzen. Karotten schälen, Zucchini waschen und beides in gleichmäßige Sticks schneiden. Das Fladenbrot in Streifen schneiden und mit dem Tzatziki sowie den Gemüsesticks servieren.

3. März

Rote-Bete-Suppe mit Schinken

Suppentag

🍴 Für 4 Portionen

🕐 Zubereitungszeit: 40 Minuten

Diese Suppe schmeckt gut, ist nahrhaft und fix zubereitet – genau das Richtige für einen stressigen Werktag.

500 g Rote Bete	150 g Kräuter-Crème-fraîche
250 g Kartoffeln	schwarzer Pfeffer
1 l Fleisch- oder Gemüsebrühe	
Salz	FÜR DIE GARNITUR:
150 g gekochter Schinken	2 EL Sahnemeerrettich
2 Essiggurken	(Tube oder Glas)

🧊 Bereiten Sie die doppelte Menge zu und frieren Sie die Hälfte ein für das Rezept vom 24. März (s. Seite 83).

▶ Rote Bete und Kartoffeln waschen und schälen. Dann beides auf einem Gemüsehobel fein raspeln und in einen Topf geben.

▶ Mit Fleischbrühe und ¼ Liter Wasser aufgießen, leicht salzen und zum Kochen aufstellen. Nach dem ersten Aufkochen die Hitze zurückdrehen und bei geringer Hitze 25 bis 30 Minuten garen.

▶ Inzwischen Schinken und Essiggurken in dünne Streifen schneiden. Die Gemüsesuppe mit einem Mixstab fein pürieren, mit Crème fraîche verfeinern und mit Salz und Pfeffer würzen. Schinken und Essisgurken in vorgewärmte Suppenschalen legen, mit Suppe aufgießen und mit Sahnemeerrettich garnieren.

Gnocchi mit Tomaten und Salbei

Die leckeren Kartoffelnudeln schmecken Kindern wie Erwachsenen. Die Zubereitung ist zwar etwas aufwendiger, doch es lohnt sich.

Pasta, basta!

🍴 Für 6–10 Portionen

🕐 Zubereitungszeit: 60 Minuten

1 kg kleine mehligkochende Kartoffeln
Salz
500 g aromatische Tomaten
½ Bund Salbei
4 Knoblauchzehen
2 EL Olivenöl
schwarzer Pfeffer
1 Msp. gemahlene Muskatnuss
150 g Mehl
150 g Mozzarella

🗒 Bereiten Sie gleich die doppelte Menge Gnocchi zu und frieren Sie die Hälfte ein, für das Rezept vom 13. März (s. Seite 72).

▸ Die Kartoffeln waschen und in siedend heißem Salzwasser etwa 20 Minuten garen. In der Zwischenzeit die Tomaten blanchieren, häuten, entkernen und in Würfel schneiden. Den Salbei waschen, trocken schwenken, die Blättchen abzupfen und in Streifen schneiden. Die Knoblauchzehen schälen und fein hacken.

▸ Den Backofen auf 200 °C (Umluft 180 °C) vorheizen und eine Auflaufform mit etwas Olivenöl auspinseln. Die Tomatenwürfel mit der Hälfte Salbei und Knoblauch vermischen und mit Salz und Pfeffer würzen. Den Boden der Auflaufform damit belegen.

▸ Die Kartoffeln abgießen, ausdampfen lassen und pellen. Noch heiß durch eine Kartoffelpresse drücken und mit Salz, Pfeffer und Muskatnuss würzen. Das Mehl unterkneten, sodass ein glatter Teig entsteht.

▸ Den Kartoffelteig in fingerdicke Röllchen formen und quer in etwa 2 cm große Stücke schneiden. Jedes Kartoffelstück mit den Zinken einer Gabel eindrücken. (Bei doppelter Menge die Gnocchi ungekocht einfrieren.) Dann in reichlich kochendem Salzwasser etwa 4 Minuten ziehen lassen.

▸ Sobald die Gnocchi an der Wasseroberfläche schwimmen, mit einem Schaumlöffel herausnehmen und auf das Tomatenbett setzen. Den Mozzarella sehr klein würfeln, mit dem restlichen Olivenöl vermengen und die Gnocchi damit löffelweise überziehen.

▸ Die Gnocchi auf der mittleren Schiene im vorgeheizten Backofen etwa 10 Minuten überbacken. Herausnehmen, auf Teller verteilen und mit dem restlichen Salbei bestreuen. Dazu passt ein gemischter Salat.

Kalbsschnitzel mit Zitronenmelisse

Schnellgericht

🍴 Für 4 Portionen

🕐 Zubereitungszeit:
20 Minuten

🕐 Marinierzeit:
20 Minuten

Ein leichtes und schnelles Mahl – perfekt nach einen hektischen Tag, an dem man etwas Ordentliches essen möchte.

4 dünne Kalbsschnitzel à etwa 150 g	5 EL Olivenöl
schwarzer Pfeffer	Salz
1 große Zitrone	½ Bund Zitronenmelisseblättchen
	2 EL Butter

▸ Die Kalbsschnitzel mit einem Fleischklopfer eventuell noch flacher klopfen und quer halbieren. Auf beiden Seiten leicht pfeffern und auf einen Teller legen.

▸ Die Zitrone heiß waschen, mit Küchenpapier trocken reiben und mit einem Zestenreißer feine Schalenstreifen abziehen. Mit dem Olivenöl verrühren und über die Kalbsschnitzel gießen. Mit Folie abdecken und die Schnitzel zum Marinieren 20 Minuten in den Kühlschrank stellen.

▸ Die Zitronenmelisseblättchen waschen und in Streifen schneiden. Eine beschichtete Pfanne erhitzen und 1 Esslöffel Olivensud eingießen. Die Schnitzel leicht salzen und auf beiden Seiten 5 bis 6 Minuten braten; herausnehmen und auf 4 Teller legen.

▸ Die Butter in den Bratensatz gleiten lassen und den restlichen Oliven-Zitronensud darauf gießen. Kurz aufkochen lassen, mit Salz und Pfeffer würzen und die Zitronenmelissestreifen einrühren. Die Schnitzel mit dem Pfannensud löffelweise überziehen. Dazu passt gedünsteter Knoblauchspinat, gemischtes Gemüse oder frisches Weißbrot.

Lorbeerkartoffeln mit Ricotta und Scampi 6. März

*Mit diesem Rezept können Sie viele Komplimente einstreichen,
denn dieses ungewöhnliche Gericht sieht nicht nur gut aus, sondern
schmeichelt auch jedem Gaumen.*

Zeit für Gäste

🌿 Für 4 Portionen

🕐 Zubereitungszeit:
60 Minuten

1 kg kleine Kartoffeln	500 g geschälte rohe Scampi
etwa 16 Lorbeerblätter	Saft von ½ Zitrone
3 Knoblauchzehen	1 TL getrockneter Oregano
100 ml Olivenöl	einige Safranfäden
Meersalz, schwarzer Pfeffer	500 g fettarmer Ricotta

BEVOR DIE GÄSTE KOMMEN:

▸ Den Backofen auf 200 °C (Umluft 180 °C) vorheizen. Die Kartoffeln waschen und trocken tupfen. Jede Kartoffel der Länge nach einschneiden und in den Schnitt ein Lorbeerblatt stecken.

▸ Die Knoblauchzehen schälen, durch eine Knoblauchpresse drücken und mit 2 Esslöffeln Olivenöl verrühren. Die Kartoffeln mit Meersalz und Pfeffer würzen und mit dem Knoblauchöl vermengen. Auf das Backblech legen und auf die mittlere Schiene in den vorgeheizten Backofen schieben. Die Garzeit beträgt etwa 40 Minuten, je nach Größe der Kartoffeln.

▸ Die Scampi mit Zitronensaft beträufeln und mit Salz, Pfeffer sowie mit Oregano würzen. In eine Auflaufform geben und mit dem restlichen Olivenöl begießen. In den Backofen schieben und etwa 20 Minuten garen.

WENN DIE GÄSTE DA SIND:

▸ Die Safranfäden mit 3 Esslöffeln heißem Wasser vermischen und einige Minuten ziehen lassen. Dann mit Ricotta cremig rühren und mit Salz und Pfeffer würzen.

▸ Die fertigen Lorbeerkartoffeln mit dem Safranricotta und den Scampi servieren.

Spaghetti mit Zitronen-Petersilien-Pesto

Pasta, basta!

🏃 Für 4 Portionen

🕐 Zubereitungszeit:
30 Minuten

Pesto mal ein bisschen anders – zusammen mit einer ordentlichen Portion Spaghetti ein sehr leckeres Nudelgericht.

100 g Pinienkerne	frisch geschroteter roter Pfeffer
1 Bund glatte Petersilie	500 g Spaghetti
1 unbehandelte Zitrone	Salz
100 g geriebener Parmesan	
100 ml Olivenöl	**ZUM SERVIEREN:**
5 EL trockener Sherry	1 Kästchen Kresse
Meersalz	

▶ Die Pinienkerne in einer heißen beschichteten Pfanne so lange schwenken, bis sie duften; herausnehmen und auf einen Teller legen. Petersilie waschen, trocken schwenken und die Blättchen abzupfen.

▶ Die Zitrone heiß waschen und mit Küchenpapier fest abreiben. Die Schale fein abreiben und die Frucht zu Saft pressen. Alle vorbereiteten Zutaten mit Parmesan, Olivenöl und Sherry im Küchenmixer fein pürieren.

▶ Das Pesto mit Meersalz und rotem Pfeffer würzen. Die Spaghetti in reichlich kochendem Salzwasser bissfest garen. In ein Sieb abgießen und noch tropfnass in einer Schüssel mit dem Pesto gründlich vermischen. Mit Kresse garnieren und sofort servieren.

Orientalisches Hähnchen mit Oliven

Sonntagsessen

🏃 Für 4 Portionen

🕐 Zubereitungszeit:
60 Minuten

🕐 Garzeit: 50 Minuten

📖 Bereiten Sie gleich 2 Hähnchen zu, sodass Sie am 11. März (s. Seite 71) die Hälfte des gegarten Fleisches für einen Salat verwenden können.

Mit ein bisschen Zeit macht es am Sonntag auch mal Spaß, ein bisschen aufwendiger zu kochen. Dieses ungewöhnliche Rezept verleiht dem klassischen Hähnchen einen Hauch von Orient.

1 Hähnchen (von etwa 1 kg)	¼ TL Safranfäden
Salz, schwarzer Pfeffer	¾ l Geflügelbrühe
Saft von ½ Zitrone	500 g Kartoffeln
4 Knoblauchzehen	1 unbehandelte Zitrone, geviertelt
1 große Zwiebel	4 Stängel glatte Petersilie und
5 EL Olivenöl	Minze
½ TL gemahlener Zimt	100 g schwarze Oliven
¼ TL gemahlener Ingwer	

▸ Das Hähnchen in vier Stücke teilen, unter fließend kaltem Wasser waschen und mit Küchenpapier trocken tupfen. Mit Salz, Pfeffer und Zitronensaft einreiben.

▸ Den Backofen auf 200 °C (Umluft 180 °C) vorheizen. Die Knoblauchzehen und die Zwiebel schälen, nur die Zwiebel in Ringe schneiden.

▸ In einem Bräter 3 Esslöffel Olivenöl erhitzen und darin die Geflügelteile von allen Seiten scharf anbraten; herausnehmen. Das restliche Olivenöl in den Bratensatz gießen und darin Zwiebelringe und Knoblauchzehen andünsten.

▸ Den Bräterinhalt mit Salz, Pfeffer, Zimt, Ingwer und Safranfäden würzen. Die Hähnchenteile in den Bräter zurücklegen, einige Male darin wälzen und alles mit Geflügelbrühe aufgießen. Nach dem ersten Aufkochen den Bräter mit einem Deckel verschließen und in den vorgeheizten Ofen stellen.

▸ Die Kartoffeln waschen, schälen, in Viertel schneiden und mit den Zitronenvierteln in den Bräter geben. Die Gesamtgarzeit beträgt 45 bis 50 Minuten.

▸ Petersilie und Minze waschen, von den Stängeln zupfen und fein hacken. Zusammen mit den Oliven kurz vor Ende der Garzeit unter das Gericht mischen. Ohne Deckel noch 5 Minuten nachziehen lassen.

Fruchtiger Käsesalat

9. März

Sind noch Reste vom Wochenende im Kühlschrank? Käse, Gemüse, Früchte? Na, dann nix wie rein damit in diesen leckeren Käsesalat.

Schnellgericht

🍴 Für 4 Portionen

🕐 Zubereitungszeit: 30 Minuten

300 g Emmentaler
100 g gekochter Schinken
100 g blaue und helle Weintrauben
1 Apfel
1 Birne
Saft von ½ Orange
150 g Vollmilchjoghurt

Saft von ½ Zitrone
1 Prise Zucker
1 EL frisch gehackter Dill
Salz, schwarzer Pfeffer

FÜR DIE GARNITUR:
50 g gehackte Walnüsse

▸ Den Käse und den Schinken in gleichmäßige dünne Streifen schneiden. Die Weintrauben entstielen, waschen und trocken tupfen. Den Apfel und die Birne schälen, entkernen und in feine Streifen schneiden.

▸ Die vorbereiteten Zutaten in

einer Schüssel mit dem Orangensaft vermengen. Den Joghurt mit Zitronensaft, Zucker, Dill, Salz und Pfeffer verrühren. Über den Salat gießen und locker vermengen. Die Walnüsse über den Salat streuen. Vom Bauernbrot bis Bruschetta (s. Rezept Seite 147) passt alles dazu.

10. März

Niederländischer Feinschmeckertoast

Schnellgericht
🍴 Für 4 Portionen
🕐 Zubereitungszeit:
   20 Minuten

Ein warmes Gericht, zügig vorbereitet und zubereitet – und obendrein so was von lecker! Deshalb bekommt auch jeder zwei Toasts.

8 Scheiben Toastbrot, entrindet	Salz, schwarzer Pfeffer
1 EL zimmerwarme Butter	edelsüßes und rosenscharfes
1 kleine Zwiebel	Paprikapulver
2 Tomaten	8 dünne Scheiben Kochschinken
100 g Salami	2 EL Preiselbeeren
4 Ananasringe (aus der Dose)	8 Scheiben Gouda Käse

▸ Den Backofen auf 200 °C (Oberhitze) oder mit Grillstufe vorheizen. Die Toastscheiben mit Butter bestreichen und auf ein Backblech legen.
▸ Die Zwiebel schälen und in feine Ringe schneiden. Die Tomaten waschen und in Scheibchen schneiden. Die Salami fein würfeln und die Ananasringe in Ecken schneiden.

▸ Die gebutterten Toastscheiben mit Zwiebelringen, Tomatenscheiben, Salamiwürfeln und Ananasecken belegen und mit Salz, Pfeffer und Paprikapulver würzen.
▸ Mit je einer Scheibe Schinken bedecken, darauf Preiselbeeren verteilen und mit je einer Scheibe Gouda Käse abschließen. Im vorgeheizten Backofen knapp 10 Minuten überbacken.

Hähnchensalat

Für diesen schnellen Hähnchensalat schneiden Sie das fertig gegarte Hähnchenfleisch, Rezept vom 8. März (s. Seite 68), klein und bereiten ein cremiges Dressing vor. Dazu 1 Bund Schnittlauch säubern und in Röllchen schneiden. 1 Knoblauchzehe schälen und sehr fein würfeln. Zusammen mit 100 g Vollmilchjoghurt, 100 g saurer Sahne, 2 EL Olivenöl und 1 TL Zitronensaft gründlich verrühren. Mit Salz, Pfeffer und 1 Msp. Currypulver würzen und unter das Hähnchenfleisch mengen. Garnieren Sie den Salat mit frischen Früchten und reichen Sie dazu Walnuss- oder körniges Vollkornbrot.

Kalte Küche
🎎 Für 4 Portionen
🕐 Zubereitungszeit:
   30 Minuten

Kartoffel-Gemüse-Topf

Ein Schnippelgericht: Alles klein schneiden, ab in den Topf und einfach schmoren lassen!

Schnellgericht
🎎 Für 4 Portionen
🕐 Zubereitungszeit:
   40 Minuten

500 g geschälte Tomaten im Saft (Dose)	2 Knoblauchzehen
250 g Aubergine	800 g Kartoffeln (vorwiegend festkochend)
Salz	1 EL Olivenöl
1 rote Paprikaschote	schwarzer Pfeffer
1 Bund glatte Petersilie	1 TL getrockneter Oregano
1 große Zwiebel	¼ l entfettete Gemüsebrühe

▸ Die Tomaten klein schneiden und zurück in den Saft legen. Die Aubergine waschen, in etwa 1 cm große Stücke schneiden und etwa 10 Minuten in kaltes Salzwasser legen.
▸ Die Paprikaschote putzen, Stielansatz und Kerne entfernen und in etwa 1 cm große Stücke schneiden. Die Petersilie waschen, trocken schwenken, die Blättchen abzupfen und fein hacken.
▸ Die Zwiebel und die Knoblauchzehen schälen und fein würfeln. Die Kartoffeln schälen und in

etwa 1 cm große Würfel schneiden. In einem breiten, beschichteten Topf das Olivenöl erhitzen und darin die Zwiebel- und Knoblauchwürfel andünsten.

▸ Kartoffeln, Paprika und Tomaten hinzufügen und unter Rühren 1 Minute braten. Die Auberginenstücke abgießen, mit Küchenpapier trocken tupfen und in den Topf rühren. Mit Salz, Pfeffer und Oregano würzen.

▸ Den Topfinhalt mit Gemüsebrühe aufgießen. Die Hitze reduzieren und den Topf mit einem Deckel verschließen. Das Gemüse 25 bis 30 Minuten schmoren lassen, dabei zwischendurch umrühren. Zuletzt die Petersilie unterheben.

13. März

Schnellgericht

Gnocchi mit Schinken und Pesto

Die gefrorenen Gnocchi, Rezept vom 4. März (s. Seite 65), in siedendes Salzwasser geben und bei geringer Hitze einige Minuten ziehen lassen. Noch tropfnass in einer Schüssel mit 100 g frisch geriebenem Parmesan, 1 Esslöffel zimmerwarmer Butter, Salz, Pfeffer und 1 Prise gemahlener Muskatnuss schwenken. Dazu gibt es eine gemischte Schinkenplatte, getrocknete Tomaten, italienisches Weißbrot und verschiedene Pestosorten nach Geschmack (fertig im Glas).

Scharfer Gemüsegarten

Sie wollen Ihren Gästen Bilder vom Asienurlaub zeigen? Dann passt dieser exotische Salat ganz hervorragend. Dazu schmecken »kleine Schweinereien« wie Frühlingsröllchen (Rezept s. S. 22), Dim Sum oder Satéspießchen. Oder greifen Sie ruhig beim Asia-Laden in die Tiefkühltruhe, Sie könnten sogar damit angeben, Sie hätten den ganzen Tag in der Küche gestanden – die Rezepte sollten Sie dann allerdings schon kennen.

Zeit für Gäste

Für 4 Portionen

Zubereitungszeit: 30 Minuten

---

100 g ungesalzene Erdnüsse
1 getrocknete Chilischote
2 Knoblauchzehen
500 g Bohnen (am besten Schlangenbohnen)
1 Lollo-Rosso-Salat
1 Papaya (etwa 300 g)
1 EL Zucker
1 EL Zitronensaft

2 EL thailändische Fischsauce
5 EL Reiswein oder trockener Sherry
Salz, schwarzer Pfeffer

NACH BELIEBEN:
1 EL frisch gehacktes Koriandergrün

BEVOR DIE GÄSTE KOMMEN:

▶ Die Erdnüsse im Mörser zerkleinern und in einer heißen, ungefetteten Pfanne oder im Wok unter Schwenken so lange rösten, bis sie duften. Zusammen mit der Chilischote im Mörser zerreiben.

▶ Die Knoblauchzehen abziehen, fein würfeln und unter die Erdnüsse mischen. Die Bohnen verlesen, waschen und in kochendem Salzwasser blanchieren. In ein Sieb gießen, mit kaltem Wasser abschrecken und abtropfen lassen.

▶ Den Lollo Rosso entblättern, waschen und trocken schwenken. Quer in 1 cm breite Streifen schneiden und auf vier Teller verteilen. Die Papaya schälen, halbieren und entkernen.

▶ Das Papayafleisch mit einem Sparschäler in dünnen Streifen abziehen. Zusammen mit den Bohnen auf den Salattellern verteilen.

▶ Zucker, Zitronensaft und Fischsauce mit 4 Esslöffeln Wasser verrühren. Mit Reiswein, Salz und Pfeffer verfeinern und Erdnuss-Chili-Knoblauch unterrühren.

WENN DIE GÄSTE DA SIND:

▶ Das Dressing über die Salatteller träufeln, nach Geschmack mit Koriandergrün bestreuen und servieren.

Königsberger Klopse

📋 Bereiten Sie die doppelte Menge zu und frieren Sie die Hälfte ein, für das Rezept vom 27. März (s. Seite 85).

TIPP
Oft mögen deutsche Kinder Sardellen und Kapern nicht so gern. Die Sardellen können Sie trotzdem einfach in den Hackfleischteig reinmogeln, denn dadurch entsteht erst der richtige Geschmack. Die Kapern bei Tisch separat über das Gericht streuen. Für die Kinder stattdessen eine Tasse Erbsen für die Sauce bereitstellen.

Traditionelle deutsche Küche steht heute auf dem Speiseplan – nicht kompliziert, braucht aber ein bisschen Zeit.

FÜR DIE KLOPSE:
1 Brötchen vom Vortag
100 ml lauwarme Milch
1 kleine Zwiebel
2 eingelegte Sardellen
500 g Kalbshack oder gemischtes Hackfleisch
1 Ei
Salz, schwarzer Pfeffer
etwas abgeriebene Zitronenschale
1 ½ l Fleischbrühe
2 Lorbeerblätter

FÜR DIE SAUCE:
4 EL Butter
2 EL Mehl
150 ml passierte Fleischbrühe (von den Klopsen)
100 g Sahne
Saft von ½ Zitrone
Salz, schwarzer Pfeffer

NACH GESCHMACK:
50 g oder mehr eingelegte Kapern

▸ Das Brötchen mit Milch begießen und einweichen lassen. Die Zwiebel abziehen und sehr fein würfeln. Die Sardellen kalt abwaschen, trocken tupfen und fein hacken.

▸ Das Brötchen etwas ausdrücken und mit dem Hackfleisch, den Zwiebeln, den Sardellen und einem Ei verkneten. Mit Salz, Pfeffer und Zitronenschale würzen. Die Fleischbrühe mit den Lorbeerblättern zum Kochen aufstellen. Mit befeuchteten Händen aus dem Fleischteig 8 bis 12 Klopse, je nach gewünschter Größe, herstellen. Die Klopse in die siedende Fleischbrühe geben und bei geringer Hitze in etwa 15 Minuten gar ziehen lassen.

▸ Inzwischen aus Butter und Mehl eine helle Schwitze rühren. Mit 150 ml Klopsbrühe aufgießen und den Topf von der Kochstelle ziehen. Sobald die Klopse gar sind, diese auf einen Teller geben und die restliche Klopsbrühe durch ein Haarsieb in die weiße Sauce passieren. Unter mehrfachem Umrühren 5 bis 8 Minuten durchkochen.

▸ Die Sauce mit Sahne, Zitronensaft und Kapern abschmecken. Mit Salz und Pfeffer würzen. Die Klopse mit einem Schaumlöffel in die weiße Sauce heben und alles weitere 10 Minuten ziehen lassen. Dazu wird traditionell Reis serviert.

Minestrone alla Pippo

Der Zauberer Pippo hat einmal Spinat in die Suppe gezaubert – seitdem wird dieses Grünzeug auch von Kindern gegessen. Die Gemüse für die Suppe sind natürlich variabel; schauen Sie einfach, was Ihr Kühlschrank so bereithält.

Suppentag

🍴 Für 4 Portionen

🕐 Zubereitungszeit: 40 Minuten

½ Bund Suppengrün
(Karotte, Lauch, Sellerie)
1 Knoblauchzehe
4 EL Olivenöl
Salz, schwarzer Pfeffer
1 ¼ l Gemüsebrühe
100 g italienischer Rundkornreis

(z. B. Arborio)
2 Fleischtomaten
1 kleiner Zucchino

NACH BELIEBEN:
50 g frische Spinatblätter
frisch geriebener Parmesan

▶ Das Gemüse putzen, waschen, teils schälen und in feine Streifen schneiden. Die Knoblauchzehe abziehen und fein würfeln. Das Olivenöl in einem Topf erhitzen und darin das Gemüse unter Rühren kurz andünsten. Mit Salz und Pfeffer würzen und mit Brühe aufgießen.

▶ Sobald die Brühe kocht, den Reis einstreuen. Erst dann die Hitze etwas reduzieren. Die Fleischtomaten blanchieren, häuten, entkernen und in Streifen schneiden. Den Zucchino waschen, Stielenden entfernen und in halbe, dünne Scheibchen schneiden. Tomaten und Zucchino in die Suppe rühren und eventuell nachwürzen.

▶ Sobald der Reis gar ist, nach Belieben Spinatblätter einrühren. Nach 1 Minute die Suppe auf vorgewärmte Schalen verteilen und mit Käse bestreuen.

17. März

Hamburger-Clown

Kinder, Kinder
🏃 Für 4 Portionen
🕐 Zubereitungszeit:
   30 Minuten

Soviel (Un)gesundes lässt Kinderherzen höher schlagen! Obendrein gibt's knusprige Pommes aus dem Backofen dazu. Und damit das Gesunde nicht zu kurz kommt, können Sie noch großzügig Salatstreifen über die Teller streuen.

1 Kästchen Kresse	1 EL Tomatenmark
4 Cocktailtomaten	50 g Sahne
3 EL Pflanzenöl	2 Hamburgerbrötchen
300 g gemischtes Hackfleisch	2 EL Butter
Salz, schwarzer Pfeffer	8 Eier (Größe S)

▸ Die Kresse aus dem Kästchen nehmen, waschen und abtropfen lassen. Die Tomaten waschen.
▸ Das Pflanzenöl in einer Pfanne erhitzen und darin das Hackfleisch unter Rühren krümelig braten. Mit Salz und Pfeffer wür-

zen und mit Tomatenmark leicht rösten. Zuletzt die Sahne einrühren und bei geringer Hitze 5 bis 8 Minuten leise kochen lassen.
▸ Die Hamburgerbrötchen halbieren und im Toaster oder im Backofen grillen. Die Butter in

einer großen Pfanne oder zwei kleineren erhitzen und darin Spiegeleier braten.

▸ Je eine getoastete Brothälfte auf einen Teller legen und darauf das Hackfleisch verteilen. Die Spiegeleier auf eine Arbeitsplatte legen und mit einem scharfen Messer die Eigelbe ausstechen. Jeweils zwei als Augen auf eine Brothälfte setzen. Das Eiweiß so schneiden, dass je ein Mund entsteht. Die Kresse als Haare obenauf setzen und die Tomaten als Nase verwenden.

Heiße Apfelkücherl mit Mandeln

18. März

Nicht nur Kinder mögen's süß. So ab und an mundet ein süßes Hauptgericht auch den Erwachsenen.

Kinder, Kinder

🏃 Für 4 Portionen

🕐 Zubereitungszeit: 40 Minuten

2 Äpfel	ZUM FRITTIEREN:
150 g Mehl	½ l Pflanzenöl
1 Eigelb	
125 ml Apfelsaft	ZUM SERVIEREN:
Salz	100 g Zucker, nach Belieben
1 EL Pflanzenöl	gemahlener Zimt
2 Eiweiß	
2 EL Zucker	
Mehl zum Wenden	
50 g Mandelblättchen	

🗒 Bereiten Sie die doppelte Menge Apfelkücherl zu und frieren Sie die Hälfte davon abgekühlt ein, für das Rezept vom 31. März (s. Seite 87).

▸ Die Äpfel waschen, schälen und mit einem Rundstecher aushöhlen. Jeden Apfel in vier bis fünf Scheiben schneiden. Mit einem elektrischen Handrührgerät Mehl, Eigelb, Apfelsaft, Salz und Öl zu einem flüssigen Teig verrühren. Das Eiweiß mit Zucker cremig schlagen und unterheben.

▸ Das Fritierfett in einem Topf, einem Wok oder einer Friteuse bis zum Siedepunkt erhitzen. Die Apfelringe einzeln in Mehl wenden, in den Backteig tauchen und auf einer Seite in die Mandeln legen. In das siedende Fett gleiten lassen und auf jeder Seite 2 bis 3 Minuten schwimmend ausbacken.

▸ Die Apfelkücherl mit einem Schaumlöffel aus dem Fett nehmen, auf Küchenpapier entfetten und auf Tellern anrichten. Zucker und Zimt dazustellen.

Penne all'arrabiata

TIPP

Die klassische Garnitur
sind Penne-Nudeln, aber
Sie können auch Spaghetti
oder andere Nudelsorten
verwenden. Wenn Sie
die Sauce lieber flüssiger
mögen, rühren Sie einfach
ein paar Esslöffel Nudel-
wasser unter.

Sie mögen es scharf und mit viel Knoblauch? Dann gehören die Penne all'arrabiata sicher bald zu Ihren Lieblingsgerichten.

1 Zwiebel	Salz, schwarzer Pfeffer
3 Knoblauchzehen	500 g Penne (kurze Röhren-
2 frische rote Chilischoten	nudeln)
100 g magerer Räucherspeck	½ Bund Petersilie
500 g Fleischtomaten	100 g frisch geriebener Pecorino
4 EL Olivenöl	

▸ Die Zwiebel und die Knoblauchzehen schälen und fein würfeln.
Die Chilischoten waschen, eine
davon entkernen und in kleine
Würfel schneiden. Den Speck
klein würfeln.
▸ Die Fleischtomaten überbrühen, häuten, entkernen und
fein würfeln. Das Olivenöl in einer
Pfanne mit hohem Rand erhitzen
und darin die Speck-, Zwiebel-,

Knoblauch-, Tomaten- und Chiliwürfel unter Rühren andünsten.
Die ganze Chilischote einlegen
und den Pfanneninhalt bei geringer Hitze etwa 10 Minuten garen.
Mit Salz und Pfeffer würzen.
▸ Die Nudeln in reichlich siedendes Salzwasser geben und bissfest
garen. In der Zwischenzeit die
Petersilie waschen, die Blättchen
abzupfen und fein hacken.
▸ Die Nudeln in ein Sieb abgießen, kurz abtropfen lassen und
auf tiefe Teller verteilen. Die
Chilischote aus der Pfanne nehmen, die Sauce nochmals kurz
abschmecken und die Nudeln
damit löffelweise überziehen. Mit
Petersilie bestreuen und den Käse
dazu reichen.

Gefüllter Tintenfisch mit Ratatouille

20. März

Heute wird es mediterran: genau das richtige Essen, um in Erinnerungen an Frankreich zu schwelgen.

Zeit für Gäste

🏛 Für 4 Portionen
🕐 Zubereitungszeit:
   40 Minuten

📇 Bereiten Sie die doppelte Menge Ratatouille zu und frieren Sie die Hälfte ein, für das Rezept am 30. März (s. Seite 87).

---

1 küchenfertige Tintenfischtube
(von etwa 300 g)
Saft von ½ Zitrone
schwarzer Pfeffer
2 Scheiben entrindetes Weißbrot
50 g Kräuter-Crème-fraîche
10 Stück schwarze Oliven
5 süße blaue Weintrauben
1 Ei
Salz
3 EL Olivenöl

FÜR DAS RATAOUILLE:
1 Aubergine
1 Zucchino

2 Knoblauchzehen
1 kleine Zwiebel
je 1 rote und grüne Paprikaschote
4 Fleischtomaten
3 EL Olivenöl
Salz, schwarzer Pfeffer
100 ml Rotwein
¼ l Tomatensaft
¼ l Gemüsebrühe

AUSSERDEM:
2 Zahnstocher zum Verschließen
1 EL gemischte, gehackte Kräuter
(Rosmarin, Thymian, Oregano)

BEVOR DIE GÄSTE KOMMEN:
▶ Die Tintenfischtube innen und außen unter fließend kaltem Wasser gründlich waschen. Mit Küchenpapier trocken tupfen, mit Zitronensaft beträufeln und mit Pfeffer würzen. Den Backofen auf 180 °C (Umluft 160 °C) vorheizen.
▶ Das Weißbrot fein reiben und mit Crème fraîche verrühren. Die Oliven entsteinen, die Weintrauben eventuell entkernen und beide zusammen hacken. Alle vorbereiteten Zutaten mit dem Ei, einer Prise Salz, Pfeffer und 1 Esslöffel Olivenöl verrühren. Mit einem Löffel in die Tintenfischtube füllen und mit 2 Zahnstochern verschließen. Mit Folie abdecken und bis zum Gebrauch in den Kühlschrank stellen.

▶ Die Aubergine waschen, in zentimetergroße Würfel schneiden und 10 Minuten in kaltes Salzwasser legen. Anschließend abgießen und mit Küchenpapier trocken tupfen. Den Zucchino waschen, Stielansätze entfernen und in Scheibchen schneiden.
▶ Die Knoblauchzehen und die Zwiebel schälen und fein würfeln. Die Paprikaschoten waschen, vierteln, Stiel, Kerne und Trennwände entfernen und passend zum anderen Gemüse schneiden. Die Tomaten mit heißem Wasser überbrühen, häuten, Stielansätze und Kerne entfernen, das Fruchtfleisch in Achtel schneiden.
▶ In einer ofenfesten hohen Pfanne 2 Esslöffel Olivenöl erhitzen und darin die gefüllte Tinten-

fischtube von allen Seiten 2 Minuten braten; herausnehmen und auf einen Teller legen. 3 Esslöffel Olivenöl in die Pfanne gießen und darin Zwiebel- und Knoblauchwürfel andünsten.

▸ Nach und nach das vorbereitete Gemüse einstreuen, einige Minuten andünsten lassen und dabei mit Salz und Pfeffer würzen. Mit Rotwein ablöschen, mit Tomatensaft und Gemüsebrühe aufgießen. Das Gemüse nach dem ersten Aufkochen vom Herd nehmen, den Tintenfisch in das Gemüse legen und löffelweise mit Flüssigkeit überziehen.

WENN DIE GÄSTE DA SIND:

▸ Die Pfanne mit einem Deckel oder Alufolie verschließen und 20 Minuten in den Ofen schieben.

▸ Anschließend aus dem Ofen nehmen, 5 bis 8 Minuten geschlossen ruhen lassen und erst dann den Tintenfisch quer in Scheiben aufschneiden. Das Gemüse mit den Kräutern verrühren und auf Teller verteilen. Die Tintenfischscheiben darauf anrichten.

---

21. März

Pesto-Spätzle mit Sahnesauce

Deutsche Hausmannskost mit einem Hauch Italien: die selbst gemachten Pesto-Spätzle vereinen beides aufs Beste!

Pasta, basta!

🏛 Für 4 Portionen

🕐 Zubereitungszeit: 40 Minuten

🗄 Bereiten Sie am besten gleich die dreifache Menge zu. Eine Portion einfrieren, eine zweite im Kühlschrank luftdicht verwahren für morgen (s. Seite 81). Dazu erst die Spätzle zum Einfrieren vorbereiten, dann den Teig der Portion für heute mit Pesto würzen. Die tiefgefrorene Portion können Sie am 4. April (s. Seite 91) weiterverwerten.

500 g Mehl	1 Zwiebel
5 Eier	2 EL Butter
100 ml Mineralwasser	schwarzer Pfeffer
1 EL Pesto (fertig im Glas)	50 ml trockener Weißwein
Salz	200 g Sahne
500 g Champignons (oder Steinpilze)	

▸ Mit einem elektrischen Handrührgerät aus Mehl, Eiern, Mineralwasser, Pesto und einer Prise Salz einen Spätzleteig herstellen.

▸ Einen Topf mit reichlich Salzwasser aufstellen und den Teig mit einem Spätzlehobel portionsweise hineinschaben (wenn Sie sich mit dem Spätzlehobel schwer tun, können Sie den Teig auch durch eine Spätzlepresse geben). Sobald die Spätzle aufkochen, kurz durchrühren und sie mit einem Schaumlöffel in ein Sieb geben. Mit kaltem Wasser spülen und abtropfen lassen.

▸ Die Pilze putzen und in gleichmäßige Stücke schneiden. Die

Zwiebel abziehen und fein würfeln.

▸ 1 Esslöffel Butter in einer hohen Pfanne erhitzen und darin die Zwiebelwürfel glasig dünsten. Die Pilze hinzufügen und so lange braten, bis der Pilzsaft verkocht ist.

▸ Die Pilze mit Salz und Pfeffer würzen und mit Weißwein ablöschen. Die Sahne zugießen und alles aufkochen lassen. Bei geringer Hitze 5 Minuten ziehen lassen und nochmals abschmecken.

▸ Die Spätzle in einer mikrowellenfesten Schüssel mit Butterflöckchen belegen. In der Mikrowelle, je nach Wattstärke, 5 Minuten erhitzen. Die Spätzle auf vier vorgewärmte Teller verteilen und mit der Pilzsahne überziehen.

TIPP
Sie können den Spätzleteig statt mit Pesto auch mit Safran, gemahlenem Koriander oder Kräutern der Provence würzen. Alternativ schmeckt es auch sehr gut, wenn man als Sauce Olivenöl, frischen Knoblauch und gehackte Pinienkerne unter die Spätzle mischt.

Kalbsrahmgulasch

22. März

Die deutsche Küche hält viele Leckerbissen bereit, und Kalbsrahmgulasch zählt auf jeden Fall dazu.

1 kg Kalbfleisch (Schulter oder Schlegel)	½ TL edelsüßes Paprikapulver
500 g Zwiebeln	1 TL Tomatenmark
5 EL Pflanzenöl	1 TL Zitronensaft
400 ml kochende Brühe	1 Prise Zucker
Salz, schwarzer Pfeffer	50 g Sahne

Sonntagsessen
🍴 Für 4 Portionen
🕐 Zubereitungszeit: 30 Minuten
🕐 Garzeit: 60 Minuten

📋 Bereiten Sie gleich die doppelte oder dreifache Menge zu und frieren Sie die Hälfte ein, für das Rezept vom 4. April (s. Seite 91).

▸ Das Kalbfleisch in etwa 1 ½ cm große Würfel schneiden. Die Zwiebeln schälen und in Streifen schneiden. 1 Esslöffel Pflanzenöl in einem Topf erhitzen und darin die Fleischwürfel von allen Seiten anbraten; herausnehmen. Das restliche Pflanzenöl in den Bratensatz geben und die Zwiebelstreifen darin etwa 20 Minuten dünsten. Unter mehrmaligem Rühren etwas Brühe zugießen.

▸ Die Fleischwürfel in den Topf zurückgeben. Alles mit Salz, Pfeffer und Paprikapulver würzen. Die Brühe mit Tomatenmark verrühren und zugießen. Nach dem ersten Aufkochen den Topf mit einem Deckel verschließen und das Gulasch bei geringer Hitze etwa 60 Minuten schmoren lassen.

▸ Das fertige Gulasch eventuell nachwürzen und mit Zitronensaft, Zucker und Sahne verfeinern. Dazu passen Reis, Kartoffelbrei oder die Spätzle vom Tag zuvor (s. Seite 80).

TIPP
Diese milde Variante des Kalbsrahmgulaschs schmeckt allen. Wer's würziger mag, gibt einen Schuss Weißwein, rosenscharfen Paprika, 2 Knoblauchzehen, 1 Teelöffel scharfen Senf und etwas frischen Salbei dazu.

Lachstatar auf Salatbett

Kalte Küche

🍴 Für 4 Portionen

🕐 Zubereitungszeit:
   20 Minuten

Fisch macht frisch und ist so gesund – deshalb sollte man ihn öfter essen.

400 g gehäutetes Lachsfilet
Saft von ½ Zitrone
Salz, schwarzer Pfeffer
1 Prise Zucker
5 EL Olivenöl
1 EL gehackte gemischte Kräuter
(TK, besser noch von der Fensterbank)
1 Lollo Rosso
(oder Salat nach Wahl)

200 g Cherrytomaten
1 Orange
1 EL eingelegte Kapern
1 TL scharfer Senf
3 EL Sherryessig

AUSSERDEM:
knuspriges Kräuterbaguette

▸ Das Lachsfilet zuerst in Scheiben, dann in Streifen schneiden
und dann fein hacken. Mit Zitronensaft, Salz, Pfeffer, Zucker,
2 Esslöffeln Olivenöl und Kräutern verrühren.
▸ Den Salat verlesen, waschen,
trocken schwenken und in Stücke
zupfen. Die Tomaten waschen
und nach Belieben halbieren.
Die Orange schälen, auch das
Weiße entfernen, und in Filets
schneiden.

▸ Die Kapern sehr fein hacken
und mit Senf, 3 Esslöffeln Olivenöl und Sherryessig verrühren. Mit
Salz und Pfeffer kräftig würzen.
▸ Auf vier großen Tellern Lollo
Rosso, Tomaten und Orangenfilets hübsch anrichten. Mit dem
Dressing beträufeln und jeweils
in der Mitte das Lachtatar anrichten. Das Kräuterbaguette dazu
servieren.

Rote-Bete-Suppe

24. März

Morgens die Rote-Bete-Suppe, Rezept vom 3. März (s. Seite 64), aus dem Gefrierfach nehmen und langsam auftauen lassen. Als Einlage eignen sich geröstete Brotwürfel und geräucherte Makrele, in Stücke geschnitten.

Suppentag

Georgios' Bifteki

25. März

Aus Griechenland kommt das Rezept für die leckeren Bifteki – ein Fest nicht nur für Kindergaumen!

Kinder, Kinder

Für 4 Portionen

Zubereitungszeit: 30 Minuten

Bereiten Sie von den Bifteki die doppelte Menge zu, für das Rezept vom 8. April (s. Seite 94).

1 großes Fladenbrot	kümmel, Cayennepfeffer und
2 Knoblauchzehen	Piment
1 Zwiebel	Salz, schwarzer Pfeffer
1 Bund glatte Petersilie	150 g Schafskäse
500 g Rinderhackfleisch	10 EL Olivenöl
½ TL getrockneter Oregano	Saft von ½ Zitrone
je 1 Msp. gemahlener Kreuz-	100 g gemischte Oliven

▸ Ein kleines Stück Fladenbrot, etwa 100 g, in kleine Würfel schneiden und in Wasser einweichen. Die Knoblauchzehen und die Zwiebel abziehen. Die Petersilie waschen, trocken schwenken, von den Stielen zupfen und fein hacken.

▸ Das Brot ausdrücken und zusammen mit dem Rinderhackfleisch, Knoblauch, Zwiebeln, der Hälfte der Petersilie, Oregano, Kreuzkümmel, Cayennepfeffer, Piment, Salz und Pfeffer verkneten.

▸ Den Schafskäse klein bröseln. Mit befeuchteten Händen 16 flache Frikadellen formen. 8 Fri-

kadellen in der Mitte mit etwas Schafskäse belegen, die anderen Hälften darüber klappen und fest verschließen (damit beim Braten kein Käse ausläuft).

▸ Den restlichen Schafskäse mit 3 Esslöffeln Olivenöl verrühren. Mit Petersilie, Zitronensaft und Oliven vermengen. Das restliche Olivenöl in einer Pfanne erhitzen und darin die Bifteki auf beiden Seiten knapp 10 Minuten braten. Das restliche Fladenbrot dazu servieren. Dazu passen Pommes Frites.

Tortellini-Salat

Pasta, basta!

👥 Für 4 Portionen

🕐 Zubereitungszeit:
  30 Minuten

Aus Nudeln kann man natürlich auch einen leckeren Salat zubereiten, und wenn es sich dabei noch um gefüllte Nudeln handelt, umso besser.

500 g Tortellini
Salz
½ Bund Suppengrün
100 g grüne Oliven mit Mandeln
4 EL Olivenöl
1 kleines Bund Rucola
4 EL weißer Balsamico-Essig
(oder Sherry-Essig)

grob geschroteter schwarzer Pfeffer

AUSSERDEM:
hauchdünne Scheiben Parmaschinken
frisch gehobelter Parmesan

▶ Die Tortellini nach Packungsanweisung in reichlich kochendem Salzwasser bissfest garen. Inzwischen das Suppengrün waschen, teils schälen und alles in feinste Streifen schneiden.

▶ Die Oliven nach Belieben quer halbieren. Die Tortellini abgießen, nicht mit kaltem Wasser abschrecken, sondern mit 2 Esslöffeln Olivenöl locker vermengen.

▶ Rucola waschen, trocken schwenken und quer in 1 cm lange Stücke schneiden. Alle Zutaten locker miteinander vermengen und würzen. Dazu Schinken und Parmesan servieren. Der Tortellini-Salat schmeckt sowohl lauwarm als auch kalt.

Königsberger Klopse mit Reis

27. März

Heute gibt es die Königsberger Klopse vom 15. März (s. Seite 74). Einfach tiefgefroren ins siedende Wasser geben und darin erwärmen. Dazu 500 g Reis kochen – am besten gleich die doppelte Menge für das Rezept von morgen (s. unten).

Schnellgericht

Reisplätzchen mit Thunfischmousse

28. März

Reisplätzchen sind eine phantastische Art der Zweitverwertung, weil besonders delikat und zudem im Handumdrehen zubereitet. Servieren Sie die Reisplätzchen auf einem Berg von »Grünfutter«, wenn der Kühlschrank das hergibt, sei es Romana, Eichblatt, Chicorée oder anderer Salat.

Schnellgericht
🍽 Für 4 Portionen
🕐 Zubereitungszeit:
   30 Minuten

🗄 Der gekochte Reis stammt aus dem Rezept vom 27. März (s. Seite 85).

TIPP
Vegetarier können statt der Thunfischsauce eine chinesische Chilisauce dazu essen. Diese Sauce gibt es fertig zu kaufen, sie ist in »Schnapsflaschen« – großen oder kleinen »Flachmännern« – abgefüllt.

2 Dosen Thunfisch im Aufguss (Abtropfgewicht etwa 250 g)	2 Eigelbe
Saft von ½ Zitrone	50 g Kräuter-Crème-fraîche
100 g saure Sahne	50 g frisch geriebener Parmesan
1 Kästchen Gartenkresse	Paniermehl
Salz, schwarzer Pfeffer	8 EL Pflanzenöl
500 g gekochter Reis	1 EL Butter

▶ Den Thunfisch abtropfen lassen und mit Zitronensaft und saurer Sahne pürieren. Kresse aus dem Kästchen schneiden, waschen und unter den Thunfisch pürieren. Mit Salz und Pfeffer würzen. In vier Schälchen füllen und bis zum Servieren in den Kühlschrank stellen.
▶ Den Reis mit den Eigelben, Crème fraîche, Parmesan und etwas Paniermehl verkneten. Mit Salz und Pfeffer würzen. Aus dem Teig 12 Plätzchen formen und in Paniermehl wenden.

▶ In einer Pfanne Pflanzenöl erhitzen. Die Reisplätzchen einlegen und auf beiden Seiten etwa 5 Minuten braten. Während des Bratvorgangs die Butter in die Pfanne gleiten lassen.
▶ Die fertigen Plätzchen auf Küchenpapier entfetten und auf vier vorgewärmte Teller verteilen. Je ein Schälchen Thunfischdip dazu reichen.

Toskanischer Schweinebraten

Sonntagsessen

🍴 Für 4 Portionen

🕐 Zubereitungszeit:
2 Stunden

📖 Die Fleischmenge bei diesem Rezept ist für 6 Portionen berechnet. Bereiten Sie das ganze Fleisch zu und bewahren Sie ein Drittel davon im Kühlschrank auf, Sie benötigen es am 1. April (s. Seite 90).

Ein echter Braten braucht seine Zeit, aber an einem ruhigen Sonntag haben Sie die ja auch.

1 ½ kg ausgelöster Nacken (Halsgrat) oder Kotelett vom Schwein, mit Knochen Salz, schwarzer Pfeffer 2 Knoblauchzehen 3 frische Rosmarinzweige	1 TL Fenchelsamen 1 Prise gemahlene Gewürznelken 5 EL Olivenöl 1 kg festkochende Kartoffeln **AUSSERDEM:** Küchengarn

▸ Den Backofen auf 180 °C (Umluft 160 °C) vorheizen. Das Schweinefleisch und die Knochen unter fließend kaltem Wasser waschen und mit Küchenpapier trocken tupfen. Fleisch und Knochen mit Salz und Pfeffer würzen.

▸ Die Knoblauchzehen schälen und fein würfeln. Die Rosmarinzweige waschen, trocken schwenken und von zwei Zweigen die Nadeln abstreifen. Die Rosmarinnadeln sehr fein hacken und mit dem Knoblauch, Fenchelsamen, Gewürznelken sowie 4 Esslöffeln Olivenöl verrühren.

▸ Das Fleisch rundherum an mehreren Stellen mit einem spitzen Messer 1 bis 2 cm tief einschneiden und Würzöl in die Einschnitte füllen. Dann das ganze Fleischstück mit dem restlichen Würzöl einreiben und mit Küchengarn fest in Form binden.

▸ Den Bräter mit 1 Esslöffel Olivenöl beträufeln, Fleisch und Knochen einlegen, den Rosmarinzweig darauflegen und in den vorgeheizten Backofen schieben. Während der 1 ½ stündigen Garzeit das Fleisch immer wieder mit dem austretenden Bratensaft begießen und wenden.

▸ Die Kartoffeln waschen, schälen und in gleich große Stücke schneiden. Mit Salz und Pfeffer würzen, rund um das Fleisch in den Bräter legen und etwa 40 Minuten mitgaren.

▸ Nach 1 ½ Stunden die Temperatur auf 200 °C (Umluft 220 °C) erhöhen und den Braten weitere 15 Minuten garen, sodass er eine goldgelbe Bräunung erhält.

▸ Den fertigen Braten aus dem Bräter nehmen, Küchengarn entfernen, in Alufolie wickeln und 10 Minuten ruhen lassen. Die Kartoffeln auf einer vorgewärmten Servierplatte anrichten und den Bratensaft aus dem Bräter in eine Sauciere gießen.

▸ Den Schweinebraten aus der Folie nehmen und in dicke Scheiben schneiden. Den Bratensaft aus der Folie in die Sauciere gießen. Dazu passen geschmorter Fenchel und toskanisches Weißbrot zum Auftunken des Bratensafts.

Schwarze Spaghetti mit Ratatouille

30. März

Das tiefgefrorene Ratatouille, Rezept vom 20. März (s. Seite 79), auftauen und erwärmen. Da dieses Gemüsegericht leicht nach Fisch bzw. Tintenfisch riecht, gibt es dazu schwarze Spaghetti (500 g), die mit Sepia-Tinte gefärbt worden sind.

Pasta, basta!

Apfelkücherl mit Apfelmus

31. März

Die tiefgefrorenen Apfelkücherl vom 18. März (s. Seite 77) auftauen, im vorgeheizten Backofen bei 140 °C (Umluft 120 °C) in etwa 15 Minuten erwärmen und mit Apfelmus genießen.

Schnellgericht

April

1. April

Angemachter kalter Braten

Kalte Küche

Den übrigen Schweinebraten, Rezept vom 29. März (s. Seite 86), aus dem Kühlschrank nehmen und in dünne Streifen schneiden. Zwei rote Zwiebeln in hauchdünne Ringe und zwei Essiggurken in Streifen schneiden. Alles zusammen mit frisch gehackter Petersilie, Olivenöl, Weißweinessig, Salz und Pfeffer anmachen. Dazu frisches Bauernbrot mit Kräuterquark oder Butter reichen. Nach Belieben außerdem Käse- oder Gemüseüberbleibsel in Streifen schneiden und in den Salat mengen.

2. April

Quetschkartoffeln mit Kaviar

Party, Party

👥 Für 4 Portionen

🕐 Zubereitungszeit:
   30 Minuten

📋 Kochen Sie gleich 500 g Kartoffeln mehr, für die Bratkartoffeln vom 3. April (s. Seite 91).

TIPP

Preislich gesehen, gibt es beim Kaviar alle Möglichkeiten. Der preiswerteste ist der Rogen vom Seehasen. Sie können aber auch frischen roten Forellenkaviar oder griechisches Taramasalata verwenden.

Verwöhnen Sie sich einfach mal selbst, wenn es die anderen nicht tun, frei nach dem Motto: ein Gläschen auf den Chef, eins auf die quengeligen Kinder und eins auf den vermasselten Tag.

800 g kleine Kartoffeln	1 Becher Crème fraîche
Salz	1 Döschen Kaviar Ihrer Wahl
1 Bund Schnittlauch	

▸ Die Kartoffeln waschen und in kochendem Salzwasser etwa 30 Minuten gar kochen.
▸ In der Zwischenzeit den Schnittlauch waschen und in Röllchen schneiden. Zusammen mit der Crème fraîche und dem Kaviar am Esstisch stilvoll präsentieren.

▸ Die Kartoffeln abgießen, kurz ausdampfen lassen und pellen. Mit einer Kartoffelpresse grob zerkleinern und auf vier Tellern breitflächig und hügelig anrichten.
▸ Jeder kann sich seinen Kartoffelberg individuell mit Schnittlauch, Crème fraîche und Kaviar toppen.

Bratkartoffeln mit Paprikakotelett

3. April

Bratkartoffeln passen immer – sie sind schnell zubereitet und schmecken der ganzen Familie. Dazu ein feuriges Kotelett, und das Mahl ist perfekt.

Schnellgericht
🍽 Für 4 Portionen
🕐 Zubereitungszeit:
   30 Minuten

500 g gekochte Kartoffeln	à etwa 150 g
8 EL Pflanzenöl	Mehl zum Wenden
Salz, schwarzer Pfeffer	1 EL Butter
1 TL Kümmel	1 Prise Chilipulver
½ TL edelsüßes Paprikapulver	400 g passierte Tomaten
2 rote Paprikaschoten	(Konserve)
2 Zwiebeln	100 ml Fleischbrühe (Instant)
4 dünne Schweinekoteletts	

🔥 Die gekochten Kartoffeln stammen aus dem Rezept vom 2. April (s. Seite 90).

▸ Die Kartoffeln pellen und in Scheiben schneiden. 5 Esslöffel Pflanzenöl in einer Pfanne erhitzen und darin die Kartoffeln anbraten. Mit Salz, Pfeffer, Kümmel und der Hälfte Paprikapulver würzen. Während der Bratdauer von etwa 20 Minuten und mittlerer Hitze die Kartoffeln einige Male durchschwenken.
▸ Die Paprikaschoten waschen und entkernen. Die Zwiebeln abziehen. Beide in dünne Streifen schneiden. Die Koteletts mit Salz, Pfeffer und etwas Paprika würzen. 3 Esslöffel Pflanzenöl in einer Pfanne erhitzen, die Koteletts in Mehl wenden und einlegen.

Auf jeder Seite 2 Minuten braten, herausnehmen und auf einen Teller legen.
▸ Die Butter in den Bratensatz gleiten lassen und darin Paprika- und Zwiebelstreifen andünsten. Mit Salz, Pfeffer und Chilipulver würzen und mit passierten Tomaten sowie mit Fleischbrühe aufgießen. Dann einige Minuten leise kochen lassen.
▸ Die Koteletts mit den Bratkartoffeln auf vier Tellern anrichten. Die Sauce nochmals abschmecken und über die Koteletts geben.

Kalbsrahmgulasch mit Spätzle

4. April

Das Kalbsrahmgulasch vom 22. März (s. Seite 81) und die Spätzle vom 21. März (s. Seite 80) auftauen und als frisches Gericht genießen – so bleibt mehr Zeit für den Samstagseinkauf.

Schnellgericht

Hühnerfrikassee nach Oma Leni

Sonntagsessen

🍴 Für 6 Portionen

🕐 Zubereitungszeit:
   30 Minuten

🕐 Garzeit: 1 ¼ Stunde

📖 Das Huhn hat eine vorgegebene Größe, sodass das Rezept für 6 Portionen reicht. Was vom Hühnerfrikassee übrig bleibt, können Sie für das Rezept vom 16. April (s. Seite 101) einfrieren. Die übrige Hühnersuppe, etwa 1 Liter, können Sie gleich morgen verwerten (s. Seite 93). Den Reis für die Beilage in doppelter Menge kochen, die Hälfte am 8. April (s. Seite 94) verwenden.

Essen wie bei Großmuttern – beim Hühnerfrikassee kann man direkt nostalgisch werden ...

1 Bund Suppengrün (Karotte, Lauch, Sellerie, Petersilie)	½ Bund glatte Petersilie
1 Suppenhuhn von etwa 1 ½ kg	3 EL Butter
Salz	2 EL Mehl
5 schwarze Pfefferkörner	100 g Sahne
250 g frische Champignons	400 g Erbsen (Konserve)
1 Zwiebel	1 Spritzer Zitronensaft

▸ Das Suppengrün putzen, waschen und in grobe Stücke schneiden. Das Suppenhuhn innen und außen unter fließend kaltem Wasser gründlich waschen. In einen großen Topf legen, mit kaltem Wasser aufgießen und zum Kochen aufstellen. Nach dem ersten Aufkochen das Kochwasser abgießen und frisches, kaltes Wasser reichlich nachfüllen, bis alles gut bedeckt ist.

▸ Salz, Lorbeerblatt und Pfefferkörner einrühren. Nach dem ersten Aufkochen die Hitze zurückdrehen und das Suppenhuhn etwa 1 ¼ Stunden leise kochen lassen. Immer wieder etwas Wasser nachgießen, sodass das Huhn immer bedeckt ist.

▸ Die Zwiebel ungeschält halbieren und mit den Schnittflächen in eine heiße Pfanne setzen. Die Zwiebelhälften gut bräunen lassen und zur Farbgebung der Suppe in den Hühnertopf geben. Das Suppengemüse einlegen und mitkochen.

▸ Die Champignons putzen und je nach Größe halbieren oder vierteln.

▸ Die Petersilie waschen, trocken schwenken, von den Stielen zupfen und fein hacken. Nun prüfen, ob das Suppenhuhn gar ist: Einfach an den Schenkeln ziehen, und wenn sich diese locker lösen, dann ist das Huhn fertig. Das Huhn herausnehmen und kurz abkühlen lassen. Anschließend häuten, entbeinen und das Fleisch in mundgerechte Stücke schneiden.

▸ Die Hühnerbrühe durch ein Sieb passieren. In einem Topf Butter heiß schäumend erhitzen. Mehl einsieben und unter Rühren hell halten. Nach und nach mit etwa ¾ l Hühnerbrühe aufgießen. Aufkochen lassen und dann bei mittlerer Hitze 10 Minuten leise kochen lassen.

▸ Die weiße Sauce mit Sahne verfeinern und mit Salz und Pfeffer würzen. Erbsen, Hühnerfleisch und Champignons in die Sauce rühren. Unter Rühren

5 Minuten durchkochen. Kurz vor dem Servieren mit Zitronensaft und Petersilie verfeinern. Dazu passen Reis und Kopfsalat mit Vinaigrette.

Hühnersuppe

6. April

Suppentag

Aus der Hühnerbrühe vom 5. April (s. Seite 92) wird heute mit Einlagen wie frisch geschnittenem Gemüse, Backerbsen, Sternchennudeln, Mischgemüse aus dem TK-Fach, gerösteten Brotwürfeln, eventuell einigen Esslöffeln gekochtem Reis (Vortag) eine schöne heiße Hühnersuppe zubereitet. Zum Servieren können Sie noch frisch geschnittene Salatstreifen darübergeben.

Bunte Salatschüssel

7. April

In diesem Salat sind so viele gute Dinge drin – da strotzen Sie nachher nur so vor Energie.

Kalte Küche
🍴 Für 4 Portionen
🕐 Zubereitungszeit: 30 Minuten

1 aufgetautes Kräuterbaguette (TK, gefüllt mit Kräuterbutter)
250 g Putenschnitzel
½ frische, rote Chilischote
½ Bund Koriander (oder glatte Petersilie)
3 Romana-Salatherzen
150 g getrocknete Tomaten in Olivenöl (im Glas, davon 50 ml Olivenöl abgießen)
4 eingelegte Artischockenherzen
1 Eigelb (Größe L)
1 TL Dijon-Senf
50 ml Olivenöl
2 EL Weißweinessig
etwas Worcestershiresauce
Salz, schwarzer Pfeffer
2 EL Olivenöl
200 g Weintrauben
1 Orange
1 Banane

▸ Das Kräuterbaguette quer in Scheibchen schneiden. Das Putenschnitzel in feine Streifen schneiden. Die Chilischote waschen, entkernen und fein würfeln.

▸ Den Koriander waschen, trocken schwenken, von den Stielen zupfen und fein hacken. Die Salatherzen quer in Streifen schneiden, waschen und abtropfen lassen.

▸ Die Tomaten in Streifen schneiden. Zusammen mit Koriander, Artischocken und den Salatstreifen in einer Schüssel vermengen. Das Eigelb mit Dijon-Senf cremig rühren und langsam mit 50 ml Olivenöl aufschlagen. Mit Weißweinessig, Worcestershiresauce, Salz und Pfeffer würzen.

▸ Den Salat mit dem Dressing vermischen. In einer Pfanne 1 Esslöffel Olivenöl erhitzen und darin die Chiliwürfel mit den Putenstreifen rundherum braten. Mit Salz und Pfeffer würzen und über den Salat geben.

▸ 1 Esslöffel Olivenöl in den Bratensatz gießen und die Baguettescheiben einlegen. Diese auf beiden Seiten knusprig braten. Die Weintrauben waschen und einzeln unter den Salat mischen. Den Salat auf vier Teller verteilen. Die Orange sowie die Banane schälen und in kleine Stückchen schneiden und die Salatteller damit belegen.

8. April

Bifteki mit Reis

Schnellgericht

Heute gibt es den vorgekochten Reis vom 5. April (s. Seite 92), der in Butter geschwenkt erhitzt wird. Die aufgetauten Bifteki vom 25. März (s. Seite 83) auf Alufolie im vorgeheizten Backofen bei 160 °C Umluft etwa 15 Minuten grillen. Wer zu den griechischen Frikadellen Sauce braucht, verrührt 150 g Naturjoghurt mit 1 Teelöffel scharfem Senf, 1 Teelöffel gemischten Kräutern (TK) und etwas Zitronensaft. Mit Salz, Pfeffer und Paprika würzen.

Makkaroni mit Fenchel-Safran-Sauce

Makkaroni hatten wir noch gar nicht. Sie lassen sich mit Vielerlei kombinieren – heute gibt es sie mal mit Fenchel.

2 Fenchelknollen	Salz
1 kleine Zwiebel	2 EL Olivenöl
1 große Orange	2 EL Butter
(oder 100 ml Orangensaft)	1 Prise Zucker
100 g Rosinen	2 Msp. gemahlener Safran
100 g Pinienkerne	weißer Pfeffer
500 g Makkaroni	⅛ l trockener Weißwein

Pasta, basta!

🍴 Für 6 Portionen

🕐 Zubereitungszeit:
   30 Minuten

Tɪᴘᴘ

Noch schöner sieht es aus, wenn Sie das Nudelgericht zusätzlich mit frischen Orangenfilets und Schnittlauchröllchen garnieren.

▸ Die Fenchelknollen putzen, vierteln, entstrunken und die Viertel in schmale Streifen schneiden. Das Fenchelkraut waschen, abtropfen lassen und kleiner zupfen.

▸ Die Zwiebel schälen und fein würfeln. Die Orange auspressen, Saft durch ein Haarsieb passieren und mit den Rosinen vermengen. Die Pinienkerne in einer heißen beschichteten Pfanne unter Schwenken so lange rösten, bis sie duften; herausnehmen und auf einen Teller geben.

▸ Die Nudeln in reichlich kochendem Salzwasser bissfest garen. In der Zwischenzeit Olivenöl und Butter erhitzen und darin die Fenchelstreifen sowie die Zwiebelwürfel andünsten. Mit Zucker bestreuen und mit Safran, Salz und Pfeffer würzen.

▸ Die Fenchelpfanne mit Weißwein ablöschen und kurz einkochen lassen. Die Nudeln in ein Sieb abgießen, abtropfen lassen und auf tiefe Teller verteilen. Eingeweichte Rosinen unter den Fenchel ziehen, alles nochmals abschmecken und über die Nudeln verteilen. Mit Pinienkernen bestreuen und mit Fenchelgrün garnieren.

Apfel-Ofenschlupfer mit Vanillesauce

Kinder, Kinder

🏃 Für 4 Portionen

🕐 Zubereitungszeit:
20 Minuten

🕐 Garzeit: 40 Minuten

Diese Speise hat in allen deutschen Apfelgegenden ihren festen Platz auf dem Speiseplan, mal als »Scheiterhaufen«, mal als »Apfelmichel« oder »Apfelcharlotte«. Insbesondere in katholischen Gegenden wird der Ofenschlupfer gern am Karfreitag mit viel Vanillesauce serviert. Eine traditionelle süße Hauptspeise, die jungen und alten Leckermäulern schmeckt.

500 g altbackene Brötchen (Weißbrot, 1 bis 2 Tage alt)
½ l Milch
1 Prise Salz
geriebene Schale von ½ unbehandelten Zitrone
3 Eier
80 g Zucker
500 g Äpfel (z. B. Cox Orange)
100 g Rosinen

AUSSERDEM:
Butter für die Form

FÜR DIE VANILLESAUCE:
½ l Milch
1 Päckchen Vanillezucker
Mark von 1 Vanilleschote
2 Eier
50 g Zucker
1 EL Speisestärke

ZUM BESTÄUBEN:
Puderzucker

▸ Das Brot in Scheiben schneiden und in eine Schüssel legen. Die Milch mit Salz, Zitronenschale, Eiern und Zucker kräftig verquirlen und über die Brotscheiben gießen. Die Schüssel am besten mit einem Tuch abdecken und das Brot etwa 20 Minuten ziehen lassen.

▸ Den Backofen auf 200 °C (Umluft 180 °C) vorheizen und eine Auflaufform mit Butter ausstreichen.

▸ Die Äpfel schälen, entkernen und feinblättrig schneiden. Die eingeweichten Brotscheiben abwechselnd mit den Apfelscheiben und den Rosinen in die Auflaufform schichten, dabei mit der Brotschicht abschließen.

▸ Die Auflaufform in den vorgeheizten Ofen (mittlere Schiene) schieben und den Auflauf etwa 40 Minuten backen.

▸ Kurz vor Ende der Garzeit die Vanillesauce zubereiten: Dazu die Milch mit Vanillezucker und -schote aufkochen. Eier trennen und Eiweiß zu steifem Schnee schlagen. Eigelbe mit Zucker und Stärke mischen und unterrühren. Den Topf vom Herd ziehen und den Eischnee unterheben.

▸ Den Auflauf aus dem Backofen nehmen und üppig mit Puderzucker bestäuben. Dazu die Vanillesauce reichen.

Schweinefleisch-Saté

Schweinefleisch mal asiatisch – einfach köstlich!

Schnellgericht

🍴 Für 4 Portionen

🕐 Zubereitungszeit:
30 Minuten

🕐 Marinierzeit:
30 Minuten

800 g Schweinefleisch ohne
Knochen
(Schulter, Keule, Oberschale)
1 Zwiebel
2 Knoblauchzehen
4 cm frische Ingwerwurzel
Saft von 1 Limette oder Zitrone
1 EL Chilipaste (Fertigsauce, mild
oder scharf)

4 EL dunkle Sojasauce
1 EL brauner oder weißer Zucker
½ EL Salz
2 EL Erdnussöl

AUSSERDEM:
8 Schaschlikspieße (Holz)
1 Grillschale

TIPP
Ganz traditionell wird Saté
mit Ernusssauce serviert.
Das Rezept dazu finden Sie
am 26. Juli auf Seite 189.

▸ Das Schweinefleisch in etwa
2 cm große Würfel schneiden.
Zwiebel, Knoblauch und Ingwer
schälen und grob zerschneiden.
Alle Zutaten im Küchenmixer zu
einer Paste pürieren.
▸ Die Würzpaste in die
Fleischwürfel massieren, mit
Folie abdecken und mindestens
30 Minuten im Kühlschrank ziehen lassen.
▸ Die Fleischwürfel auf Spieße
stecken und in die Grillschale
legen. Im vorgeheizten Backofen
bei 180 °C (Oberhitze) oder mit
Grillstufe unter zwei- bis drei-
maligem Wenden etwa 10 Minuten grillen.

▸ Nutzen Sie die Hitze des Back-
ofens doppelt und backen Sie auf
der untersten Schiene Kartoffeln
Ihrer Wahl, z. B. Pommes Frites
oder Kartoffelspalten. Reichen
Sie außerdem verschiedene fertige Saucen zum Dippen. Dazu
passen ein gemischter Salat und
Bier als Getränk.

Lammbraten

Zeit für Gäste

🍽 Für 8 Portionen

🕐 Zubereitungszeit:
60 Minuten

🕐 Marinierzeit:
60 Minuten

TIPP

Aus dem übrigen Lammfleisch können Sie Döner-Sandwichs zubereiten. Dazu aus 150 g Naturjoghurt, 1 geraspelten Gurke, 2 gewürfelten Knoblauchzehen, 1 Esslöffel Olivenöl, Salz und Pfeffer eine Sauce herstellen. Diese Sauce auf vier kleine Fladenbrote streichen und klein geschnittenes Lammfleisch, Zwiebelstreifen, Salatstreifen und Oliven darüber geben.

Nicht nur an Ostern ist dieser Lammbraten ein wahrer Genuss!

1 Lammkeule von etwa 2 kg	100 ml Olivenöl
5 Knoblauchzehen	Saft von ½ Zitrone
50 g gemischte, getrocknete Kräuter	Salz, schwarzer Pfeffer
(Oregano, Petersilie, Rosmarin, Thymian)	4 Fleischtomaten
	4 cl Weinbrand

BEVOR DIE GÄSTE KOMMEN:

▸ Die Lammkeule unter fließend kaltem Wasser waschen und mit Küchenpapier trocken tupfen. Die Knoblauchzehen schälen und durch eine Knoblauchpresse drücken. Mit den Kräutern, 50 ml Olivenöl sowie dem Zitronensaft verrühren.

▸ Die Lammkeule mit dem Würzöl rundherum einreiben, mit Folie abdecken und mindestens 1 Stunde in den Kühlschrank stellen (oder in einen kalten Raum).

▸ Den Backofen auf 220 °C (Umluft 200 °C) vorheizen. Ein Backblech mit Olivenöl bestreichen und die Lammkeule darauf legen. Die Fleischtomaten halbieren, rund um die Keule legen und mit dem restlichen Olivenöl beträufeln.

▸ Die Lammkeule auf die unterste Schiene in den Backofen schieben und bei Grillstufe knapp 1 Stunde garen; zwischendurch einige Male drehen.

▸ Die fertig gegarte Lammkeule in Alufolie wickeln und neben dem Backofen 20 bis 30 Minuten ziehen lassen. Das Backblech mit Weinbrand sowie mit etwa 100 ml Wasser begießen und den Bratensatz losschaben. Anschließend durch ein Sieb gießen und kurz aufkochen lassen.

WENN DIE GÄSTE DA SIND:

▸ Die Keule aus der Alufolie nehmen, den Bratensaft zur Sauce gießen, und vom Knochen weg in Scheiben schneiden. Beides separat servieren. Dazu passen grüne Bohnen und in Kräuterbutter geschwenkte Kartoffeln.

Pikanter Brezelkuchen

13. April

*Ein pikanter Gugelhupf ist genau das Richtige für einen faulen Tag,
an dem es trotzdem etwas Warmes zu essen geben soll.*

Schnellgericht
🏛 Für 4 Portionen
🕐 Zubereitungszeit:
  30 Minuten
🕐 Garzeit: 35 Minuten

6 Brezeln ohne Salz
(1 bis 2 Tage alt)
2 Brötchen (1 bis 2 Tage alt)
½ l heiße Milch
1 kleine Zwiebel
1 EL Butter

1 EL frisch gehackte Petersilie
4 Eier, getrennt
Salz, schwarzer Pfeffer

FÜR DIE FORM:
Butter und Mehl

▸ Brezeln und Brötchen grob zerschneiden und in einer Schüssel mit heißer Milch begießen. Mit einem Küchentuch abdecken und etwa 20 Minuten ruhen lassen.
▸ Die Zwiebel schälen und fein würfeln. In heißer Butter zusammen mit der Petersilie kurz andünsten. Den Pfanneninhalt über die eingeweichten Brezeln und Brötchen geben und mit den Eigelben vermengen.
▸ Den Backofen auf 180 °C (Umluft 160 °C) vorheizen. Eine Gugelhupf-Form mit Butter ausstreichen und mit Mehl ausklopfen. Das Eiweiß zu steifem Schnee schlagen und unter die Brezelmasse heben. Die Masse in die Gugelhupf-Form einfüllen, sodass diese zu drei Vierteln gefüllt ist. In den vorgeheizten Ofen schieben und etwa 35 Minuten backen. Dann herausnehmen und 10 Minuten ruhen lassen. Die Form stürzen und den »Kuchen« in Stücke schneiden.
▸ Dazu passt Pfannengemüse mit Kräuterbutter (TK) und/oder übrig gebliebenes Lammfleisch vom Vortag, das einfach in der Mikrowelle erwärmt oder in der Pfanne leicht gebraten wird.

Gemüsepfanne

14. April

Schnellgericht

Vom Wochenende ist bestimmt noch Salat und Gemüse übrig, z. B. grüne Bohnen. Schnippeln Sie das Gemüse klein, braten Sie es in etwas Butter an und verarbeiten Sie es mit 4 verquirlten Eiern zu einer schönen, schnellen Pfannenmahlzeit. Ein Dressing für die Salatüberbleibsel können Sie aus 100 g saurer Sahne, 1 EL Honig, 1 EL Zitronensaft, 1 TL gemischter Kräuter (TK) herstellen und mit Salz und Pfeffer würzen. Dazu Brötchen und Käse reichen.

Spiegeleikuchen

TIPP
Statt Aprikosen können Sie auch, je nach Jahreszeit, Mirabellen oder Pfirsiche verwenden.

Dieses Biskuitrezept ist sehr lecker und besonders bei Kindern beliebt – schon wegen der Optik. Und damit es nicht nur Süßes gibt, können Sie davor oder danach Schinken, Wurst, Käse, verschiedene Brote, Essiggurken und andere »Kühlschrank-Schätze« servieren – für ein individuelles kaltes Essen.

FÜR DEN BISKUITTEIG:
6 Eier, getrennt
150 g Zucker
50 g Mehl
50 g Speisestärke
abgeriebene Schale von
½ unbehandelten Zitrone

ZUM BELEGEN:
500 g abgetropfte Aprikosen aus dem Glas
1 Päckchen Tortenguss

ZUM SERVIEREN:
200 g geschlagene Sahne

AUSSERDEM:
Backpapier

▶ Den Backofen auf 180 °C (Umluft 160 °C) vorheizen und ein Backblech mit Backpapier auslegen. Mit einem elektrischen Handrührgerät das Eiweiß zu steifem Schnee schlagen.

▶ Die Eigelbe mit Zucker dickschaumig schlagen und das Mehl, die Speisestärke sowie die Zitronenschale unterrühren. Zuletzt den Eischnee unterheben und den Teig gleichmäßig auf das mit Backpapier ausgelegte Backblech streichen. Das Backblech in den vorgeheizten Ofen (mittlere Schiene) schieben und den Biskuit in etwa 10 Minuten goldgelb backen.

▶ Den Biskuitteig aus dem Ofen nehmen und auf ein feuchtes Tuch stürzen; dabei das Backpapier abziehen.

▶ Mit Hilfe eines kleinen Tellers oder eines größeren runden Plätzchenausstechers runde Plätzchen von etwa 6 cm Durchmesser ausschneiden bzw. ausstechen.

▶ Die Biskuitscheiben mit gut abgetropften Aprikosen belegen. Den Tortenguss nach Packungsaufschrift rühren und die Törtchen damit überziehen. Vollständig abkühlen lassen und mit Sahnetupfern garnieren.

Hühnerfrikassee mit Bandnudeln

16. April

Schnellgericht

Das tiefgefrorene Hühnerfrikassee vom 5. April (s. Seite 92) auftauen und mit etwa 100 g Sahne und eventuell noch einigen Fleischüberbleibseln »aufpeppen«. Nochmals abschmecken und 1 Teelöffel gemischte Kräuter (TK) unterrühren. Dazu können Sie Bandnudeln reichen, oder Sie füllen das Frikassee in Königinpastetchen. Die gibt es fertig zu kaufen und müssen nur noch im vorgeheizten Backofen bei geringer Temperatur erwärmt werden.

Schinkenpizza

17. April

Kinder lieben Pizza, weil man sie so schön mit den Händen essen kann und darf.

Kinder, Kinder

🚶 Für 4 Portionen

⏱ Zubereitungszeit:
   40 Minuten

⏱ Ruhezeit: 60 Minuten

📋 Bereiten Sie die doppelte Menge Pizza zu. Die eine Hälfte können Sie in Stücke schneiden und für den 28. April (s. Seite 110) einfrieren.

FÜR DEN TEIG:	FÜR DEN BELAG:
500 g Mehl	300 g gekochter Schinken
1 frischer Hefewürfel (42 g)	500 g Tomatenwürfel im Saft
1 Prise Zucker	(Konserve)
knapp 250 ml lauwarmes Wasser	Salz, schwarzer Pfeffer
1 TL Salz	150 g frisch geriebener Gouda
etwas Olivenöl für das Backblech	2 EL Olivenöl

▶ Das Mehl in eine Schüssel sieben und eine Mulde hineindrücken. Die Hefe hineinbröseln, mit Zucker bestreuen und mit Wasser begießen. Mit etwas Mehl vom Rand bestäuben, die Schüssel mit einem Tuch abdecken und den Vorteig 20 Minuten ruhen lassen.

▶ Inzwischen den Schinken in Streifen schneiden. Den Vorteig mit Salz zu einem geschmeidigen Teig kneten und nochmals 20 Minuten ruhen lassen.

▶ Den Teig auf einer bemehlten Arbeitsfläche einige Male durchkneten und zu Backblechgröße ausrollen. Das Backblech mit Olivenöl auspinseln und mit dem Teig belegen. Den Teig nochmals 20 Minuten gehen lassen.

▶ Den Backofen auf 220 °C (Umluft 200 °C) vorheizen. Den Teig mit den Tomatenwürfeln gleichmäßig bestreichen und die Schinkenstreifen darüber streuen. Mit Salz und Pfeffer würzen. Alles mit Käse bestreuen und mit Olivenöl beträufeln. Die Pizza in den Ofen auf die mittlere Schiene schieben und etwa 25 Minuten knusprig backen.

Zanderröllchen im Gerstengemüse

Zeit für Gäste

Für 4 Portionen

Zubereitungszeit:
40 Minuten

Quellzeit: 60 Minuten

Das Fischrezept (ohne Graupen) verdoppeln und fix und fertig einfrieren für das Rezept am 30. April (s. Seite 111).

TIPP

Die schnellere und kalorienärmere Version geht so: Zanderfilets in Streifen schneiden, würzen und unter das sehr heiße Gerstengemüse mischen; etwa 10 Minuten ziehen lassen und sofort servieren.

Frischer Fisch ist ein beliebtes Gästeessen, deshalb kommt heute Zander auf den Tisch.

150 g geschälte Gerstenkörner (Perlgraupen)
50 g Frühstücksspeck
1 Zwiebel
¼ Bund Suppengrün (Karotte, Sellerie, Lauch)
Salz, schwarzer Pfeffer
100 g Butter
600 ml Gemüsebrühe
4 Zanderfilets à etwa 150 g
1 EL Zitronensaft
¼ Bund Oregano

8 hauchdünne Scheiben Parmaschinken
2 Eier
2 EL Milch
etwa 100 g Mehl zum Wenden

AUSSERDEM:
Zahnstocher zum Fixieren

FÜR DIE GARNITUR:
1 geschälte Zitrone, in Spalten geschnitten

BEVOR DIE GÄSTE KOMMEN:
▸ Die Gerstenkörner mit kaltem Wasser begießen und etwa 1 Stunde quellen lassen. Inzwischen den Speck klein schneiden. Die Zwiebel und das Suppengrün schälen, den Lauch längs aufschneiden und zwischen den Blattschichten waschen. Alles Gemüse in kleine Würfel schneiden, dabei die Zwiebelwürfel separieren.
▸ Die Gemüsewürfel 1 Minute in kochendem Salzwasser blanchieren, abgießen und mit kaltem Wasser abschrecken. Die Gerstenkörner abgießen, nochmals waschen und abtropfen lassen.
▸ Die Hälfte der Butter in einem Topf erhitzen und darin Zwiebel- und Speckwürfel andünsten. Die Gerstenkörner einrühren, alles mit Salz und Pfeffer würzen und

mit Gemüsebrühe aufgießen. Einmal aufkochen und dann bei mittlerer Hitze 20 Minuten weiter garen lassen.
▸ Die Zanderfilets mit Zitronensaft beträufeln und mit Salz und Pfeffer würzen. Den Oregano waschen, von den Stielen zupfen und in Streifen schneiden. Die Fischfilets mit der Hälfte Oreganostreifen belegen und mit je zwei Schinkenscheiben fest um- bzw. einwickeln. Nach Bedarf Zahnstocher zum Fixieren verwenden.
▸ Den Topf vom Herd ziehen und die Gemüsewürfel sowie die restlichen Oreganostreifen unter die Gerstenkörner mischen. Im geschlossenen Topf noch 10 Minuten ausquellen lassen.
▸ Die Eier mit Milch verquirlen.

WENN DIE GÄSTE DA SIND:

▶ Die Zanderröllchen in Mehl wenden und durch die Eiermilch ziehen. Die restliche Butter in einer Pfanne erhitzen und darin die Zanderröllchen bei mittlerer Hitze in 6 bis 8 Minuten langsam braten.

▶ Das Gerstengemüse nochmals abschmecken, auf vier Teller breitflächig verteilen und darauf die Zanderröllchen anrichten. Die Tellerränder mit Zitronenspalten garnieren.

Rindfleischstreifen auf balinesische Art

19. April

Die asiatische Küche ist leicht, würzig – und sehr im Trend. Genau das Richtige also für einen ruhigen Tag, an dem Sie vielleicht auch Pläne für einen Asienurlaub schmieden wollen.

Lazy Weekend

🍴 Für 4 Portionen

🕐 Zubereitungszeit: 40 Minuten

800 g mageres Rindfleisch (Oberschale, Nuss, Roastbeef)	1 TL Shrimpspaste (Trasi)
1 Zwiebel	4 EL Erdnussöl
4 Knoblauchzehen	¼ l kaltes Wasser
4 cm Ingwerwurzel	5 EL dunkle Sojasauce
2 kleine rote Chilischoten	1 EL Palmzucker
	Salz

📖 Kochen Sie die doppelte Menge Reis, die eine Hälfte können Sie für das Rezept am 21. April (s. Seite 105) verwenden.

▶ Das Rindfleisch in sehr schmale Streifen schneiden. Zwiebel, Knoblauchzehen und Ingwerwurzel schälen und grob zerkleinern. Die Chilis putzen und Stiele entfernen. Die vorbereiteten Zutaten mit Shrimpspaste und 1 Esslöffel Erdnussöl im Küchenmixer pürieren.

▶ Das restliche Erdnussöl im Wok erhitzen und darin das Würzpüree unter ständigem Rühren braun braten. Rindfleischstreifen hinzufügen und so lange weiterrühren, bis das Fleisch braun gebraten ist.

▶ Alles mit Wasser, Sojasauce, Palmzucker und einer Prise Salz verrühren. So lange einkochen lassen, bis die ganze Flüssigkeit verdampft ist.

▶ Dazu passen verschiedene Sambals (Fertigsaucen) und Reis.

Kohlrabi-Kartoffel-Suppe mit Grillbrot

Suppentag

🕯 Für 4 Portionen

🕐 Zubereitungszeit:
20 Minuten

🕐 Garzeit: 20 Minuten

📖 Bereiten Sie gleich die doppelte Menge Suppe zu und frieren Sie die Hälfte ein für das Rezept am 4. Mai (s. Seite 117).

TIPP
Verfeinern Sie die Suppe mit Zwiebeln, Knoblauch und Kerbel, dann schmeckt sie noch würziger.

Der April macht mal wieder was er will: es schüttet aus Kübeln! Da hilft eine heiße Suppe, denn sie wärmt und hält Leib und Seele zusammen.

250 g Kartoffeln	AUSSERDEM:
500 g Kohlrabi	4 Bauernbrotscheiben
50 g Butter	1 EL Butter
Salz, schwarzer Pfeffer	Salz
¾ l Gemüsebrühe	Pfeffer
2 Lorbeerblätter	Paprikapulver
2 EL Kräuter-Crème-fraîche	

▶ Kartoffeln und Kohlrabi waschen, schälen und klein schneiden. Die Butter in einem Topf erhitzen und darin das vorbereitete Gemüse andünsten. Mit Salz und Pfeffer würzen.

▶ Den Topfinhalt mit Gemüsebrühe aufgießen und die Lorbeerblätter einlegen. Das Gemüse in etwa 20 Minuten weich kochen. Dann die Lorbeerblätter entfernen und die Suppe mit einem Mixstab cremig pürieren.

▶ Die Suppe nochmals abschmecken und mit Crème fraîche verfeinern. Die Brotscheiben mit Butter bestreichen und mit Salz, Pfeffer und Paprikapulver würzen. Im Backofen bei Grillstufe knusprig grillen.

Bunter Reistopf

21. April

Ein wunderbar appetitliches Rezept, um Überbleibseln unterschiedlichster Art »neues Leben einzuhauchen«, denn Safran macht bekanntlich nicht nur den Kuchen gel ...

1 rote Paprikaschote	Salz, schwarzer Pfeffer
1 Zucchino	rosenscharfes Paprikapulver
100 g gekochter Schinken	4 EL Pflanzenöl
1 Zwiebel	500 g gekochter Reis
2 Knoblauchzehen	1 Döschen gemahlener Safran
1 frische Chilischote	5 EL trockener Weißwein
½ Bund glatte Petersilie	100 g geschälte Garnelen
200 g Hähnchenschnitzel	Saft von ½ Zitrone

▶ Die Paprikaschote waschen, entkernen und in 1 cm große Würfel schneiden. Den Zucchino waschen, Stielenden entfernen, längs vierteln und in Scheibchen schneiden. Den Schinken fein würfeln. Die Zwiebel und die Knoblauchzehen schälen und fein würfeln.

▶ Die Chilischote säubern, entkernen und fein würfeln. Die Petersilie waschen, trocken schwenken, Blättchen von den Stielen zupfen und fein hacken.

▶ Das Hähnchenfleisch in schmale Streifen schneiden und mit Salz, Pfeffer und Paprikapulver würzen.

▶ 2 Esslöffel Pflanzenöl in einer größeren Pfanne mit hohem Rand erhitzen und darin die Fleischstreifen von allen Seiten anbraten. Herausnehmen und auf einen Teller legen.

▶ Das restliche Pflanzenöl in der Pfanne erhitzen und darin Zwiebel-, Knoblauch-, Schinken- und Chiliwürfel andünsten. Den Reis einrühren und alles mit Salz, Pfeffer, Paprika und Safran würzen.

▶ Den Pfanneninhalt mit Weißwein beträufeln. Garnelen und Fleischstreifen untermengen und nochmals abschmecken. Die Petersilie unterheben und alles mit Zitronensaft beträufeln.

Schnellgericht

🍴 Für 4 Portionen

🕐 Zubereitungszeit: 20 Minuten

🕐 Garzeit: 20 Minuten

📖 Der gekochte Reis stammt aus dem Rezept vom 19. April (s. Seite 103).

TIPP

Dieses Gericht können sie ganz frei variieren: mit Meeresfrüchten, Fisch, Fleisch, Geflügel, Wurst oder Gemüse. Kochen Sie Ihren ganz individuellen Reistopf – nur den Safran dürfen Sie nicht vergessen.

Feurige Gulaschsuppe

🍴 Für 4 Portionen

🕐 Zubereitungszeit:
  20 Minuten

🕐 Garzeit: 30 Minuten

📋 Bereiten Sie die doppelte Menge Suppe zu und frieren Sie die Hälfte ein, für das Rezept am 12. Mai (s. Seite 122).

TIPP

Der Trick bei einer Gulaschsuppe oder einem Gulasch ist, dass die Zwiebeln zerfallen müssen, denn erst dadurch bekommt das Gericht die richtige Bindung.

Heute wird's mal ungarisch: einfach köstlich, diese klassische Gulaschsuppe!

2 große Zwiebeln	½ TL edelsüßes Paprikapulver
2 Knoblauchzehen	1 kräftige Prise rosenscharfes
5 EL Pflanzenöl	Paprikapulver
1 l Fleischbrühe	¼ TL Kümmel
200 g Rindfleisch zum Kurzbraten	¼ TL getrockneter Majoran
1 TL Tomatenmark	etwas abgeriebene Zitronenschale
Salz, schwarzer Pfeffer	

▶ Die Zwiebeln und die Knoblauchzehen abziehen und in sehr feine Streifen schneiden. Das Pflanzenöl in einem Topf erhitzen und darin Zwiebel- und Knoblauchstreifen unter Rühren etwa 20 Minuten dünsten. Zwischendurch mit etwas Fleischbrühe beträufeln.

▶ Inzwischen das Fleisch sehr klein würfeln. In den Topf geben und etwa 10 Minuten mitschmoren lassen. Dann mit Tomatenmark leicht rösten und mit den Gewürzen abschmecken. Mit Fleischbrühe begießen und bei mittlerer Hitze etwa 30 Minuten offen kochen lassen. Nochmals abschmecken und servieren.

Tagliatelle in Orangenbutter mit Krabben

🍴 Für 4 Portionen

🕐 Zubereitungszeit:
  30 Minuten

TIPP

Die Krabben nur ganz leicht erwärmen und auf keinen Fall kochen, sonst werden sie zäh.

Am besten schmeckt es natürlich, wenn Sie die Krabben frisch vom Kutter kaufen und selbst pulen – aber natürlich können Sie sie auch fertig beim Fischhändler kaufen.

2 saftige Orangen	1 TL Zucker
½ Bund gemischte Kräuter	4 EL Orangensaft
(Petersilie, Estragon, Kerbel)	schwarzer Pfeffer
1 kleine Zwiebel	1 Prise Cayennepfeffer
500 g Tagliatelle (weiß oder grün)	200 g Sahne
Salz	200 g gepulte Nordseekrabben
3 TL Butter	

▶ Die Orangen schälen, auch die weiße Haut entfernen und Filets herausschneiden.

▶ Die Kräuter waschen, trocken

schwenken, die Blättchen abzupfen und fein hacken. Die Zwiebel schälen und fein würfeln. Die Tagliatelle in reichlich kochendem Salzwasser bissfest garen.

▸ In der Zwischenzeit die Butter in einer beschichteten Pfanne erhitzen und darin den Zucker auflösen. Mit Orangensaft ablöschen, kurz einkochen lassen und dann die Orangenfilets ein-

schwenken. Mit Salz, Pfeffer und Cayennepfeffer würzen. Sahne zugießen und einige Minuten leise kochen lassen.

▸ Die Tagliatelle in ein Sieb gießen und noch tropfnass mit den Krabben und den Kräutern unter die Orangensahne mengen. Nochmals abschmecken und sofort servieren.

Pichelsteiner Eintopf

24. April

Der gute alte Eintopf ist wieder im Kommen – zu Recht: Er schmeckt köstlich und ist sehr nahrhaft.

Suppentag

🍴 Für 4 Portionen

🕐 Zubereitungszeit: 20 Minuten

🕐 Garzeit: 50 Minuten

4 kleine Karotten	500 g mageres Schweine- und Rindfleisch
1 Stange Lauch	
1 Zwiebel	500 g Kartoffeln
1 Knoblauchzehe	3 EL Pflanzenöl
100 g Knollensellerie	Salz, schwarzer Pfeffer
½ Bund glatte Petersilie	1 l Gemüse- oder Fleischbrühe

▸ Die Karotten schälen und in dünne Scheiben schneiden. Den Lauch längs durchschneiden, zwischen den Blattschichten waschen und quer in Streifen schneiden. Die Zwiebel und die Knoblauchzehe schälen und fein würfeln.

▸ Den Sellerie schälen und in Scheibchen schneiden. Die Petersilie waschen, trocken schwenken, Blättchen abzupfen und fein hacken. Das Fleisch in bis zu 2 cm große Würfel schneiden. Die Kartoffeln schälen und in dünne Scheiben schneiden.

📋 Bereiten Sie gleich die doppelte Menge Eintopf zu und frieren Sie die eine Hälfte ein, für den 7. Mai (s. Seite 119).

▸ Das Pflanzenöl in einem größeren Topf erhitzen und darin die Fleischwürfel und die Zwiebel- und Knoblauchwürfel von allen Seiten anbraten. Herausnehmen und mit Salz und Pfeffer würzen.
▸ Alle Zutaten lagenweise in den Topf schichten: zuerst die Hälfte des Lauchs, dann Karotten, Fleisch, Sellerie, Petersilie und Kartoffeln. So lange fortfahren, bis alles aufgebraucht ist. Jede Schicht dabei salzen und pfeffern. Alles mit Brühe begießen und den Topf mit einem Deckel verschließen. Bei kleiner Hitze 50 Minuten garen. Wenn nötig, noch ein bisschen Wasser nachgießen.

25. April

Schoko-Schneckchen

Kinder, Kinder
🍴 Für 4 Portionen
🕐 Zubereitungszeit: 30 Minuten

TIPP
Man kann natürlich auch die aufgerollten Pfannkuchen so servieren, aber erfahrungsgemäß gibt es mit vorgeschnittenen Schneckchen nicht so eine große Schoko-Schweinerei bei Tisch.

Ein tolles Rezept für einen Kindergeburtstag! Und damit die Kinder auch was Gesundes essen, können Sie vorher eine Zaubersuppe – Gemüsebrühe (s. Seite 214) mit Sternchennudeln – servieren. Dekorieren Sie den Tisch mit frischen Frücht(ch)en, Kinder essen sehr nach Optik.

200 ml Buttermilch (oder Milch)	**ZUM BACKEN:**
2 Eigelbe	50 g Butter
1 Ei	
50 g Crème fraîche	**ZUM AUFROLLEN:**
2 EL Zucker	Nutella
150 g Mehl	
1 EL flüssige Butter	

▸ Mit einem elektrischen Handrührgerät Buttermilch, Eigelbe, Ei, Crème fraîche, Zucker, Mehl und Butter zu einem glatten, flüssigen Teig rühren.
▸ In einer Pfanne portionsweise die Butter erhitzen und darin vier dünne Pfannkuchen backen. Einzeln auf eine Arbeitsfläche legen und mit Nutella bestreichen. Fest aufrollen und mit einem scharfen Messer schräg in etwa 1 ½ cm lange Stücke schneiden. Mit den Schnittflächen nach oben auf Tellern verteilen.

Clubsandwich

Zum Frühstück oder zum Brunch oder zum Dinner? Dieses einfache Rezept passt zu vielen Anlässen.

Lazy Weekend
🏃 Für 4 Portionen
🕐 Zubereitungszeit:
  15 Minuten

> **ZUTATEN FÜR VIER DREIECKE:**
> etwa 200 g gekochte Hähnchenbrust ohne Knochen
> 4 Streifen Räucherspeck
> 2 Tomaten
> 4 große Salatblätter
> (Kopf- oder Eisbergsalat)
>
> 6 Scheiben Toastbrot
> 1 EL zimmerwarme Butter
> 1 EL Mayonnaise
>
> **AUSSERDEM:**
> 12 Partyspießchen
> (ersatzweise Zahnstocher)

▸ Die Hähnchenbrust in Streifen schneiden. Eine beschichtete Pfanne heiß werden lassen und darin die Speckstreifen auf beiden Seiten knusprig braten. Herausnehmen und zum Entfetten auf Küchenpapier legen.

▸ Die Tomaten waschen, Stielansätze entfernen und in dünne Scheiben schneiden. Die Salatblätter waschen, trocken schwenken und in Streifen schneiden.

▸ Die Brotscheiben toasten und leicht mit Butter bestreichen. Zwei Scheiben Toast mit der Hälfte der Salatstreifen belegen. Das Hähnchenfleisch darauf gleichmäßig verteilen, salzen und pfeffern. Mit je einer weiteren Scheibe gebuttertem Toast belegen.

▸ Die restlichen Salatstreifen, Tomatenscheiben und je zwei Speckstreifen darüber geben. Mit Mayonnaise bestreichen und die beiden letzten Brotscheiben auflegen.

▸ Jeden »Brot-Dreistöcker« 5 bis 10 Minuten zwischen zwei Küchenbrettchen legen, die mit einem Gewicht (z. B. Konservendose) beschwert werden. Dann jedes Sandwich diagonal in zwei Rechtecke schneiden. Jedes Brotdreieck an jeder Ecke mit Partyspießchen zusammenhalten bzw. dekorieren.

Fischcurry in Kokossauce

Schnellgericht

🍴 Für 4 Portionen

🕐 Zubereitungszeit:
   30 Minuten

TIPP

Curry bezeichnet in Indien eine Vielzahl von Gerichten, ist aber nicht grundsätzlich ein scharfes Gericht mit dem gelben Currypulver, das wir hier gemeinhin kennen. Statt der einzelnen hier angegebenen Gewürze können Sie auch die indische Gewürzmischung Garam Masala verwenden. Es gibt viele Varianten davon, sie enthalten z. B. Zimt, Nelken, Koriander, Kurkuma, Pfeffer und Kardamom.

Mit diesem Fischcurry können Sie auch während der Woche ein raffiniertes Gericht auf den Tisch zaubern, das ganz fix zubereitet ist.

500 g festes, weißes Fischfilet (z. B. Rotbarsch, Kabeljau)	½ TL gemahlener Koriander
Saft von 1 Zitrone	½ TL gemahlener Kreuzkümmel
Salz, schwarzer Pfeffer	1 kräftige Prise Chilipulver
3 Frühlingszwiebeln	¼ TL Bockshornklee
2 Knoblauchzehen	½ l Gemüse- oder Fischbrühe (Instant)
2 cm Ingwerwurzel	200 g Kokosnusspaste
4 EL Pflanzenöl	

▶ Das Fischfilet unter fließend kaltem Wasser waschen, mit Küchenpapier trocken tupfen und in dünne Streifen schneiden. Mit Zitronensaft beträufeln und mit Salz und Pfeffer würzen.
▶ Die Frühlingszwiebeln putzen und fein würfeln. Knoblauch sowie Ingwer schälen und in feine Würfel schneiden. Den Wok heiß werden lassen und 2 Esslöffel Pflanzenöl darin erhitzen.
▶ Unter ständigem Rühren die Frühlingszwiebeln, Knoblauch und Ingwer scharf anbraten. Das restliche Pflanzenöl hinzugießen und Koriander, Kreuzkümmel, Chilipulver sowie Bockshornklee einstreuen und alles 1 Minute weiter braten.
▶ Den Wokinhalt mit Brühe aufgießen und die Kokosnusspaste vom Block dazu schaben. Umrühren, aufkochen lassen und die Fischstreifen einlegen. Die Hitze reduzieren und den Fisch einige Minuten ziehen lassen. Nach Bedarf nochmals abschmecken.

Schinkenpizza mit Salat

Schnellgericht

Die hausgemachten Pizzastücke vom 17. April (s. Seite 101) auftauen oder gefroren im vorgeheizten Backofen bei 160 °C langsam erwärmen. Dazu gibt es eine Schüssel kunterbunten Salat, z. B. mit Tomaten, Zucchini, Eisbergsalat oder Feldsalat – einfach alles, was noch frisch im Kühlschrank wartet.

Wiener Schnitzel mit Butterkartoffeln

29. April

Rustikale Küche, die der ganzen Familie schmeckt und ganz besonders den Kindern.

Kinder, Kinder

🚼 Für 4 Portionen

🕐 Zubereitungszeit:
    30 Minuten

800 g kleine Kartoffeln	1 Schuss Milch
4 dünne Kalbsschnitzel	etwa 150 g Paniermehl
(auch Pute oder Schwein)	(Semmelbrösel)
Salz, schwarzer Pfeffer	
	ZUM BRATEN:
ZUM PANIEREN:	etwa 100 ml Pflanzenöl
etwa 100 g Mehl	1 EL Butter
2 Eier	

📋 Kochen Sie die doppelte Menge Kartoffeln, die Hälfte davon können Sie am folgenden Tag weiterverwerten.

▸ Die Kartoffeln schälen und in Salzwasser etwa 20 Minuten garen. In der Zwischenzeit die Kalbsschnitzel dünn klopfen und quer halbieren, sodass acht kleinere Schnitzel entstehen. Diese beidseitig mit Salz und Pfeffer würzen.
▸ Die Schnitzel auf jeder Seite in Mehl wenden. Die Eier mit Milch verquirlen und die Schnitzel darin baden. Zuletzt die Schnitzel in Paniermehl wenden, aber die Panade nicht fest klopfen.
▸ Zwei große Pfannen auf den Herd stellen und darin das Pflan-zenöl erhitzen. Die Schnitzel einlegen und von beiden Seiten knusprig anbraten. Die Hitze zurückdrehen und die Schnitzel bei kleiner Temperatur unter mehrmaligem Wenden in etwa 10 Minuten fertig braten. Dabei die Hälfte der Butter hinzufügen.
▸ Die fertigen Wiener Schnitzel nach Belieben auf Küchenpapier entfetten und auf vorgewärmte Teller legen. Die kleinen, gegarten Kartoffeln nur noch ein wenig in heißer Butter schwenken.

Zanderröllchen mit Knusperkartoffeln

30. April

Schnellgericht

Die tiefgefrorenen Zanderröllchen vom 18. April (s. Seite 102) bereits am Vortag in den Kühlschrank legen und dort sanft auftauen lassen. Mit etwa 100 g Sahne bei mittlerer Hitze im Topf erwärmen und dabei nochmals abschmecken. Die Kartoffeln vom Vortag mit 3 Esslöffeln Olivenöl, Salz und Pfeffer vermengen und im vorgeheizten Backofen bei 180 °C in etwa 20 Minuten knusprig garen. Dazu passt ein Gurkensalat.

Mai

Maibowle

Was isst und trinkt man am 1. Mai? Natürlich – ganz klassisch –
Maischolle und Maibowle.

Zeit für Gäste
🍴 Für 6 Portionen
🕐 Zubereitungszeit:
    10 Minuten
🕐 Ruhezeit: 20 Minuten

2 Bund frischer Waldmeister	1 Flasche Weißwein (Mosel, Rhein)
80–100 g Zucker	1 Flasche Sekt

BEVOR DIE GÄSTE KOMMEN:
▸ Den Waldmeister waschen, die Blättchen abzupfen und in eine Glasschüssel geben. Mit Zucker bestreuen und mit Weißwein begießen. Mit Folie abdecken und etwa 20 Minuten im Kühlschrank ziehen lassen.

WENN DIE GÄSTE DA SIND:
▸ Den Schüsselinhalt durch ein Sieb in ein kaltes Bowlengefäß seihen. Mit gut gekühltem Sekt aufgießen und genießen.

Maischolle auf Frühlingsgemüse

Zeit für Gäste
🍴 Für 4 Portionen
🕐 Zubereitungszeit:
    60 Minuten

TIPP
Die Maischollen auf dem Backblech servieren und frisches Baguette dazu reichen, damit Sie den Gemüse-Fischsud vom Backblech »wischen« können.

1 EL Olivenöl	1 Bund Frühlingskarotten
4 küchenfertige Schollen	1 Bund Frühlingszwiebeln
à etwa 300 g	½ Bund gemischte Kräuter
Saft von 1 Zitrone	1 EL Kräuterbutter
Salz, schwarzer Pfeffer	¼ l trockener Weißwein

BEVOR DIE GÄSTE KOMMEN:
▸ Den Backofen auf 180 °C (Umluft 160 °C) vorheizen und ein Backblech mit Olivenöl auspinseln. Die Schollen waschen, mit Küchenpapier trocken tupfen, mit Zitronensaft beträufeln und mit Salz und Pfeffer würzen.
▸ Die Karotten waschen, falls nötig schälen und das Frühlingskraut nicht entfernen. Die Frühlingszwiebeln putzen und in Viertel schneiden. Die Kräuter waschen und die Blättchen abzupfen. Gemüse und Kräuter auf dem Backblech verteilen und leicht mit Salz und Pfeffer würzen.

WENN DIE GÄSTE DA SIND:
▸ Die Fische auf das Gemüsebett legen und mit Kräuterbutter belegen. Das Backblech in den vorgeheizten Backofen schieben und die Schollen in etwa 40 Minuten garen. Zwischendurch die Fische wenden und mit Flüssigkeit vom Blech beträufeln.

Chinesisches Huhn mit Nüssen

Hähnchen auf chinesische Art ist fix zubereitet und schmeckt ganz köstlich.

Schnellgericht

🌾 Für 4 Portionen

🕐 Zubereitungszeit:
   20 Minuten

🕐 Marinierzeit:
   30 Minuten

500 g Hähnchenbrustfilet	1 frische, rote Chilischote
2 Stängel Zitronengras	100 g ungesalzene Erdnüsse
1 Bund Frühlingszwiebeln	3 EL Pflanzenöl
Salz	1 EL Zucker
¼ TL grob geschroteter schwarzer Pfeffer	4 EL dunkle Sojasauce

▸ Das Hähnchenbrustfilet in schmale Streifen schneiden. Das Zitronengras waschen und klein schneiden. Die Frühlingszwiebeln putzen und fein würfeln. Die Fleischstreifen mit Zitronengras, Frühlingszwiebeln, Salz und Pfeffer vermengen. Mit Folie abdecken und 30 Minuten in den Kühlschrank stellen.

▸ Die Chilischote waschen, entkernen und fein würfeln. Die Erdnüsse in ein Küchentuch wickeln und mit dem Fleischklopfer zerkleinern. Den Wok heiß werden lassen und darin die Erdnüsse unter Schwenken rösten, bis sie duften. Herausnehmen und auf einen Teller legen.

▸ Das Pflanzenöl im Wok erhitzen und darin die Hühnerfleischmischung 4 Minuten braten. Chilis hinzufügen und weitere 4 Minuten braten. Mit Zucker und Sojasauce würzen. Erdnüsse unterheben, nochmals abschmecken und sofort servieren.

▸ Mit Glasnudeln, chinesischen Eiernudeln oder Reis servieren.

Penne mit Spinat und Mais

Zeit für Gäste

👥 Für 4 Portionen

🕐 Zubereitungszeit:
   30 Minuten

Pasta muss nicht immer ein schnelles Werktagsessen sein: Auch Ihre Gäste freuen sich über ein leckeres Nudelgericht, zumal wenn es noch ein köstliches Dessert hinterher gibt ...

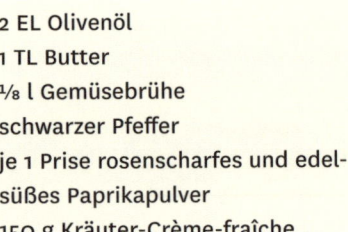

500 g frischer Blattspinat	2 EL Olivenöl
Salz	1 TL Butter
je 1 gelbe und rote Paprikaschote	⅛ l Gemüsebrühe
1 kleine Zwiebel	schwarzer Pfeffer
2 Knoblauchzehen	je 1 Prise rosenscharfes und edel-
1 kleine Dose Gemüsemais (240 g)	süßes Paprikapulver
500 g Penne	150 g Kräuter-Crème-fraîche

▸ Den Blattspinat verlesen, waschen und in reichlich kochendem Salzwasser 2 Minuten aufwallen lassen. Abgießen, mit kaltem Wasser abschrecken, ausdrücken und kleiner schneiden.

▸ Die Paprikaschoten waschen, halbieren, Samen sowie Trennwände entfernen und die Paprikahälften in halbe Streifen schneiden. Zwiebel und Knoblauchzehen schälen und fein würfeln. Den Mais in ein Sieb gießen und abtropfen lassen.

▸ Die Nudeln in reichlich kochendem Salzwasser bissfest garen. Parallel dazu Olivenöl und Butter in einer Pfanne mit hohem Rand erhitzen und darin die Zwiebel- und Knoblauchwürfel sowie die Paprikastreifen andünsten. Den Spinat hinzufügen, alles kurz durchschwenken und mit Gemüsebrühe aufgießen.

▸ Den Mais unter den Spinat mengen und alles mit Salz, Pfeffer sowie den beiden Paprikapulversorten würzen. Die Nudeln abgießen, abtropfen lassen und auf tiefe Teller verteilen. Das Gemüse mit Crème fraîche verfeinern, nochmals abschmecken und über die Nudeln geben.

Tiramisu mit Eierlikör

250 g Mascarpone
50 ml Eierlikör
1 Spritzer Zitronensaft
1 TL Puderzucker
etwa 12 Löffelbiskuits
1 kalter doppelter Espresso
2 EL Amaretto (Mandellikör)

ZUM BESTÄUBEN:
Kakaopulver

ZUM GARNIEREN:
Mokkabohnen

Zeit für Gäste
👥 Für 8 Espressotassen
🕐 Zubereitungszeit:
   20 Minuten
🕐 Kühlzeit: 2 Stunden

❄ Bereiten Sie gleich
die doppelte Menge des
Desserts zu, entweder als
Nachschlag, zum Einfrieren oder zum Aufbewahren
im Kühlschrank – dort hält
es sich bis zu drei Tage.

▸ Mascarpone mit Eierlikör, Zitronensaft und Puderzucker verrühren. Acht Espressotässchen bereitstellen und die Löffelbiskuits je nach Formung der Tassen passend schneiden.
▸ Zuerst ein Stück Löffelbiskuit einlegen. Mit einer Mischung aus Espresso und Amaretto beträufeln und mit Mascarponecreme bestreichen. So lange fortfahren, bis die Tässchen voll sind, und mit Creme abschließen. Dick mit Kakaopulver bestäuben, mit Folie abdecken und 2 Stunden zum Durchziehen in den Kühlschrank stellen. Erst vor dem Servieren mit Mokkabohnen verzieren.

Kohlrabi-Kartoffel-Suppe

4. Mai

Die Kohlrabisuppe vom 20. April (s. Seite 104) auftauen und mit Toast oder anderem frischen Brot genießen.

Suppentag

Frühlingszwiebelkuchen

Kinder, Kinder

🏃 Für 1 Springform von
28 cm Durchmesser

🕐 Zubereitungszeit:
30 Minuten

🕐 Ruhezeit: 30 Minuten

🕐 Backzeit: 40 Minuten

📖 Falls von diesem Früh-
lingskuchen etwas übrig
bleiben sollte, einfach
portionsweise einfrieren,
schmeckt immer als kleine
Zwischenmahlzeit.

Ein pikanter Kuchen, der auch Kindern sehr gut schmeckt.

FÜR DEN MÜRBETEIG:
250 g Weizenvollkornmehl
100 g kalte Butterstückchen
1 Ei
½ TL Salz

FÜR DIE FÜLLUNG:
4 Bund Frühlingszwiebeln
(etwa 400 g)
200 g gekochter Schinken
½ Bund gemischte Kräuter
(Petersilie, Kerbel, Estragon)

3 EL Olivenöl
200 g Sahne
3 Eier, verquirlt
Salz, schwarzer Pfeffer
1 TL Kümmel
½ TL edelsüßes Paprikapulver
50 g frisch geriebener Gouda

AUSSERDEM:
Mehl für die Arbeitsfläche
1 EL weiche Butter für die Form

▶ Das Mehl auf eine Arbeitsplatte
sieben und eine Mulde formen.
Die Butterstückchen, das Ei, Salz
und etwa 4 Esslöffel kaltes Wasser
in die Mulde geben. Vom Mehl-
rand nach innen arbeitend, einen
glatten Teig kneten.
▶ Eine Springform mit Butter
ausfetten. Den Teig ausrollen, den
Boden und den Rand der Form
auskleiden. Mit einer Gabel den
Teig mehrmals einstechen und
30 Minuten in den Kühlschrank
stellen.
▶ Inzwischen die Frühlingszwiebeln putzen, waschen und in
Streifen schneiden. Den Schinken

in dünne Streifen schneiden.
Die Kräuter abbrausen, trocken
schwenken, von den Stielen zupfen und fein hacken. Den Backofen auf 200 °C (Umluft 180 °C)
vorheizen.
▶ Olivenöl in einer Pfanne erhitzen. Frühlingszwiebeln und
Schinken bei mittlerer Hitze unter Rühren 5 Minuten dünsten.
In eine Schüssel umfüllen. Mit
den Kräutern, Sahne, Eiern, Salz,
Pfeffer, Kümmel, Paprikapulver
und dem Käse vermengen.
▶ Den Mürbeteig in der Springform auf der untersten Schiene
im Backofen etwa 5 Minuten
vorbacken. Erst dann den Belag
auf dem Teig verteilen. Auf der
untersten Schiene 15 Minuten
backen und dabei die Hitze auf
180 °C reduzieren; in etwa 25 Minuten fertig backen.

Fettuccine mit Prinzessböhnchen

6. Mai

Bei frühlingshaftem Wetter schmeckt dieses frühlingshafte Gericht einfach phantastisch!

400 g Prinzessböhnchen (oder Keniaböhnchen)	1 Bund Basilikum
Salz	1 TL Olivenöl
500 g Fettuccine (oder andere Nudeln Ihrer Wahl)	etwas frisch abgeriebene Zitronenschale
4 Knoblauchzehen	1 EL frischer Zitronensaft
	100 g Ricotta (20 % Fett)

Pasta, basta!
👫 Für 4 Portionen
🕐 Zubereitungszeit: 15 Minuten
🕐 Garzeit: 20 Minuten

📖 Kochen Sie gleich die doppelte Menge Prinzessböhnchen, die Hälfte davon können Sie für das Rezept am 8. Mai (s. Seite 120) verwenden.

▸ Die Prinzessböhnchen waschen, putzen und eventuell quer halbieren. In reichlich siedendem Salzwasser etwa 5 Minuten knackig garen. Anschließend in ein Sieb gießen, kalt abschrecken und abtropfen lassen.
▸ Die Nudeln in reichlich siedend heißem Salzwasser bissfest garen. In der Zwischenzeit die Knoblauchzehen schälen und in Scheibchen schneiden. Das Basilikum waschen, trocken schwenken, die Blättchen abzupfen und in Streifen schneiden.

▸ Das Olivenöl in einer größeren, beschichteten Pfanne erhitzen und darin die Knoblauchscheibchen andünsten. Bohnen hinzufügen, einige Male durchschwenken und mit ein paar Esslöffeln Nudelwasser saftig halten. Die Nudeln in ein Sieb gießen und noch tropfnass unter den Pfanneninhalt mengen. Mit Salz, Pfeffer, Zitronenschale und -saft würzen und zuletzt die Basilikumstreifen unterziehen. Auf vier Teller verteilen und mit dem Ricotta löffelweise überziehen.

Eintopf

7. Mai

Den Pichelsteiner Eintopf vom 24. April (s. Seite 107) einfach auftauen und genießen.

Suppentag

Mediterraner Salat

📖 Die gekochten Prinzessbohnen stammen aus dem Rezept vom 6. Mai (s. Seite 119).

Gesunde, leichte Küche vom Mittelmeer schmeckt natürlich auch in unseren Breitengraden.

500 g aromatische Tomaten	¼ TL scharfer Senf
1 rote Zwiebel	5 EL Olivenöl
½ Bund glatte Petersilie	3 EL Sherryessig
1 Dose Thunfisch im Aufguss	schwarzer Pfeffer
(Abtropfgewicht 200 g)	100 g grüne und schwarze Oliven
1 Knoblauchzehe	400 g gekochte Prinzessbohnen

▸ Die Tomaten mit kochendem Wasser überbrühen, häuten, entkernen und das Fruchtfleisch in Streifen schneiden.
▸ Die Zwiebel abziehen und in feine Ringe schneiden. Die Petersilie waschen, trocken schwenken, von den Stielen zupfen und fein hacken. Die Salatgurke schälen, längs halbieren, entkernen und quer in Streifen schneiden.

▸ Den Thunfisch abtropfen lassen. Die Knoblauchzehe abziehen, durch eine Knoblauchpresse drücken und mit dem Senf verrühren. Mit Olivenöl, Essig, Salz und Pfeffer verquirlen.
▸ Alle Zutaten mit dem Dressing locker vermengen und servieren.
▸ Dazu passt ofenfrisches Baguettebrot.

Entenbruststreifen im Spargelgarten

Die Spargelzeit hat begonnen, deshalb kommt heute auch das erste Gericht mit grünem Spargel auf den Tisch.

1 Barbarie-Entenbrust	1 EL Pflanzenöl
(etwa 400 g)	1 EL Butter
Salz, schwarzer Pfeffer	1 Prise Currypulver
1 TL getrockneter Thymian	1 Prise Zucker
1 kleine Zwiebel	5 cl Sherry
1 Knoblauchzehe	1 TL Bratensaft (Instant)
500 g grüner Spargel	100 g Crème fraîche
1 Apfel	

▸ Die Entenbrust häuten und das magere Fleisch in feinste Streifen

schneiden. Mit Salz, Pfeffer und Thymian würzen. Die Zwiebel und die Knoblauchzehe abziehen und fein würfeln.

▶ Den Spargel nicht schälen, die Stangenenden etwa 2 cm kürzen und schräg in etwa 1 cm Stücke schneiden. Den Apfel schälen, entkernen und in dünne Spalten schneiden. Das Pflanzenöl in der Pfanne erhitzen und darin die Entenfleischstreifen von allen Seiten kurz braten. Herausnehmen und auf einen Teller legen.

▶ Die Butter in den Bratensatz gleiten lassen und darin Zwie-beln, Knoblauch, Apfelspalten und Spargelstücke andünsten. Mit Salz, Pfeffer, Curry und Zucker würzen. Mit Sherry ablöschen und den Bratensaft einrühren.

▶ Den Pfanneninhalt mit Créme fraîche verfeinern. Entenbruststreifen mit Saft unterziehen und nochmals abschmecken.

▶ Dazu schmecken Nudeln, Reis oder ofenfrisches Baguette.

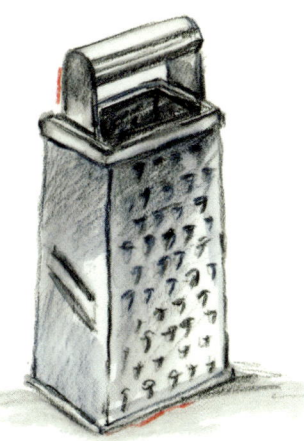

Spargel mit Hollandaise und Kartoffeln

10. Mai

Frisch gestochener weißer Spargel, ganz klassisch mit neuen Kartoffeln serviert!

1 kg kleine, neue Kartoffeln	1 TL Zucker
Salz	4 frische Eigelbe
2 kg Spargel	4 EL trockener Weißwein
150 g heiße, flüssige Butter	(oder Gemüsebrühe)
Saft von 1 Zitrone	weißer Pfeffer

▶ Die Kartoffeln geschält oder ungeschält in kochendem Salzwasser etwa 20 Minuten garen. Den Spargel schälen und dabei etwa 1 cm der Enden abschneiden. In einem großen Topf Salzwasser mit 1 Teelöffel Butter und 1 Spritzer Zitronensaft sowie dem Zucker aufkochen. Die Spargelstangen in das kochende Wasser einlegen und in etwa 15 Minuten bissfest garen.

▶ Die Eigelbe mit Weißwein oder Gemüsebrühe in einer hitzebeständigen Schüssel über dem Spargelwasser kräftig aufschlagen. So lange rühren, bis eine luftige Creme entstanden ist.

▶ Die Schüssel vom Topf nehmen und die Creme kurz kalt schlagen. Nach und nach teelöffelweise die restliche Butter unterschlagen. Mit Salz, Pfeffer und Zitronensaft abschmecken. Den Spargel aus dem Topf nehmen, abtropfen lassen und mit der Sauce sowie den gekochten Kartoffeln servieren.

Sonntagsessen

🍴 Für 4 Portionen

🕐 Zubereitungszeit: 50 Minuten

📖 Kochen Sie vom Spargel gleich 1 kg mehr und von den Kartoffeln die doppelte Menge für das Rezept am 13. Mai (s. Seite 123).

Pfannenbissen aus Parma

Ein italienisches Sandwich aus der Pfanne – einfach köstlich!

etwa 20 frische Oreganoblättchen	3 Eier
200 g Mozzarella	100 g frisch geriebener Parmesan
8 Scheiben Toastbrot	100 g Paniermehl
100 g hauchdünne Scheiben	5 EL Olivenöl
Parmaschinken	1 EL Butter

▸ Oreganoblättchen waschen und in Streifen schneiden. Den Mozzarella in dünne Scheiben schneiden.

▸ Vier Weißbrotscheiben zuerst mit Schinken, dann mit Mozzarella und mit Oregano belegen. Je eine Weißbrotscheibe darauf drücken.

▸ Die Eier verquirlen und den Käse unterziehen. Die vier »Doppeldecker« durch die Eiermischung ziehen bzw. richtig darin »baden«. Herausnehmen und mehrmals in Paniermehl wenden.

▸ Das Olivenöl in einer größeren Pfanne erhitzen, Butter hinzufügen und darin die vier Brote knusprig und goldgelb ausbacken. Herausnehmen, auf Küchenpapier entfetten und diagonal durchschneiden.

▸ Dazu passt Rohkost, z. B. in Streifen geschnittene Karotten und Paprika.

Gulaschsuppe

Die Gulaschsuppe vom 22. April (s. Seite 106) auftauen, erwärmen und eventuell nachwürzen. Dazu frisches Brot und einen kleinen Salat.

Schinkenspargel mit Bratkartoffeln

Heute präsentiert sich der Spargel mal im Schinkenmantel, und dazu gibt's Bratkartoffeln.

Schnellgericht

🍴 Für 4 Portionen

🕐 Zubereitungszeit:
   30 Minuten

50 g Butter
1 kg gekochter Spargel
(etwa 12 Stangen)
12 Scheiben gekochter Schinken
Salz, schwarzer Pfeffer
100 g frisch geriebener Gouda
(oder Käse Ihrer Wahl)

200 g Sahne
1 kg gekochte kleine Kartoffeln
3 EL Pflanzenöl
je 1 Msp. edelsüßes und rosenscharfes Paprikapulver
1 Prise Zucker
1 TL Zitronensaft

🔲 Der gegarte Spargel und die gekochten Kartoffeln stammen aus dem Rezept vom 10. Mai (s. Seite 121).

▸ Den Backofen auf 200 °C (Umluft 180 °C) vorheizen und eine Auflaufform mit etwas Butter ausstreichen.

▸ Je eine Spargelstange in eine Scheibe Schinken einwickeln. Dicht nebeneinander in die Form legen. Leicht mit Salz und Pfeffer würzen.

▸ Käse darüber streuen und alles mit Sahne begießen. Die Form in den Ofen stellen und die Spargelstangen 15 bis 20 Minuten überbacken.

▸ Parallel dazu die Kartoffeln in Scheibchen schneiden und in heißem Pflanzenöl in einer Pfanne knusprig braten. Mit Salz, Pfeffer sowie den beiden Paprikasorten würzen.

Pfannengemüse mit Sesam

🍴 Für 4 Portionen
🕐 Zubereitungszeit:
   30 Minuten

📖 Kochen Sie für die Beilage gleich die doppelte Menge Reis (500 g), die Hälfte können Sie für das Rezept vom 16. Mai (s. Seite 125) verwenden.

Dieses Pfannengericht ist ruckzuck zubereitet und zaubert einen angenehmen chinesischen Duft in Ihre Küche.

1 Stange Lauch	3 EL Pflanzenöl
2 Karotten	100 ml Gemüsebrühe (Instant)
1 Knoblauchzehe	Salz, schwarzer Pfeffer
500 g grüner Spargel	4 EL Sojasauce
50 g Sesamsamen	4 EL Hoisinsauce

▸ Den Lauch der Länge nach halbieren, zwischen den Blattschichten waschen, trocken schwenken und quer in feine Streifen schneiden. Die Karotten schälen und in dünne Stifte schneiden. Die Knoblauchzehe abziehen und fein würfeln.
▸ Den Spargel waschen, Stielenden etwa 2 cm kürzen und schräg in etwa 2 cm lange Stücke schneiden. Eine größere Pfanne oder besser einen Wok erhitzen. Den Sesam einstreuen und unter Schwenken kurz rösten; auf einen Teller geben.

▸ Das Pflanzenöl im Wok erhitzen und darin Knoblauch, Lauch und Karotten unter Rühren andünsten. Spargelstücke hinzufügen und einige Minuten braten.
▸ Das Gemüse während der Garzeit von etwa 5 Minuten einige Male mit Gemüsebrühe angießen. Mit Salz, Pfeffer, Sojasauce und Hoisinsauce würzen. Auf vier vorgewärmte Teller verteilen, mit Sesam bestreuen und sofort servieren. Dazu passt Reis.

Wraps de luxe

🍴 Für 4 Portionen
🕐 Zubereitungszeit:
   10 Minuten
🕐 Kühlzeit: 20 Minuten

Eine geniale Erfindung: einfach Zutaten nach Geschmack auf die Tortilla legen, aufrollen, und fertig ist der Wrap!

8 weiche Weizenmehltortillas	300 g Räucherlachsscheiben
(in gut sortierten Supermärkten)	8 Kopfsalatblätter
4 EL Sahnemeerrettich	

▸ Die Tortillas auf einer Arbeitsfläche auslegen, mit Sahnemeerrettich bestreichen und mit

Räucherlachs belegen.
▸ Den Salat waschen, trocken schwenken, in Streifen schneiden

und darüber streuen. Die Tortillas auf zwei Seiten einklappen und aufrollen. Fest in Alufolie packen und 10 Minuten in den Kühlschrank legen.

▶ Die Wraps mit einem sehr scharfen Messer schräg in Scheiben schneiden. Diese auf vier Tellern anrichten.

TIPP
In Wraps kann man alles Mögliche hineinpacken. Man sollte nur darauf achten, dass die Zutaten nicht nass bzw. zu feucht sind. Dann weicht der Teig zu schnell auf, und der Wrap sieht nicht so appetitlich aus.

Asia-Reispfanne mit Meeresfrüchten

16. Mai

Ein leichtes Asia-Gericht mit Meeresfrüchten steht auf dem Speiseplan – köstlich und fix zubereitet. Sie können die Meeresfrüchte natürlich auch durch Garnelen oder Fischfiletstückchen ersetzen.

Schnellgericht

🍴 Für 4 Portionen

🕐 Zubereitungszeit: 30 Minuten

500 g Brokkoli (oder Blumenkohl, Kaiserschoten, Bohnen, Erbsen)
250 g gemischte Meeresfrüchte (TK)
Saft von 1 Zitrone
2 Knoblauchzehen
1 frische Chilischote

4 EL Pflanzenöl
etwa 500 g gekochter Reis
Salz, schwarzer Pfeffer
1 kräftige Prise Currypulver
2 EL Sherry
2 EL helle Sojasauce

🔲 Der gekochte Reis stammt aus dem Rezept vom 14. Mai (s. Seite 124).

▶ Den Brokkoli putzen und waschen. Die Stiele quer in dünne Scheibchen und die Röschen klein schneiden. Die Meeresfrüchte waschen, mit Küchenpapier trocken tupfen und mit Zitronensaft beträufeln.
▶ Die Knoblauchzehen schälen und klein würfeln. Die Chilischote waschen, entkernen und in Streifen schneiden.

▶ In einer größeren Pfanne oder im Wok das Pflanzenöl erhitzen. Unter ständigem Rühren Knoblauch, Chili und Brokkoli anbraten.
▶ Reis und Meeresfrüchte untermischen. Alles mit Salz, Pfeffer und Currypulver würzen. Mit Sherry und Sojasauce beträufeln. Einige Minuten durchrühren und nochmals abschmecken.

TIPP
Asiatische Gerichte haben oft sehr viele verschiedene Bestandteile. Da tummeln sich Hühnerfleisch und Schweinefleisch, Krabben und diverses Gemüse. Scheuen Sie sich also nicht, Ihre Überbleibsel im »asiatischen Kleid« zu servieren.

Carpaccio mit Orangenspargel

Ein ganz leichtes Wohlfühlgericht für einen schönen Sonntag.

Lazy Weekend

🍴 Für 4 Portionen

🕐 Zubereitungszeit:
  40 Minuten

📖 Kochen Sie 1 kg Spargel
mehr für das Rezept vom
19. Mai (s. Seite 127).

TIPP

Zwar lässt sich Rinderfilet
oder Rinderlende im ange-
frorenen Zustand besser
schneiden, doch das kalte
und teils mit geschmolze-
nem Eiswasser versetzte
Fleisch liegt nicht gut auf
der Zunge und kann sein
Aroma nicht entfalten.

1 kg frischer Spargel	1 Bund Rucola
Salz	100 g gehobelter Parmesan
½ TL Butter	grob geschroteter schwarzer
1 Prise Zucker	Pfeffer
Saft von ½ Zitrone	100 ml Orangensaft
500 g Rinderfilet	1 EL frisch gehackte Petersilie
3 TL Olivenöl	

▶ Den Spargel schälen, Stielenden abschneiden und Stiele
schräg in etwa 2 cm lange Stücke
schneiden. In siedendem Salzwasser mit Butter, Zucker und ein
paar Tropfen Zitronensaft in etwa
15 Minuten bissfest garen.

▶ Das Rinderfilet mit einem sehr
scharfen Messer in möglichst
hauchdünne Scheiben schneiden. Klarsichtfolie mit etwas
Olivenöl bepinseln und darauf
die einzelnen Scheiben legen.
Wiederum mit geölter Folie bedecken und mit der glatten Seite
eines Fleischklopfers die Fleischscheiben leicht plattieren.

▶ Die einzelnen Rinderfiletschei-
ben vorsichtig breitflächig auf
vier Teller verteilen. Den Rucola
waschen, trocken schwenken,
Stiele weitgehend entfernen und
die gezupften Blättchen über die
Fleischteller streuen. Das restliche Olivenöl mit Zitronensaft
verquirlen und darüber träufeln;
den Parmesan aufstreuen und
alles mit ein paar Drehungen aus
der Pfeffermühle garnieren.

▶ Den Spargel abgießen und in einer Schüssel mit Orangensaft und
Petersilie schwenken. Leicht salzen und pfeffern. Dazu schmeckt
frisches Baguette.

Gratinierter Feta im Gurkenmantel

Schafskäse und Gurken – eine gelungene Kombination!

Schnellgericht

🍴 Für 4 Portionen

🕐 Zubereitungszeit:
  30 Minuten

🕐 Garzeit: 15 Minuten

4 EL Olivenöl	400 g Tomatenwürfel im Saft
500 g Feta 40 % i.Tr.	(Konserve)
2 mittlere Salatgurken	½ Bund gemischte Kräuter
Salz, schwarzer Pfeffer	4 Pita-Brote (kleine Fladenbrote)
1 Msp. mildes Paprikapulver	

▶ Den Backofen auf 180 °C (Umluft 160 °C) vorheizen und eine Auflaufform mit 1 Esslöffel Olivenöl auspinseln. Den Feta in 8 gleichmäßige Streifen bzw. Stäbe schneiden. Die Gurken waschen, putzen und mit einem Sparschäler längs in 2–3 mm dünne Scheiben schneiden.

▶ Je einen Fetastreifen mit Gurkenscheiben überlappend umwickeln und in die Auflaufform nebeneinander legen. Mit Salz, Pfeffer und Paprika würzen und mit 2 Esslöffeln Olivenöl beträufeln.

▶ Die Kräuter waschen, trocken schwenken und die Blättchen fein hacken. Das restliche Gurkenfleisch klein würfeln. Die Auflaufform in den vorgeheizten Backofen schieben und die Feta-Gurken in etwa 15 Minuten garen.

▶ In der Zwischenzeit das restliche Olivenöl in einem Topf erhitzen und darin die Tomatenwürfel andünsten. Kräuter und Gurkenstückchen hinzufügen und alles mit Salz und Pfeffer würzen. Die Pita-Brote zum Erwärmen in den Backofen geben.

▶ Die Tomatensauce auf Teller verteilen und darauf die Feta-Gurken anrichten. Mit knusprigem Pita-Brot servieren.

TIPP

Statt der Gurken können Sie auch hauchdünn geschnittene Zucchini verwenden.

Spaghetti mit Spargel-Karotten-Sauce

19. Mai

Nudeln mit Spargel und Karotten – klingt ungewöhnlich und ist ungewöhnlich lecker.

1 Bund Petersilie	2 EL frischer Orangensaft
2 Frühlingszwiebeln	1 kg gekochte Spargelstücke
500 g Karotten	500 g Spaghetti
¼ l Gemüsebrühe	Salz, schwarzer Pfeffer
1 Prise Zucker	

▶ Die Petersilie waschen, trocken schwenken, die Blättchen abzupfen und fein hacken. Die Frühlingszwiebeln putzen und fein würfeln. Karotten schälen und in Stifte schneiden.

▶ Die Gemüsebrühe mit 1 Prise Zucker aufkochen und Orangensaft einrühren. Frühlingszwiebeln, Spargelstücke und Karotten hinzufügen und bei mittlerer Hitze etwa 10 Minuten garen.

Pasta, basta!

🏃 Für 4 Portionen

🕐 Zubereitungszeit: 40 Minuten

📖 Die gekochten Spargelstücke stammen aus dem Rezept vom 17. Mai (s. Seite 126).

▸ In der Zwischenzeit die Spaghetti in reichlich siedend heißem Salzwasser bissfest garen. Den Gemüsetopf mit Salz und Pfeffer würzen und die Hälfte der Petersilie unterrühren.

▸ Die Spaghetti in ein Sieb gießen, abtropfen lassen und auf Teller verteilen. Löffelweise mit der Sauce überziehen und mit der restlichen Petersilie bestreuen.

20. Mai

Karotten-Spinat-Salat

Dieser Salat ist gesund, lecker und ruckzuck zubereitet.

Schnellgericht

👥 Für 4 Portionen

🕐 Zubereitungszeit:
   25 Minuten

📖 Kochen Sie gleich die doppelte Menge Spinat und bewahren Sie die eine Hälfte luftdicht im Kühlschrank auf, für das Rezept vom 22. Mai (s. Seite 130).

500 g junger Blattspinat	150 g Vollmilchjoghurt
100 g Rosinen	1 EL Honig
100 ml Orangensaft	Salz
50 g Pinienkerne	schwarzer grob geschroteter
250 g Karotten	Pfeffer

▸ Den Blattspinat verlesen, waschen und in kochendem Salzwasser kurz aufwallen lassen. Abgießen, mit kaltem Wasser abschrecken und mit den Händen ausdrücken. Anschließend kleiner schneiden.

▸ Die Rosinen mit 4 Esslöffeln Orangensaft beträufeln. Die Pinienkerne in einer heißen, ungefetteten Pfanne so lange rösten bis sie duften. Herausnehmen und auf einen Teller legen.

▸ Die Karotten schälen und raspeln. Den Joghurt mit Honig und dem restlichen Orangensaft verrühren. Alle Zutaten locker vermengen und mit Salz und Pfeffer würzen.

▸ Dazu passen verschiedene Käsesorten und ofenfrisches Brot.

Hahn im Nudelnest

Heute werden die Nudeln optisch mal etwas anders angerichtet, nämlich als Nester.

250 g Hähnchenbrust	500 g weiße und grüne Fettuccine
¾ l Gemüsebrühe	nidi (Nudelnester)
4 Knoblauchzehen	Salz
400 g geschälte Tomaten mit Saft	1 TL Olivenöl
(Dose)	schwarzer Pfeffer
5 Stängel Salbei	

Pasta, basta!

Für 4 Portionen

Zubereitungszeit: 30 Minuten

TIPP

Paglia e fieno ist ein beliebtes Gericht aus der Toskana: Die weißen Nudelstreifen sind das Stroh (paglia) und die grünen Nudelstreifen das Heu (fieno). Die Nudeln sind wie Nester gewickelt und werden im Nudelwasser so gekocht, dass man sie tatsächlich als Nester anrichten kann.

▸ Die Hähnchenbrust von eventuellen Häuten befreien und waschen. In die kalte Gemüsebrühe legen und aufkochen lassen. Dann die Hähnchenbrust bei mittlerer Hitze in etwa 20 Minuten gar ziehen lassen.

▸ In der Zwischenzeit die Knoblauchzehen abziehen und fein würfeln. Die Tomaten klein schneiden und zurück in den Tomatensaft legen. Den Salbei waschen, trocken schwenken, die Blättchen abzupfen und fein hacken.

▸ Die Nudelnester in reichlich siedend heißem Salzwasser bissfest garen. In der Zwischenzeit das Olivenöl in einer beschichteten Pfanne erhitzen und darin die Knoblauchwürfel andünsten. Die Tomaten mit Saft sowie den Salbei einrühren, alles mit Salz und Pfeffer würzen und einige Minuten einkochen lassen.

▸ Die Hähnchenbrust aus der Brühe nehmen, in Alufolie wickeln und etwa 5 Minuten ruhen lassen. Den Pfanneninhalt mit etwa ¼ Liter Hühnerbrühe ver-

rühren und nochmals abschmecken. Die Nudelnester mit einem Schaumlöffel aus dem Kochwasser nehmen und auf jeden Teller je ein grünes und ein weißes Nudelnest legen.

▸ Die Hähnchenbrust aus der Folie wickeln, den entstandenen Bratensaft in die Sauce rühren und das Fleisch schräg in dünne Scheibchen schneiden. Die Nudelnester mit der Sauce überziehen und die Hähnchenscheiben darauf anrichten.

Gorgonzola-Spinat in Pastetchen

Schnellgericht

🍴 Für 4 Portionen

🕐 Zubereitungszeit:
30 Minuten

📖 Der gekochte Spinat stammt aus dem Rezept vom 20. Mai (s. Seite 128).

Wenn Spinat und Blauschimmelkäse in einem Blätterteigpastetchen zusammentreffen, dann kann das nur gut schmecken!

8 Königinpasteten
500 g gekochter Blattspinat
1 Zwiebel
1 EL Butter
Salz, schwarzer Pfeffer

1 Prise Currypulver
1 TL Zitronensaft
100 g Sahne
100 g Gorgonzola
(oder Käse Ihrer Wahl)

▸ Die Königinpasteten auf ein Backblech geben und in den kalten Ofen schieben. Den Backofen auf 200 °C (Umluft 180 °C) vorheizen.

▸ Den Blattspinat gut ausdrücken und klein hacken. Die Zwiebel schälen und fein würfeln. In einer Pfanne die Butter zerlassen und darin die Zwiebelwürfel andünsten.

▸ Den Spinat in die Pfanne geben und einige Minuten dünsten lassen. Mit Salz, Pfeffer, Curry und Zitronensaft abschmecken. Mit Sahne beträufeln und nur noch kurz ziehen lassen.

▸ Die Pasteten aus dem Ofen nehmen. Den Gorgonzola klein schneiden und abwechselnd mit dem Spinat in die Pasteten füllen. Zurück in den Ofen schieben und in 5 bis 8 Minuten überbacken lassen.

▸ Dazu passen verschiedene Schinkensorten und Baguette.

Lammkoteletts mit Limettensauce

Ein opulentes Mahl, gefolgt von einem frischen, leichten Nachtisch – das ist genau das Richtige für eine Geburtstagfeier mit Freunden.

Party, Party!
🍴 Für 4 Portionen
🕐 Zubereitungszeit:
    40 Minuten

1 kg Kartoffeln
Salz, schwarzer Pfeffer
50 ml Olivenöl
500 g grüne Bohnen
2 unbehandelte Limetten
(oder Zitronen)
2 Schalotten
2 Knoblauchzehen

1 EL Butter
1 TL getrocknetes Bohnenkraut
200 ml Geflügelbrühe
8 Lammkoteletts
5 cl Sherry

FÜR DIE GARNITUR:
frische Zitronenmelisseblättchen

▸ Den Backofen auf 200 °C (Umluft 180 °C) vorheizen. Die Kartoffeln waschen, schälen und in Viertel schneiden. In eine Auflaufform legen, mit Salz und Pfeffer würzen und mit Olivenöl vermengen. Im vorgeheizten Ofen unter mehrmaligem Wenden in 30 bis 40 Minuten backen.

▸ Die Bohnen putzen, waschen und in kochendem Salzwasser blanchieren. Herausnehmen, mit kaltem Wasser abschrecken und abtropfen lassen. Die Limetten heiß waschen und mit Küchenpapier trocken reiben. Mit einem Zestenreißer von einer Limette feinste Streifen abziehen und die Frucht auspressen. Die andere in dünne Scheiben schneiden.

▸ Die Schalotten und die Knoblauchzehen schälen und fein würfeln. Die Butter in einem breiten Topf heiß schäumend erhitzen und darin die Schalotten- und Knoblauchwürfel andünsten. Die Bohnen einlegen, mit Salz, Pfeffer und Bohnenkraut würzen und mit Geflügelbrühe aufgießen. Bei geringer Hitze sanft schmoren lassen.

▸ Das restliche Olivenöl erhitzen und darin die Lammkoteletts auf beiden Seiten scharf anbraten. Die Hitze reduzieren und die Koteletts in 5 Minuten fertig braten.

▸ Die Koteletts auf einen Teller legen und mit Salz und Pfeffer würzen. Den Bratensatz mit Sherry ablösen, Limettenzesten und -saft einrühren. 2 bis 3 Minuten einkochen lassen, den entstandenen Bratensaft der Koteletts in die Pfanne gießen.

▸ Kartoffeln und Bohnen auf großen Tellern anrichten. Je zwei Koteletts dazu geben, diese mit Pfannensaft beträufeln und mit den Limettenscheiben sowie den Zitronemelisseblättchen garnieren.

Limettencreme mit Erdbeeren

Party, Party!

🍴 Für 4 Portionen

🕐 Zubereitungszeit:
   30 Minuten

🕐 Kühlzeit: 4 Stunden

250 g Erdbeeren	1 Limette
6 EL Zucker	250 g Magerquark
5 Blatt weiße Gelatine	300 g Sahne
2 Eier, getrennt (Größe M)	

▸ Die Erdbeeren entstielen, waschen und mit 2 EL Zucker kurz aufkochen; kalt stellen.

▸ Gelatine in kaltem Wasser einweichen. Die Eigelbe mit 4 Esslöffeln Zucker so lange aufschlagen, bis die Creme hell wird.

▸ Die Limette heiß waschen, mit Küchenpapier trocken reiben und mit einem Zestenreißer feinste Streifen abziehen. Das Limettenfruchtfleisch auspressen.

▸ Den Limettensaft mit Quark verrühren und unter die Eiercreme mischen. Die Gelatine tropfnass in einen Topf geben und so lange erwärmen, bis sie sich auflöst. Dann mit 3 Esslöffeln Sahne verrühren und unter die Creme rühren.

▸ Die Eiweiße zu steifem Schnee schlagen, die Sahne ebenfalls steif schlagen; beides vorsichtig unter die Creme heben. In eine Glasschüssel füllen, mit Folie abdecken und im Kühlschrank mindestens 4 Stunden kühlen.

▸ Zum Servieren von der Limettencreme mit einem Esslöffel Nocken abstechen und diese auf Dessertteller geben. Die Erdbeeren rundherum anrichten und alles mit Limettenzesten garnieren.

Rinderfilet Wellington

Das Rinderfilet im Blätterteigmantel ist ein kulinarisches Highlight für den Sonntag, aber auch für jeden anderen Festtag.

1 kg Rinderfilet
Salz
grob geschroteter schwarzer Pfeffer
3 EL Pflanzenöl
20 g getrocknete Steinpilze
250 g frische Champignons
½ Bund Petersilie
200 g gekochter Schinken
2 Schalotten

1 EL Butter
2 EL Crème double
300 g aufgetauter Blätterteig
(1 Paket, TK oder aus der Kühltheke)
1 Eigelb (Größe M)

AUSSERDEM:
1 TL flüssige Butter für das Blech, etwas Mehl

▶ Das Rinderfilet von eventuellen Häuten und Sehnen befreien. Unter fließend kaltem Wasser waschen und mit Küchenpapier trocken reiben. Mit Salz und Pfeffer würzen. Das Pflanzenöl in einer großen Pfanne oder in einem entsprechenden Bräter erhitzen und darin das Rinderfilet von allen Seiten einige Minuten braten; herausnehmen und abkühlen lassen.

▶ Die Steinpilze 10 Minuten in kaltem Wasser einweichen. Die Champignons mit einem feuchten Tuch abreiben, kleiner schneiden und dann grob hacken. Die Petersilie waschen, trocken schwenken, die Blättchen von den Stängeln zupfen und fein hacken. Den Schinken sehr fein würfeln.

▶ Den Backofen auf 200 °C (Umluft 180 °C) vorheizen und ein Backblech mit Butter einfetten. Die Schalotten schälen und fein würfeln. Die Butter in einer Pfan-

ne heiß schäumend erhitzen und darin die Schalottenwürfel, die Champignons und die Schinkenwürfel glasig dünsten.

▶ Die Steinpilze ausdrücken, kleiner schneiden und in die Pfanne rühren. Alles mit Salz und Pfeffer würzen und die Petersilie sowie die Crème double unterrühren; die Pfanne beiseite ziehen. Den Blätterteig auf einer bemehlten Arbeitsfläche zu einem Rechteck von etwa 30 x 40 cm ausrollen.

▶ Die Pilzmasse auf dem Teig gleichmäßig verteilen und dabei die Ränder freilassen. Das Rinderfilet in die Mitte geben. Den Teig einmal längs und von beiden Seiten quer einschlagen, dabei die Ränder fest andrücken. Das Teigpaket auf das Backblech setzen und den Blätterteig mit einem Messer rautenförmig einschneiden.

▶ Das Eigelb mit 3 Esslöffeln Wasser verquirlen und den Blätterteig rundherum bestreichen. Das Backblech in den vorgeheizten Backofen schieben und das Rinderfilet 35 bis 40 Minuten backen. Anschließend knapp 10 Minuten ruhen lassen und erst dann in Scheiben aufschneiden.

▸ Dazu passen Frühlingsgemüse in Kräuterbutter und Kartoffelkroketten.

25. Mai

Matjes mit zweierlei Dips

Schnellgericht
🍴 Für 4 Portionen
🕐 Zubereitungszeit: 20 Minuten
🕐 Garzeit: 40 Minuten

Heute gibt es leckere Ofenkartoffeln, und zwar nicht wie üblich mit Kräuterquark ...

8 mittlere oder 4 große Kartoffeln
Meersalz
2 Matjes-Doppelfilets

FÜR DEN CURRYDIP:
1 Schalotte
150 g Naturjoghurt
1 TL mildes Currypulver
1 TL Honig

FÜR DEN KAPERNDIP:
4 Stängel Dill
1 EL Kapern mit etwas Saft
3 EL Olivenöl
1 EL weißer Balsamico-Essig
1 Prise Zucker
Salz, schwarzer Pfeffer

▸ Den Backofen auf 200 °C (Umluft 180 °C) vorheizen. Die Kartoffeln unter fließend kaltem Wasser bürsten, abtrocknen und auf je ein größeres Stück Alufolie legen. Jede Kartoffel mit Meersalz bestreuen und fest in Folie verpacken. Auf ein Backblech legen und im vorgeheizten Ofen, je nach Größe, etwa 40 Minuten garen.
▸ Die Matjes-Doppelfilets trocken tupfen und in schmale Streifen schneiden. Die Schalotte abziehen und fein würfeln. Mit Joghurt, Curry und Honig verrühren. Mit Salz und Pfeffer würzen

und die Hälfte der Matjesstreifen unterheben.
▸ Den Dill waschen, von den Stielen zupfen und fein hacken. Die Kapern leicht zerkleinern und mit Dill, Olivenöl, Essig und den restlichen Matjesstreifen vermengen. Mit Zucker und etwas Salz und Pfeffer würzen.
▸ Die Kartoffelpäckchen öffnen, kreuzweise einschneiden und von unten leicht eindrücken, damit sie sich schön öffnen. Die beiden Dips dazu servieren.

Gebratene Spargelstangen

Es ist immer noch Spargelsaison, und deshalb kommt heute wieder mal das leckere Stangengemüse auf den Tisch, diesmal mit Dip.

Schnellgericht
🍴 Für 4 Portionen
🕐 Zubereitungszeit:
   20 Minuten
🕐 Garzeit: 20 Minuten

1 kg weißer Spargel
100 ml Olivenöl
Salz, schwarzer Pfeffer
1 TL Butter
100 g gekochter Schinken
200 g Mozzarella

FÜR DEN DIP:
1 Fleischtomate
1 Bund Schnittlauch
200 g saure Sahne
Saft von ½ Zitrone
Salz, schwarzer Pfeffer
1 Msp. Currypulver
1 Prise Cayennepfeffer

▸ Die Spargelstangen schälen und roh in etwa 100 ml Olivenöl unter wiederholtem Wenden etwa 20 Minuten in einer ofenfesten Pfanne langsam braten. Dabei mit Salz und Pfeffer würzen und etwas Butter in die Pfanne geben. Den Backofen auf 180 °C (Oberhitze) oder mit Grillstufe vorheizen.
▸ Für den Dip 1 Fleischtomate kurz blanchieren, häuten, entkernen und fein würfeln. 1 Bund Schnittlauch säubern und in Röllchen schneiden. Saure Sahne mit Zitronensaft, Salz, Pfeffer, Currypulver und einer Prise Cayennepfeffer verrühren. Tomatenwürfel und Schnittlauch unterziehen, Dip mit Folie abdecken und bis zum Servieren in den Kühlschrank stellen.

▸ Schinken fein würfeln und den Mozzarella in Scheibchen schneiden. Auf den gebratenen Spargelstangen verteilen und zum Überbacken in den Ofen schieben.
▸ Dazu passen ein gemischter Blattsalat und Vollkornbrot.

Kartoffel-Sprossen-Salat

Schnellgericht

🍴 Für 4 Portionen

🕐 Zubereitungszeit:
20 Minuten

🕐 Garzeit: 30 Minuten

📖 Kochen Sie die doppelte Menge Kartoffeln, die Hälfte können Sie für die Bratkartoffeln am 29. Mai (s. Seite 137) verwenden.

TIPP
Die Joghurtsauce mit Worcestershiresauce, etwas mittelscharfem oder Dijon-Senf, etwas Birnen- oder Apfeldicksaft, gehacktem Dill und Obstessig variieren. Zu Kartoffeln passen auch Salatgurken, Zucchini, Kohlrabi und Erbsen sehr gut.

Es gibt unzählige Rezepte für Kartoffelsalat, dieses ist ein sehr frühlingshaftes.

750 g kleine neue Kartoffeln	200 g Joghurt
Salz	Saft von ½ Zitrone
250 g frische Sojabohnensprossen	1 TL Zucker
1 Bund Radieschen	schwarzer Pfeffer
2 Frühlingszwiebeln	je 1 Prise rosenscharfes und
1 Bund Schnittlauch	edelsüßes Paprikapulver

▸ Die Kartoffeln waschen und in kochendem Salzwasser in etwa 20 Minuten gar kochen. Inzwischen die Sojabohnensprossen waschen und abtropfen lassen.

▸ Die Radieschen putzen, waschen und in feinblättrige Scheibchen schneiden. Die Frühlingszwiebeln putzen und fein würfeln. Den Schnittlauch säubern und in Röllchen schneiden.

▸ Die Kartoffeln abgießen, kurz abkühlen lassen, pellen (nach Belieben) und in Scheiben schneiden. Alle vorbereiteten Zutaten in einer Schüssel mit Joghurt, Zitronensaft und Zucker vermengen.

▸ Den Salat mit Salz, Pfeffer und den beiden Paprikasorten würzen und auf vier Teller verteilen.

▸ Dazu passen Vier-Minuten-Steaks; einfach braten, in Streifen schneiden und auf jede Salatportion geben.

Gemüsebrühe mit Pfannkuchenstreifen

Suppentag

🍴 Für 4 Portionen

🕐 Zubereitungszeit:
40 Minuten

TIPP
Geben Sie frisches Gemüse, z. B. Zucchini- und Karottenraspeln, in die Gemüsebrühe.

Für kleine und große Suppenkasper ist heute wieder ein Festtag.

80 g Mehl	NACH BELIEBEN:
Salz	frische Schnittlauchröllchen
2 Eier	
100 ml Milch	
2–3 EL Butter	
1 ½ l Gemüsebrühe	

▸ In einer Schüssel Mehl, Salz, Eier und Milch mit einem elektrischen Handrührgerät zu einem glatten Teig rühren und 20 Minuten quellen lassen.

▸ In einer Pfanne portionsweise

Butter erhitzen und darin einzelne Pfannkuchen herstellen. Dazu eine Kelle Teig auf den Pfannenboden gießen und durch Schwenkbewegungen gleichmäßig verteilen. Kurz anbacken lassen und wenden.

▶ Die Pfannkuchen auskühlen lassen, dann einzeln aufrollen und in etwa ½ cm dicke Streifen schneiden. Zusammen mit etwas Schnittlauch in vorgewärmte Suppenteller geben. Die erhitzte Gemüsebrühe darüber gießen.

Frikadellen mit Bratkartoffeln

29. Mai

Die Kleinen mögen's, die Großen auch, und außerdem macht es kaum Arbeit: Na dann, ran an die Buletten!

2 Brötchen vom Vortag
1 Zwiebel
1 Knoblauchzehe
500 g gemischtes Hackfleisch
2 Eier (Größe M)
½ TL Kümmel
2 EL Butter
Salz, schwarzer Pfeffer

½ TL getrockneter Majoran
¼ TL getrockneter Thymian
1 EL Tomatenketchup
1 TL scharfer Senf
750 g gekochte Kartoffeln
6 EL Pflanzenöl
½ TL Paprikapulver

Kinder, Kinder
🍴 Für 4 Portionen
🕐 Zubereitungszeit: 30 Minuten
🕐 Garzeit: 20 Minuten

📖 Die gekochten Kartoffeln stammen aus dem Rezept vom 27. Mai (s. Seite 136).

📖 Bereiten Sie gleich die doppelte Menge Frikadellen zu: braten, abkühlen lassen, einfrieren und am 5. Juni (s. Seite 145) weiterverwerten.

▶ Die Brötchen mit 150 ml heißem Wasser begießen und quellen lassen. Die Zwiebel und die Knoblauchzehe abziehen und fein würfeln.
▶ Die Brötchen ausdrücken und mit dem Hackfleisch, den Zwiebel- und Knoblauchwürfeln sowie den Eiern verkneten. Mit Salz, Pfeffer, Majoran, Thymian, Tomatenketchup und Senf würzen.
▶ Die Kartoffeln in Scheiben schneiden. Auf dem Herd zwei große Pfannen mit Pflanzenöl erhitzen. Aus dem Fleischteig große oder kleine Frikadellen formen und in eine Pfanne legen. Die Kartoffeln in die zweite Pfanne

geben. Die Frikadellen auf beiden Seiten bei starker Hitze anbraten, dann die Hitze reduzieren und weitere 10 bis 15 Minuten braten.
▶ Die Kartoffeln mit Salz, Pfeffer, Paprikapulver und Kümmel würzen. Unter Schwenkbewegungen knusprig und goldbraun braten. Die Butter zu den Frikadellen in die Pfanne geben und das Bratfett mehrmals löffelweise über die Frikadellen gießen.
▶ Dazu passt ein gemischter Blattsalat.

Käsespätzle

Kinder, Kinder

👫 Für 4 Portionen

🕐 Zubereitungszeit:
   40 Minuten

📋 Bereiten Sie gleich die doppelte Menge Spätzle zu und frieren Sie die Hälfte für den 9. Juni (s. Seite 147) ein.

Kindergeburtstag – zur Feier des Tages gibt es Spätzle, denn alle Kinder lieben Spätzle!

500 g Mehl	Salz
5 Eier	gemahlene Muskatnuss
125 ml Mineralwasser mit Kohlensäure	100–200 g frisch geriebener Käse Ihrer Wahl (Emmentaler, Greyerzer, Gouda …)
50–80 g Butter	

▸ Das Mehl in eine Schüssel sieben und die Eier darüber schlagen. Mit den Knethaken eines elektrischen Handrührgerätes Mehl, Eier und Mineralwasser zu einem zähen Teig verrühren.

▸ Einen Topf mit Salzwasser zum Kochen aufstellen. Daneben eine Schüssel mit kaltem Wasser stellen. Mit einem Spätzlehobel oder -schaber portionsweise den Teig in den Topf schaben. Sobald die Spätzle auf der Oberfläche schwimmen und aufkochen, mit einem Schaumlöffel herausnehmen und in das kalte Wasser geben. Sobald der ganze Teig verbraucht ist, die Spätzle in ein Sieb schütten, mehrmals mit kaltem Wasser durchspülen und dann gründlich abtropfen lassen.

▸ In einer Pfanne die Butter erhitzen und die Spätzle darin schwenken. Mit Salz und nach Geschmack mit Muskat würzen. Den Käse darüber streuen und schmelzen lassen.

▸ Dazu passt ein frühlingshafter Salat aus Kopfsalat, Paprika, Gurke, Tomaten und frischen Kräutern.

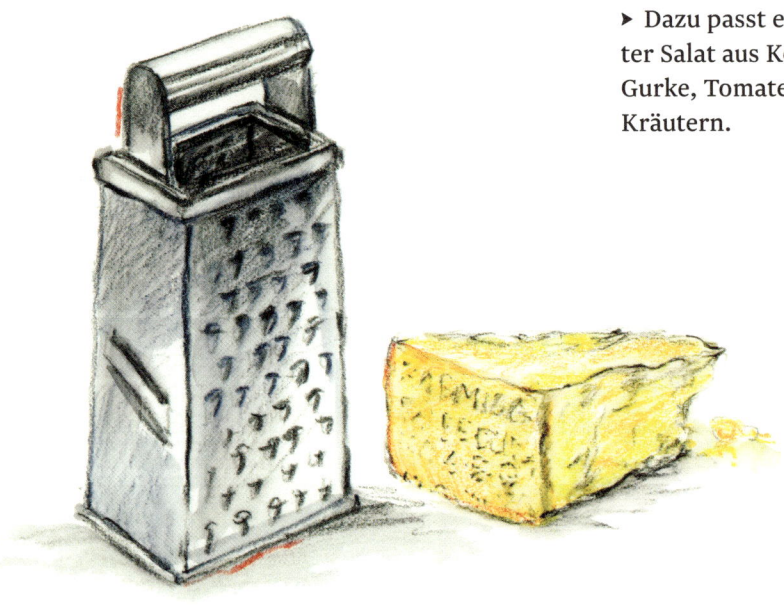

Belgischer Fischeintopf Waterzooi

Waterzooi, »Wassersuppe«, war ursprünglich eine ganz einfache Suppe aus Nordseefisch und Muscheln, kein Vergleich mit dem verfeinerten Rezept, das heute auf den Tisch kommt. Dieser belgische Fischeintopf aus dem Backofen ist ein wirklich köstliches Sonntagsessen.

Sonntagsessen

🏛 Für 4 Portionen

🕐 Zubereitungszeit: 50 Minuten

---

800 g Fischfilet (Heil- oder Steinbutt, Aal, Rotbarsch, Schellfisch, Knurrhahn)
Saft und abgeriebene Schale von 1 unbehandelten Zitrone
Salz, schwarzer Pfeffer
250 g Knollensellerie
1 Petersilienwurzel
250 g Karotten
1 Stange Lauch

1 Zwiebel
100 g Champignons
50 g Butter
½ l Fischfond (Glas)
2 Eigelbe
100 g Sahne
1 Msp. gemahlene Muskatnuss

AUSSERDEM:
Butter für die Form

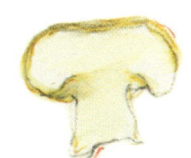

▸ Die Fischfilets in mundgerechte Stücke schneiden, mit Zitronensaft beträufeln und mit Salz und Pfeffer würzen.

▸ Knollensellerie, Petersilienwurzel und Karotten schälen und in feine Streifen schneiden. Die Lauchstange längs halbieren, zwischen den Blattschichten waschen und quer in Streifen schneiden. Die Zwiebel schälen, halbieren und in Streifen schneiden. Die Champignons putzen und feinblättrig schneiden.

▸ Den Backofen auf 200 °C (Umluft 180 °C) vorheizen und eine feuerfeste Form mit Butter ausstreichen.

▸ Das vorbereitete Gemüse breitflächig auf dem Boden der Form verteilen und mit Butterflöckchen belegen. Mit Zitronenschale, Salz und Pfeffer würzen und mit gebutterter Alufolie abdecken.

▸ Die Form in den vorgeheizten Backofen schieben und das Gemüse etwa 15 Minuten dünsten lassen. Dann die Form aus dem Backofen nehmen und die Fischstücke auf dem Gemüse verteilen. Mit Fischbrühe begießen, mit Folie abdecken und für weitere 15 Minuten in den Ofen schieben.

▸ Anschließend aus der Form eine Kelle Brühe schöpfen, diese mit Eigelb und Sahne verquirlen, mit Muskat würzen und den Eintopf damit verfeinern. Den mit Alufolie bedeckten Fischeintopf im ausgeschalteten Backofen etwa 5 Minuten ziehen lassen und in der Form servieren. Dazu Stangenweißbrot reichen, mit dem man die köstliche Brühe auftunken kann.

Juni

Kaaspott mit Spargel und Erdbeeren

Zeit für Gäste

🏠 Für 4 Portionen

🕐 Zubereitungszeit:
40 Minuten

Käsefondue schmeckt nicht nur zur Winterzeit, sondern auch im Sommer – da kann man es mit knackig frischem Gemüse und Früchten genießen.

TIPP

Erdbeeren, vor allem reife, regen durch ihre Fruchtsäure den Appetit an und fördern die Verdauung. Bei schwer verdaulichen Speisen wie einem Käsefondue sollte man von daher immer leichte Bissen im Sortiment haben: z. B. Apfel- oder Birnenspalten, Mangostückchen oder auch Himbeeren, die mit flüssigem Käse überzogen werden.

FÜR DAS KÄSEFONDUE:

300 g alter Gouda
300 g junger Gouda
100 g Maasdamer
1 Knoblauchzehe
300 ml trockener Weißwein
Saft von ½ Zitrone
1 EL Speisestärke
Salz
Pfeffer aus der Mühle

ZUM DIPPEN:

200 g gekochter Schinken am Stück
1 Stangenweißbrot
100 g Champignons
1 Bund Schnittlauch
250 g Erdbeeren
500 g gekochte Spargelstücke

BEVOR DIE GÄSTE KOMMEN:

▶ Die drei Käsesorten auf einer Küchenreibe fein reiben oder in kleine Würfelchen schneiden. Die Knoblauchzehe schälen, halbieren und den Fonduetopf damit ausreiben.

▶ Käse, Wein, Zitronensaft und Speisestärke im Fonduetopf vermischen. Bei mittlerer Hitze und ständigem Rühren auf dem Herd schmelzen lassen. Nach Belieben mit Salz und Pfeffer würzen. Den Topf beiseite ziehen.

▶ Den Schinken in mundgerechte Würfel schneiden. Das Stangenweißbrot in Stücke schneiden. Die Champignons mit einem feuchten Tuch abreiben und je nach Größe halbieren, vierteln oder ganz lassen.

▶ Den Schnittlauch waschen und in Röllchen schneiden. Die Erdbeeren entstielen, waschen und mit Küchenpapier trocken tupfen. Alle vorbereiteten Zutaten am Tisch arrangieren.

WENN DIE GÄSTE DA SIND:

▶ Den Käse am Herd nochmals erhitzen und auf das Tischrechaud stellen. Bereit gestellte Köstlichkeiten in Käse tauchen und im Schnittlauch »panieren«.

Teufelseier mit Matjestatar

2. Juni

Diese Eier sind einfach teuflisch gut und obendrein flott zubereitet!

Schnellgericht
Für 4 Portionen
Zubereitungszeit:
30 Minuten

4 Eier
4 Matjes-Doppelfilets
(ohne Schwanzflossen)
1 TL gehackter Dill
Saft von ½ Zitrone
Salz, schwarzer Pfeffer
2 EL Mayonnaise

2 EL Chiliketchup
1 Spritzer Tabascosauce
2 Kopfsalatherzen
3 EL Olivenöl
2 EL Sherryessig
rosenscharfes Paprikapulver

▸ Die Eier in kochendem Wasser in 10 Minuten hart kochen. Die Matjesfilets trocken tupfen und sehr fein hacken. Matjes mit Dill, Zitronensaft, Salz und Pfeffer locker vermengen.
▸ Die Eier kalt abschrecken, schälen und längs halbieren. Die Eigelbe herauslösen und mit Mayonnaise, Chiliketchup, Tabascosauce, Salz und Pfeffer cremig rühren. Die Eiermasse in einen Spritzbeutel füllen und dekorativ in die Eierhälften spritzen.
▸ Die Kopfsalatherzen entblättern und waschen. Mit Olivenöl, Sherryessig, Salz und Pfeffer anmachen. Auf vier Tellern breitflächig anrichten. Jeweils in der Tellermitte das Tatar verteilen und links und rechts die Teufelseier setzen. Alles leicht mit Paprikapulver bestäuben.
▸ Wenn Sie noch Salat oder Gemüse übrig haben, arrangieren Sie es ruhig zu den Salatherzen.

Chinesische Eiernudeln mit Gemüsesauce

3. Juni

Heute gibt es die Nudeln mal auf chinesische Art, die asiatische Antwort auf die italienische Pasta.

Pasta, basta!
Für 4 Portionen
Zubereitungszeit:
30 Minuten

TIPP
Mischen Sie auch Gemüse wie Sojabohnensprossen, Maiskörner, Chinakohlstreifen und Zucchinistäbchen unter – und es wird noch bunter.

je 1 rote und 1 gelbe Paprikaschote
250 g Zuckerschoten
1 Bund Koriander oder Petersilie
4 Frühlingszwiebeln
2 Knoblauchzehen
500 g asiatische Eiernudeln

Salz
2 EL Erdnussöl
schwarzer Pfeffer
50 g Erdnussbutter
¼ l Gemüsebrühe
2 EL helle Sojasauce

▸ Die Paprikaschoten waschen, halbieren, Samen und Trennwände entfernen und die Hälften in feine Streifen schneiden. Die

Zuckerschoten waschen und schräg in kleinere Stücke schneiden. Den Koriander waschen, trocken schwenken, die Blättchen abzupfen und fein hacken.

▸ Frühlingszwiebeln putzen und fein hacken. Die Knoblauchzehen schälen und fein würfeln. Die Eiernudeln nach Packungsanweisung in reichlich kochendem Salzwasser bissfest garen.

▸ Frühlingszwiebeln und Knoblauchwürfel in heißem Erdnussöl andünsten. Paprikastreifen und Zuckerschoten hinzufügen und alles einige Minuten durchschwenken. Mit Salz und Pfeffer würzen.

▸ Die Erdnussbutter mit Gemüsebrühe vermischen und unter das Gemüse rühren. Einige Minuten rühren und dabei mit Sojasauce würzen.

▸ Die Nudeln in ein Sieb abgießen und noch tropfnass vorsichtig unter die Sauce mischen. Den Koriander unterziehen, nochmals abschmecken und sofort servieren.

---

4. Juni

Schnellgericht

🏛 Für 4 Portionen

⏱ Zubereitungszeit: 15 Minuten

⏱ Garzeit: 20 Minuten

📋 Kochen Sie die doppelte Menge Kartoffeln, die Hälfte brauchen Sie für die Bratkartoffeln am nächsten Tag (s. Seite 145).

Spargelsalat mit Schnittlauch

Neue Kartoffeln als Pellkartoffeln gekocht, dazu frischer Spargel – diesmal als Salat. Was will man mehr?

1 kg kleine neue Kartoffeln	½ Bund Schnittlauch
Salz	4 EL Olivenöl
1 kg Spargel	2 EL weißer Balsamico-Essig
1 Prise Zucker	grob geschroteter schwarzer
etwas frischer Zitronensaft	Pfeffer
1 kleiner Stich Butter	

▸ Die Kartoffeln waschen und in Salzwasser etwa 20 Minuten garen.

▸ Den Spargel schälen, Enden etwas kürzen und Stangen schräg in etwa 2 cm lange Stücke schneiden. In kochendem Salzwasser mit einer Prise Zucker, Zitronensaft und Butter in etwa 15 Minuten gar kochen.

▸ In der Zwischenzeit den Schnittlauch säubern und in Röllchen schneiden. Den Spargel abgießen und noch warm mit Olivenöl, Balsamico-Essig und Schnittlauchröllchen vermengen. Mit Salz und Pfeffer würzen. Die Kartoffeln abgießen und auf einem Teller anrichten.

▸ Dazu passt fertiger Kräuterquark hervorragend.

Frikadellen mit Bratkartoffeln

5. Juni

Schnellgericht

Heute gibt es die Frikadellen vom 29. Mai (s. Seite 137) aus dem Gefrierfach. Diese bereits am Vortag in den Kühlschrank legen, damit sie sanft auftauen können. Dann nur noch im vorgeheizten Backofen bei 160 °C (Umluft 140 °C) in etwa 15 Minuten erwärmen. Dazu die gekochten Kartoffeln von gestern (s. Seite 144) als Bratkartoffeln servieren.

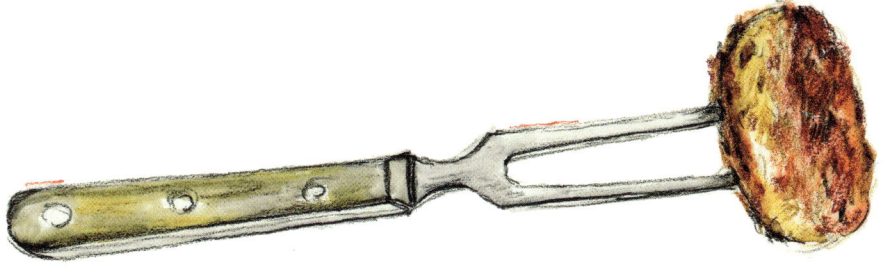

Koriandermatjes auf Gemüsereis

6. Juni

Das Gericht ist so schnell zubereitet, dass Sie ganz viel Zeit für Ihre Gäste haben.

Zeit für Gäste
🍴 Für 4 Portionen
🕐 Zubereitungszeit: 20 Minuten
🕐 Garzeit: 30 Minuten

½ Bund Koriander (oder glatte Petersilie)	100 g durchwachsener Räucherspeck
4 Matjes-Doppelfilets	3 EL Pflanzenöl
4 Frühlingszwiebeln	300 g Basmatireis
je 1 gelbe und 1 rote Paprikaschote	Salz, schwarzer Pfeffer
2 Karotten	1 Prise gemahlener Kurkuma
	¾ l Gemüsebrühe

BEVOR DIE GÄSTE KOMMEN:
▸ Den Koriander waschen, von den Stielen zupfen und fein hacken.
▸ Die Matjesfilets trocken tupfen und in schmale Streifen schneiden. Mit dem Koriander vermengen und in den Kühlschrank stellen.
▸ Den Backofen auf 200 °C (Umluft 180 °C) vorheizen. Die

Frühlingszwiebeln putzen und fein würfeln. Die Paprikaschoten waschen, entkernen und in 1 cm große Würfel schneiden. Die Karotten schälen und klein würfeln. Den Speck in kleine Streifen schneiden.
▸ Das Pflanzenöl in einem Bräter erhitzen und darin Speckstreifen, Frühlingszwiebeln, Paprika und Karotten andünsten.

▸ Den Reis in den Bräter einstreuen und unter Rühren kurz mitdünsten. Mit Salz, Pfeffer und Kurkuma würzen.

▸ Den Bräterinhalt mit Gemüsebrühe aufgießen und aufkochen lassen. Den Bräter in den vorgeheizten Backofen stellen und den Reis in knapp 20 Minuten garen. Dann den Reis bei ausgeschaltetem Ofen 5 Minuten nachziehen lassen.

▸ Den Reis locker durchmengen und den Koriandermatjes unterheben. Sofort servieren.

---

7. Juni

Lazy Weekend

🍴 Für 4 Portionen

🕐 Zubereitungszeit:
    30 Minuten

TIPP

Im asiatischen Feinkostladen gibt es die spezielle Tom-Yam-Paste in Tütchen. Diese Gewürzmischung muss nur noch mit Hähnchen und Kokosmilch vermengt werden und erspart viel Zeit, denn das Besorgen verschiedenster Zutaten, etwa Chili, Kumin, Ingwer und Zitronengras, entfällt, da sie bereits im Tütchen sind.

Kokos-Hähnchen-Topf

Für diesen köstlichen asiatischen Eintopf müssen Sie ganz und gar nicht lange in der Küche stehen, sondern können den Sonntag so richtig faul genießen.

1 unbehandelte Limette	4 Stängel Zitronengras
500 g Hähnchenbrustfilet	2 cm Ingwerwurzel
3 EL Fischsauce	1 TL Palmzucker
1 Tüte Tom-Yam-Paste (s. Tipp)	(oder brauner Zucker)
400 ml Kokosmilch (Dose)	½ Bund Koriander

▸ Die Limette heiß waschen, mit Küchenpapier trocken reiben und mit einem Zestenreißer feinste Schalenstreifen abziehen. Das Fruchtfleisch auspressen.

▸ Das Hähnchenfleisch in feine Streifen schneiden und in einer Schüssel mit Limettenstreifen und -saft sowie mit 2 Esslöffeln Fischsauce vermengen.

▸ Die Tom-Yam-Paste mit ½ Liter Wasser und der Kokosmilch in einem Topf oder Wok verrühren und aufkochen lassen. Das Zitronengras putzen, halbieren und mit einem Fleischklopfer faserig schlagen, sodass der Saft austreten kann.

▸ Den Ingwer schälen, in Scheibchen schneiden und mit dem Zitronengras sowie den marinierten Fleischstreifen in den Eintopf geben. Alles mit Fischsauce und Palmzucker würzen.

▸ Den Koriander waschen, von den Stängeln zupfen, fein hacken und über das Gericht geben.

▸ Dazu schmecken asiatische Eiernudeln oder Reis.

Bruschetta mit Tomaten und Rucola

Knuspriges Weißbrot mit Tomaten und Rucola schmeckt eigentlich jedem, oder?

Kalte Küche

🍴 Für 4 Portionen

🕐 Zubereitungszeit: 30 Minuten

500 g aromatische Strauch-tomaten	6 EL Olivenöl
4 Knoblauchzehen	Salz
16 kleine, geröstete Weißbrot-scheiben	schwarzer Pfeffer aus der Mühle
	1 Bund Rucola
	2 EL Balsamico-Essig

▸ Die Tomaten blanchieren, häuten, entkernen und grob zerkleinern. Die Knoblauchzehen schälen und hacken. Die Brotscheiben mit Knoblauch und Tomaten belegen. Mit Olivenöl beträufeln und mit Salz und Pfeffer würzen. Den Rucola waschen, trocken schwenken und quer in kleinere Stücke schneiden. Mit Balsamico-Essig beträufeln und auf den Tomatenbroten locker verteilen. Dazu passen eine Käseplatte und Oliven.

Spätzlepfanne

Schnellgericht

Die Spätzle vom 30. Mai (s. Seite 138) auftauen. Eine große Zwiebel schälen, klein würfeln und mit 100 g mageren Speckwürfeln in etwas Butter andünsten. Die Spätzle hinzufügen und unter Schwenken leicht rösten. Vier Eier verquirlen und über die Spätzlepfanne gießen. Nochmals kurz durchrösten, mit Pfeffer und Salz würzen. Auf vier Teller verteilen. Dazu Butterbrote mit frisch geschnittenem Bärlauch servieren. Oder die Spätzle mit geriebenem Käse direkt in der Pfanne servieren und Kopfsalat mit Vinaigrette dazu reichen.

Kartoffelchips mit Matjesspießchen

Kinder, Kinder

🍴 Für 4 Portionen

🕐 Zubereitungszeit:
30 Minuten

TIPP
Lassen Sie das restliche
Fett abkühlen, bis es er-
starrt ist, decken Sie es
dann mit Folie ab und stellen es in den Kühlschrank.
Sie können es innerhalb
von einer Woche zum Bra-
ten verwenden.

*Selbst gemachte Kartoffelchips, Tomatenketchup, Mayonnaise –
ein wahres Fest für Kinder, und nicht nur für die ...*

750 g festkochende Kartoffeln	1 EL Chiliketchup
4 Matjes-Doppelfilets	Salz, schwarzer Pfeffer
½ l Pflanzenöl	1 Prise Zucker
100 g Mayonnaise	1 Prise Chilipulver
4 EL Tomatenketchup	1 Päckchen Partyspießchen

▸ Die Kartoffeln waschen, schälen und auf einem Gemüsehobel
in dünne Scheiben schneiden.
Dann unter fließend kaltem
Wasser abspülen und auf einem
Küchentuch abtropfen lassen.
▸ Die Matjesfilets mit Küchenpapier abtupfen und in etwa 2 cm
große Rauten schneiden. Jede
Matjesraute mit einem Partyspießchen durchstechen und auf
vier Teller verteilen.
▸ Das Pflanzenöl in einer Pfanne
mit hohem Rand oder in einem
Topf auf etwa 180 °C heiß siedend
erhitzen. Inzwischen die Mayonnaise mit Tomaten- und Chiliketchup verrühren und mit Salz,
Pfeffer und einer Prise Zucker
würzen. In Schälchen füllen.
▸ Die Kartoffelscheiben möglichst einzeln in das heiße Fett
geben (sonst kleben sie aneinander). Mit einem Schaumlöffel
öfter wenden und in 2 bis 3 Minuten knusprig und goldbraun
backen. Herausnehmen und in
einer Schüssel mit Salz, Pfeffer
und Chilipulver vermengen.
▸ Kartoffelchips und die Saucen-
schälchen zu den Matjesspieß-
chen auf die Tellern geben.

Kartoffelsuppe mit Bärlauchpesto

Suppentag

🍴 Für 4 Portionen

🕐 Zubereitungszeit:
20 Minuten

🕐 Garzeit: 30 Minuten

*Die köstliche Kartoffelsuppe wird durch einen Klacks selbstgemachtes
Bärlauchpesto noch köstlicher!*

	FÜR DAS PESTO:
½ kg mehligkochende Kartoffeln	1 Bund frischer Bärlauch
1 Bund Frühlingszwiebeln	2 Knoblauchzehen
3 EL Olivenöl	50 g frisch geriebener Parmesan
¼ l trockener Weißwein	2 EL Pinienkerne
¾ l Gemüsebrühe	100 ml Olivenöl
Salz, schwarzer Pfeffer	
100 g Sahne	

▸ Die Kartoffeln waschen, schälen und in gleichmäßig kleine Stücke schneiden. Die Frühlingszwiebeln putzen und fein würfeln.

▸ Das Olivenöl im Topf erhitzen und darin die Frühlingszwiebeln andünsten. Die Kartoffelstücke hinzufügen, unter Rühren 2 Minuten andünsten, mit Weißwein ablöschen und mit Gemüsebrühe aufgießen.

▸ Die Kartoffeln etwa 20 Minuten garen und zwischendurch mit Salz und Pfeffer würzen.

▸ In der Zwischenzeit den Bärlauch waschen, die Stängel weitgehend abschneiden und die Blätter klein schneiden. Die Knoblauchzehen schälen und kleiner schneiden. Bärlauch, Knoblauch, Parmesan und Pinienkerne zusammen mit dem Olivenöl im Küchenmixer zu einer feinen Paste pürieren.

▸ Die Kartoffelsuppe mit einem Mixstab sämig pürieren und die Sahne unterschlagen. Nochmals abschmecken. Zum Servieren die Suppe in Schalen füllen und mit einem Klecks Bärlauch-Pesto krönen.

🔖 Bereiten Sie von der Suppe die doppelte Menge zu und frieren Sie die Hälfte für den 30. Juni (s. Seite 165) ein. Auch vom Bärlauch-Pesto könnten Sie die doppelte Menge zubereiten – zum Naschen für zwischendurch. Das Pesto hält sich im Kühlschrank 1 Woche.

Rindersteak mit Spinat und Kartoffeln

12. Juni

Auch mit Gästen kann man mal etwas rustikaler essen, schließlich ist nicht jeder ein Freund der allzu raffinierten Küche. Mit diesem Rezept können Sie jedenfalls nichts falsch machen.

Zeit für Gäste

🔭 Für 4 Portionen

🕐 Zubereitungszeit: 45 Minuten

800 g kleine neue Kartoffeln	8 dünne Rindersteaks à etwa 80 g
Salz, schwarzer Pfeffer	1 EL frischer Zitronensaft
1 TL getrockneter Oregano	100 g durchwachsener Räucherspeck
10 EL Olivenöl	
500 g frischer Blattspinat	100 ml Fleischbrühe

BEVOR DIE GÄSTE KOMMEN:

▸ Den Backofen auf 180 °C (Umluft 160 °C) vorheizen. Die Kartoffeln waschen, schälen und mit Salz, Pfeffer, Oregano und 5 Esslöffeln Olivenöl auf einem Backblech verteilen. Das Backblech auf die mittlere Schiene im vorgeheizten Backofen stellen und die Kartoffeln etwa 30 Minuten knusprig garen.

▸ In der Zwischenzeit den Blattspinat verlesen, waschen und in kochendem Salzwasser 1 Minute

🔖 Bereiten Sie gleich die doppelte Menge Olivenölkartoffeln zu, die Hälfte können Sie am 14. Juni (s. Seite 151) weiterverwerten.

garen. Herausnehmen, kalt abschrecken, fest ausdrücken und auf einer Arbeitsfläche kleiner schneiden.

▸ Die Rindersteaks mit Zitronensaft beträufeln und mit Pfeffer würzen. Den Speck klein würfeln.

WENN DIE GÄSTE DA SIND:

▸ Den Spinat in 2 Esslöffel heißem Olivenöl andünsten und mit Fleischbrühe begießen. Mit Salz und Pfeffer würzen und bei kleiner Hitze einige Minuten schmoren lassen.

▸ Die Speckwürfel in einer Pfanne auslassen, 3 Esslöffel Olivenöl zugießen und die Rindersteaks darin auf jeder Seite kräftig anbraten. Die Hitze verringern und die Steaks fertig braten; mit Salz würzen. Den Blattspinat auf Teller verteilen, je zwei Steaks dazu geben und mit Pfannensud beträufeln.

13. Juni

Mediterrane Fischsuppe

Party, Party!

🎎 Für 4 Portionen

🕐 Zubereitungszeit:
   30 Minuten

🕐 Garzeit: 15 Minuten

Das Geburtstagskind wünscht sich die leckere Fischsuppe aus dem Urlaub. Der Fisch dafür kommt natürlich frisch vom Markt in den Topf.

600 g gemischte Fischfilets (Seezunge, Meerbarbe, Dorsch)	2 Knoblauchzehen
100 g Garnelen	400 g geschälte Tomaten im Saft (Konserve)
Saft von ½ Zitrone	3 EL Olivenöl
Salz, schwarzer Pfeffer	¼ l trockener Weißwein
2 Stangen Bleichsellerie	¾ l Fisch- oder Gemüsebrühe
1 große Karotte	8 kleine Weißbrotscheiben

▶ Die Fischfilets und die Garnelen waschen, trocken tupfen, mit Zitronensaft beträufeln und mit Salz und Pfeffer würzen. Bleichsellerie putzen, Karotte und Knoblauchzehen schälen. Alles klein würfeln. Die Tomaten kleiner schneiden und wieder zurück in den Saft legen.

▶ Das Olivenöl in einem breiten Topf erhitzen und darin die Gemüsewürfel andünsten. Mit Weißwein ablöschen und die Tomaten mit Saft einrühren. Nach einigen Minuten die Brühe zugießen, alles aufkochen lassen und erst dann die Hitze reduzieren.

▶ Fischfilets und Garnelen einlegen und bei sanfter Hitze in etwa 5 Minuten gar ziehen lassen. Parallel dazu die Weißbrotscheiben rösten und dazu servieren.

Saltimbocca alla romana

14. Juni

Gut, dass Sie schon vorgekocht haben, jetzt müssen Sie nur noch die leckeren Kalbsschnitzel braten – und der Sonntag ist gerettet!

Lazy Weekend

👥 Für 4 Portionen

🕐 Zubereitungszeit: 30 Minuten

8 Kalbsschnitzel à 60 bis 80 g	16 frische Salbeiblätter
1 TL Mehl	800 g Olivenölkartoffeln
Salz, schwarzer Pfeffer	1 EL Butter
8 hauchdünn geschnittene Parmaschinkenscheiben	⅛ l trockener Weißwein

🔲 Die Olivenölkartoffeln stammen aus dem Rezept vom 12. Juni (s. Seite 149).

▶ Je ein Kalbsschnitzel mit Salz und Pfeffer würzen und mit Mehl leicht bestäuben. Mit je 1 Schinkenscheibe sowie 2 Salbeiblättern belegen und diese mit einem Zahnstocher fixieren.

▶ Die Olivenölkartoffeln in Scheibchen schneiden und in einer Mischung aus etwas Olivenöl und Butter in der Pfanne knusprig braten.

▶ Die Butter in einer größeren Pfanne heiß schäumend erhitzen und darin die Kalbsschnitzel auf jeder Seite etwa 2 Minuten braten. Herausnehmen, auf einen Teller legen und mit Alufolie abdecken.

▶ Den Bratensatz mit Weißwein ablöschen und aufkochen lassen. Die Kalbsschnitzel mit dem entstandenem Bratensatz mit einem Ruck in die Pfanne zurück gleiten lassen, kurz schwenken und servieren.

▶ Als Beilage ein Salat; durchsuchen Sie einfach Ihren Kühlschrank nach übrig gebliebenem Gemüse und Salat und schnipseln Sie alles zu einem pikanten Salat.

Makkaroni mit Zucchini

Dieses Nudelgericht ist nicht nur einfach, sondern schmeckt richtig gut und ist im Handumdrehen zubereitet.

Pasta, basta!

🏃 Für 4 Portionen

🕐 Zubereitungszeit: 30 Minuten

TIPP

Die Zucchinisauce statt mit Schmand mit Sahne verfeinern und mit etwas Cayennepfeffer schärfen. Zusätzlich frisch gehackte Kräuter wie Basilikum, Kerbel und Kresse in die Sauce geben.

500 g Zucchini	500 g Makkaroni
1 Zwiebel	¼ l Gemüsebrühe
2 Knoblauchzehen	100 g Schmand
2 EL Olivenöl	(oder saure Sahne)
1 EL Butter	
1 TL italienische Kräuter (TK)	**ZUM SERVIEREN:**
Salz, schwarzer Pfeffer	100 g frisch geriebener Parmesan
1 TL frischer Zitronensaft	

▸ Die Zucchini waschen, Stielenden entfernen und in Scheibchen schneiden. Die Zwiebel und die Knoblauchzehen schälen und fein würfeln.

▸ Olivenöl und Butter in einer beschichteten Pfanne mit hohem Rand erhitzen und darin die Zwiebel- und Knoblauchwürfel andünsten, erst dann die Zucchinischeiben hinzufügen. Den Pfanneninhalt mit italienischen Kräutern, Salz, Pfeffer und Zitronensaft würzen und einige Minuten braten lassen.

▸ Parallel dazu die Makkaroni in reichlich kochendem Salzwasser bissfest garen. Die Zucchini mit Gemüsebrühe aufgießen, einige Minuten einkochen lassen und dann mit Schmand verfeinern.

▸ Die Makkaroni abgießen, abtropfen lassen und in einer Schüssel mit der Zucchinisauce locker vermengen. Sofort auf tiefe Teller verteilen und den Parmesan separat dazu reichen.

Bulgur mit Rindfleischstreifen

Wenn Sie rechtzeitig daran denken, den Bulgur einzuweichen, ist dieses Mahl im Nu fertig.

Schnellgericht

🏃 Für 4 Portionen

🕐 Einweichzeit: 3 Stunden

🕐 Zubereitungszeit: 30 Minuten

300 g Bulgur (s. Tipp)	2 EL Pflanzenöl
1 Bund Frühlingszwiebeln	Salz, schwarzer Pfeffer
2 Karotten	100 ml süß-scharfe Chilisauce
1 Rindersteak (etwa 250 g)	1 Würfel Kräuterbutter (25 g)

▸ Den Bulgur in ein Sieb geben und mit kaltem Wasser gründlich durchspülen. In eine Schüssel füllen und mit kaltem Wasser bedecken. Etwa 3 Stunden quellen lassen.

▸ Die Frühlingszwiebeln putzen und fein hacken. Die Karotten schälen und auf einer Küchenreibe grob raffeln. Das Rindersteak in Streifen schneiden.

▸ Den Bulgur in ein Sieb gießen, nochmals mit kaltem Wasser klar spülen und gründlich abtropfen lassen. In einer Pfanne das Pflanzenöl erhitzen und darin die Fleischstücke von allen Seiten braten. Herausnehmen, auf einen Teller legen und mit Salz und Pfeffer würzen.

▸ Die Chilisauce in einem kleinen Topf kurz erwärmen und die gebratenen Rindfleischstreifen darin einlegen.

▸ In einer Pfanne die Kräuterbutter erhitzen und darin den Bulgur nur zum Erwärmen schwenken. Frühlingszwiebeln und Karotten untermischen. Leicht mit Salz und Pfeffer würzen.

▸ Den Bulgur auf tiefe Teller verteilen. Die Fleischstücke auf dem Bulgur anrichten und löffelweise mit Sauce begießen.

▸ Dazu passt Kopfsalat mit einer Vinaigrette.

TIPP

Holen Sie den Bulgur schon morgens aus dem Trockenschrank und lassen ihn statt 3 Stunden den ganzen Tag im Wasser quellen. Sollten Sie dann abends doch andere Kochgelüste haben, so gießen Sie den Bulgur einfach ab, verpacken ihn luftdicht für den Kühlschrank und essen ihn erst ein, zwei Tage später. Bulgur besteht übrigens aus Hartweizenschrot.

Salat mit Putenfleisch und Baguette

17. Juni

Der herzhafte Salat passt zu vielen Gelegenheiten, eben auch, wenn es mittags schnell gehen muss und trotzdem gesund sein soll.

Pasta, basta!

🍴 Für 4 Portionen

🕐 Zubereitungszeit: 30 Minuten

1 aufgetautes Kräuterbaguette (TK, gefüllt mit Kräuterbutter)	250 g aromatische Tomaten
250 g Putenschnitzel	1 Eigelb
½ frische rote Chilischote	1 TL scharfer Senf
½ Bund Oregano	8 EL Olivenöl
3 Romana-Salatherzen	2 EL Weißweinessig
1 rote Paprikaschote	etwas Worcestershiresauce
	Salz, schwarzer Pfeffer

▸ Das Kräuterbaguette quer in Scheibchen schneiden. Das Putenschnitzel in feine Streifen schneiden. Die Chilischote waschen, entkernen und fein würfeln.

TIPP

Achten Sie darauf, dass Sie immer verschiedene TK-Baguettes im Tiefkühlfach vorrätig haben.

▶ Den Oregano waschen, trocken schwenken, von den Stielen zupfen und in Streifen schneiden. Die Salatherzen quer in Streifen schneiden, waschen und abtropfen lassen. Die Paprikaschote waschen, halbieren, Samen und Trennwände entfernen und in Streifen schneiden.

▶ Die Tomaten waschen, halbieren und in Scheiben schneiden. Mit Oregano und Paprikastreifen sowie den Salatstreifen in einer Schüssel vermengen. Das Eigelb mit Senf cremig rühren und langsam mit 6 Esslöffeln Olivenöl aufschlagen. Mit Weißweinessig,

Worcestershiresauce, Salz und Pfeffer würzen.

▶ Den Salat mit dem Dressing vermischen. In einer Pfanne 1 Esslöffel Olivenöl erhitzen und darin die Chiliwürfel mit den Putenstreifen rundherum braten. Mit Salz und Pfeffer würzen und über den Salat geben.

▶ 1 Esslöffel Olivenöl in den Bratensatz gießen und die Baguettescheiben einlegen. Diese auf beiden Seiten knusprig braten.

▶ Dazu passen verschiedene Käsesorten.

---

18. Juni

Kräuterhähnchen mit grünem Spargel

Schnellgericht

🍴 Für 4 Portionen

🕐 Zubereitungszeit: 20 Minuten

🕐 Garzeit: 40 Minuten

TIPP

Reichen Sie frisches Weißbrot zu diesem Gericht. Damit lässt sich die Sauce hervorragend auftunken.

Wenn der Hähnchenduft durchs Haus zieht, brauchen Sie nicht mehr zum Essen zu rufen. Der Duft lockt einfach alle an!

1 küchenfertiges Hähnchen	50 ml Olivenöl
3 Schalotten	100 ml trockener Weißwein
1 Knoblauchzehe	Salz, schwarzer Pfeffer
1 Bund gemischte Kräuter	edelsüßes Paprikapulver
(oder TK-Ware)	500 g grüner Spargel
Saft von 2 Zitronen	

▶ Den Backofen auf 200 °C (Umluft 180 °C) vorheizen. Das Hähnchen in vier Teile schneiden. Unter fließend kaltem Wasser waschen und mit Küchenpapier trocken tupfen.

▶ Die Schalotten und die Knoblauchzehe schälen und in Viertel schneiden. Die Kräuter waschen, trocken schwenken, von den

Stielen zupfen und fein hacken. Zusammen mit Zitronensaft, Olivenöl und Weißwein verrühren.

▶ Die Hähnchenteile mit Salz, Pfeffer und Paprika würzen. Zusammen mit den Schalotten und dem Kräuteröl in einer Auflaufform vermengen. In den vorgeheizten Ofen schieben und in etwa 40 Minuten garen.

▸ In der Zwischenzeit den Spargel putzen und dabei etwa 1 cm von den Enden abschneiden. Dann die Stangen schräg in etwa 2 cm lange Stücke schneiden. Die Spargelstangen etwa 15 Minuten vor Ende der Garzeit der Hähnchenteile untermischen.

Rotbarsch mit Kartoffeln und Kohlrabi

19. Juni

Ein schnelles Fischgericht aus dem Backofen.

Schnellgericht
🍴 Für 4 Portionen
🕐 Zubereitungszeit: 20 Minuten
🕐 Garzeit: 30 Minuten

500 g aufgetaute Rotbarschfilets (TK)	250 g Kohlrabi
	200 g Sahne
Saft von ½ Zitrone	
Salz, schwarzer Pfeffer	AUSSERDEM:
500 g neue Kartoffeln	Butter für die Form

▸ Den Backofen auf 180 °C (Umluft 160 °C) vorheizen und eine ofenfeste Form mit Butter ausstreichen. Die Rotbarschfilets in Streifen schneiden, mit Zitronensaft, Salz und Pfeffer würzen.
▸ Die Kartoffeln und den Kohlrabi waschen, schälen und in sehr dünne Scheiben schneiden. Kartoffel, Fisch und Kohlrabi einschichten. Kartoffeln und Kohlrabi dabei salzen und pfeffern und mit Kartoffeln abschließen.
▸ Alles mit Sahne begießen, in den Ofen schieben und in etwa 30 Minuten garen.

Kalbsröllchen auf Safranreis

20. Juni

Sie haben Grund zu feiern? Dann können Sie ja gleich mit Prosecco anstoßen, ein wenig davon brauchen Sie sowieso für die Kalbsröllchen.

Party, Party!
🍴 Für 4 Portionen
🕐 Zubereitungszeit: 45 Minuten

500 g hauchdünne Kalbsschnitzel	300 g Langkornreis
Salz, schwarzer Pfeffer	einige Safranfäden
50 g Pinienkerne	¾ l Fleischbrühe
1 Bund frischer Salbei	1 EL Mehl
2 Knoblauchzehen	1 EL Butter
2 Schalotten	⅛ l Prosecco oder trockener
4 EL Olivenöl	Weißwein

🍚 Kochen Sie gleich 500 g Reis, die Hälfte davon können Sie am 22. Juni (s. Seite 158) im Wok verbraten. Auch von den Kalbsröllchen können Sie die doppelte Menge zubereiten, die Hälfte einfrieren und am 9. Juli (s. Seite 176) weiterverwerten.

▸ Die Kalbsschnitzel in zwölf dünne Scheibchen schneiden, mit Salz und Pfeffer würzen und auf einer Arbeitsfläche auslegen. Die Pinienkerne in einer ungefetteten heißen Pfanne so lange rösten, bis sie duften; herausnehmen und hacken.
▸ Den Salbei waschen und die Blättchen in Streifen schneiden. Die Knoblauchzehen und die Schalotten schälen und fein würfeln. Pinienkerne, Salbei und Knoblauch mit 1 EL Olivenöl verrühren.
▸ In einem Topf 2 Esslöffel Olivenöl erhitzen und darin die Schalottenwürfel andünsten. Reis einstreuen, leicht salzen und pfeffern und die Safranfäden unterrühren. Alles mit Fleischbrühe aufgießen, aufkochen lassen und dann bei mittlerer Hitze in etwa 20 Minuten fertig garen.
▸ Die Salbeimischung auf den Fleischscheiben verstreichen und diese aufrollen, am besten mit einem Hölzchen fixieren. Dann leicht mit Mehl bestäuben und in 1 Esslöffel heißem Olivenöl von allen Seiten braten. Butter hinzufügen und alles mit Prosecco oder Weißwein ablöschen. Die Kalbsröllchen bei mittlerer Hitze in etwa 20 Minuten fertig schmoren.
▸ Den fertigen Reis nochmals durchrühren, auf Teller verteilen und je drei Kalbsröllchen mit Pfannensud dazu anrichten.

21. Juni

Zeit für Gäste
👫 Für 4 Portionen
🕐 Zubereitungszeit:
   50 Minuten

Grüner Spargel im Käsebett

Grüner Spargel und ein Nachtisch mit Erdbeeren – damit können Sie Ihre Gäste so richtig verwöhnen, und außerdem lässt sich beides wunderbar vorbereiten.

1 kg grüner Spargel	200 g Sahne
Salz	150 g gemischter, geriebener Käse
1 Prise Zucker	(fertig in der Kühltheke)
1 TL Butter	1 TL gemischte Kräuter (TK)
1 TL Zitronensaft	schwarzer Pfeffer
100 g geschnittener Kochschinken	
1 Eigelb	AUSSERDEM:
1 TL scharfer Senf	Butter für die Form

BEVOR DIE GÄSTE KOMMEN:
▸ Den Spargel putzen, waschen und etwa 1 cm von den Enden abschneiden. Einen Topf mit Wasser, Salz, Zucker, Butter und Zitronensaft aufkochen. Die Spargelstangen einlegen und 5 Minuten ziehen lassen.

> Eine Auflaufform mit Butter ausstreichen. Eigelb mit Senf cremig rühren. Sahne, Käse und Kräuter unterrühren. Mit Salz und Pfeffer würzen.
> Den Spargel mit einem Schaumlöffel aus dem Kochwasser nehmen und abtropfen lassen. Mehrere Spargelstangen mit Schinken umwickeln, dicht aneinander in die Auflaufform legen.

WENN DIE GÄSTE DA SIND:
> Die Spargelstangen mit der Käse-Sahne »zudecken« und im vorgeheizten Ofen bei 200 °C (Umluft 180 °C) in etwa 20 Minuten goldgelb überbacken.
> Dazu passt ein Kopfsalat mit Vinaigrette und frisches Nussbrot in Scheiben.

Balsamico-Erdbeeren mit Minze

| 500 g kleine Erdbeeren | 2 EL Balsamico-Essig |
| 2 EL Zucker | einige frische Minzeblättchen |

BEVOR DIE GÄSTE KOMMEN:
> Die Erdbeeren waschen, vorsichtig mit Küchenpapier trocken tupfen. Zucker und Essig verrühren und über die Erdbeeren gießen.
> Die Erdbeeren bei Zimmertemperatur etwa 30 Minuten marinieren lassen. Die Minzeblättchen waschen, trocken tupfen und in Streifen schneiden.

WENN DIE GÄSTE DA SIND:
> Die Erdbeeren auf vier tiefe Teller verteilen und mit Minzestreifen bestreuen.

Zeit für Gäste
🍴 Für 4 Portionen
🕐 Zubereitungszeit: 10 Minuten
🕐 Marinierzeit: 30 Minuten

TIPP
Wenn Sie sich den Nachtisch noch mehr versüßen wollen, können Sie auf jede Portion Erdbeeren eine oder zwei Kugeln Eis Ihrer Wahl geben.

Zitronenreis mit Gemüse

Schnellgericht

🏃 Für 4 Portionen

🕐 Zubereitungszeit:
30 Minuten

📖 Der gekochte Reis stammt aus dem Rezept vom 20. Juni (s. Seite 155).

TIPP
Wenn Sie noch Schinken, Salami, Speck, gekochtes oder gebratenes Fleisch übrig haben, schneiden Sie einfach alles in Würfel und braten Sie es zusammen mit den Paprikastücken an.

Es ist doch sehr angenehm, wenn das Essen schnell zubereitet ist – der fertige Reis steht ja schon im Kühlschrank.

½ Bund Dill
(oder glatte Petersilie)
je 1 gelbe, grüne und rote
Paprikaschote
4 EL Pflanzenöl
1 EL schwarze oder gelbe
Senfkörner
1 TL Kreuzkümmel

1 kräftige Prise gemahlener
Kurkuma
500 g gekochter Langkornreis
Salz, schwarzer Pfeffer
Zitronenpfeffer
Cayennepfeffer
Saft von 1 Zitrone

▸ Die Kräuter waschen, trocken schwenken, von den Stielen zupfen und fein hacken. Die Paprikaschoten waschen, halbieren, entkernen und in 1 cm große Würfel schneiden.

▸ Das Pflanzenöl in einer Pfanne oder in einem Wok erhitzen. Senfkörner und Kreuzkümmel einrühren und so lange braten, bis sie »hüpfen«. Paprikastücke hinzufügen, mit Kurkuma bestäuben und einige Minuten braten.

▸ Den Reis hinzufügen und mitbraten. Mit Salz, Pfeffer, Zitronenpfeffer und Cayennepfeffer würzen. Kräuter mit der Hälfte Zitronensaft verrühren. Den Rest über den Reis träufeln und mit »zitronigen Kräutern« garnieren.

Gemüse-Lasagne

Heute gibt es die Nudeln mal geschichtet – eine tolle Möglichkeit, saisonales Gemüse aus dem Kühlschrank zu verwerten, und nicht nur für Vegetarier ein leckeres Mahl.

Pasta, basta!

🍴 Für 4 Portionen

🕐 Zubereitungszeit:
30 Minuten

🕐 Garzeit: 40 Minuten

---

1 kg Gemüse (Karotten, Zucchini, Champignons, Lauch oder was vorrätig ist)
Salz
2 Fleischtomaten
80 g Butter
50 g Mehl
1 l Milch

2 Lorbeerblätter
12 Lasagneblätter
(fertig, ohne Vorkochen)
schwarzer Pfeffer
150 g Mozzarella

AUSSERDEM:
Butter für die Form

▶ Das Gemüse putzen und waschen. Die Karotten schälen und zusammen mit den Zucchini in etwa ½ cm dicke Scheiben schneiden. Die Champignons feinblättrig und den Lauch in dünne Scheiben schneiden.

▶ Das vorbereitete Gemüse in kochendes Salzwasser geben, 1 Minute kochen lassen und in ein Sieb abgießen. Mit kaltem Wasser abschrecken und abtropfen lassen. Den Backofen auf 180 °C (Umluft 160 °C) vorheizen und eine Auflaufform mit Butter ausfetten.

▶ Die Fleischtomaten waschen und in Scheiben schneiden. In einem Topf aus Butter und Mehl eine helle Schwitze rühren. Mit Milch aufgießen, Lorbeerblätter einlegen und aufkochen. Unter ständigem Rühren einige Minuten durchkochen lassen.

▶ Die Bechamelsauce durch ein Sieb passieren und bereitstellen. Zuerst den Boden der Form mit etwas Bechamel beträufeln. Drei Lasagneblätter nebeneinander darauf legen, mit Sauce überziehen und darüber gemischtes Gemüse verteilen. So weiter schichten und zum Abschluss Sauce darüber träufeln.

▶ Jede Schicht kräftig mit Salz und Pfeffer würzen. Den Mozzarella in dünne Scheiben schneiden und auf die Saucenoberfläche legen. Den Auflauf in den vorgeheizten Backofen auf die mittlere Schiene stellen und in etwa 40 Minuten backen.

Grillkotelett mit Kroketten

Mit diesem Gericht machen Sie Kindern eine große Freude und sich selbst wenig Mühe. Kinder lieben Kroketten, und wenn es dann noch Ketchup dazu gibt …

4 dünne Schweinekoteletts	2 EL Pflanzenöl
Salz, schwarzer Pfeffer	500 g Kartoffelkroketten (TK)

▸ Den Backofen auf 200°C (Umluft 180°C) vorheizen. Die Koteletts mit Salz und Pfeffer würzen, in eine Auflaufform legen und mit Pflanzenöl beträufeln.
▸ Die Kroketten auf einem Backblech verteilen und auf der unterste Schiene in den vorgeheizten Backofen schieben. Die Auflaufform darüber auf ein Gitter stellen. Während der Garzeit von etwa 20 Minuten die Koteletts ein- bis zweimal wenden.
▸ Dazu passen ein gemischter Salat und Tomatenketchup.

Löwenzahnsalat mit geräucherter Forelle

Ein frischer Löwenzahnsalat, ruckzuck zubereitet, ist für einen frühsommerlichen Tag genau das Richtige.

250 g Löwenzahn (Bioprodukt aus dem Supermarkt oder Bioladen)	2 EL Sherryessig
1 kleine Zwiebel	Salz, schwarzer Pfeffer
50 g Speckwürfel	400 g geräucherte Forellenfilets
(fertig im Kühlregal)	
2 EL Olivenöl	**ZUM SERVIEREN:**
	Sahnemeerrettich (Glas)

▸ Den Löwenzahn verlesen, waschen und in kleine Stücke schneiden. Die Zwiebel schälen und fein würfeln. Die Speckwürfel in einer beschichteten heißen Pfanne braten.
▸ Den Salat mit Zwiebelwürfeln, Speck, Olivenöl und Sherryessig locker vermengen. Mit Salz und Pfeffer würzen. Auf vier Tellern anrichten und darauf die Forellenfilets verteilen.
▸ Dazu schmeckt Vollkornbrot besonders gut.

Eintopf arabische Art

Nach diesem orientalischen Eintopf sind Ihre Lieben bestimmt alle satt und glücklich.

1 Zwiebel	½ TL gemahlener Kreuzkümmel
2 Knoblauchzehen	1 Prise rosenscharfes Paprika-
500 g Zucchini	pulver
500 g Kartoffeln	¾ l Fleisch- oder Gemüsebrühe
4 EL Olivenöl	(Instant)
250 g gemischtes Hackfleisch	¼ TL ganze Korianderkörner
1 EL Paprika- oder Tomatenmark	2 Gewürznelken
Salz, schwarzer Pfeffer	½ Bund glatte Petersilie
¼ TL gemahlener Zimt	Saft von ½ Zitrone

▸ Die Zwiebel und die Knoblauchzehen abziehen und fein würfeln. Die Zucchini waschen, die Enden entfernen, längs vierteln und quer in Scheibchen schneiden.

▸ Die Kartoffeln waschen, schälen und in etwa 1 cm große Stücke schneiden. In einem Topf 3 Esslöffel Olivenöl erhitzen und darin Zwiebel- und Knoblauchwürfel andünsten.

▸ Das Hackfleisch hinzufügen und unter Rühren krümelig braten. Zucchini- und Kartoffelstücke einrühren. Mit Paprika- oder Tomatenmark 1 Minute rösten und dabei mit Salz, Pfeffer, Zimt, Kreuzkümmel und Paprikapulver würzen.

▸ Alles mit Brühe aufgießen und aufkochen lassen. Den Koriander sowie die Gewürznelken im Mörser grob zerreiben und in den Eintopf rühren. Bei mittlerer Hitze und mehrmaligem Rühren etwa 25 Minuten leise kochen lassen.

▸ Die Petersilie waschen, trocken schwenken, von den Stielen zupfen und fein hacken. Zusammen mit 1 Esslöffel Olivenöl und Zitronensaft verrühren. Den Eintopf nochmals abschmecken, auf tiefe Teller verteilen und mit Petersilienöl beträufeln.

Tagliatelle mit Garnelen und Rucola

Pasta, basta!

🏛 Für 4 Portionen

🕐 Zubereitungszeit:
   30 Minuten

Ein frisches Pastagericht, schnell zubereitet und obendrein gesund.

200 g geschälte Cocktailgarnelen	2 Bund Rucola
2 EL fertiges Pesto (Glas)	2 Knoblauchzehen
Saft von ½ Zitrone	2 EL Olivenöl
500 g Tagliatelle	grob geschroteter schwarzer
Salz	Pfeffer

▸ Die Garnelen mit Pesto und Zitronensaft vermischen. Die Tagliatelle in reichlich siedendem Salzwasser bissfest garen.

▸ Inzwischen den Rucola verlesen, waschen und quer in Streifen schneiden. Den Knoblauch schälen und fein würfeln.

▸ Die Tagliatelle in einem Sieb abgießen und in eine Schüssel geben. Zusammen mit den Pesto-Garnelen, Knoblauch, Olivenöl und Rucola mehrmals durchschwenken. Auf vier tiefe Teller verteilen, pfeffern und sofort genießen.

Minzesalat mit Zitronendressing

Kalte Küche

🏛 Für 4 Portionen

🕐 Zubereitungszeit:
   20 Minuten

Heute bleibt die Küche kalt, denn ein Ausflug mit einem leckeren arabischen Picknick steht auf dem Programm. Minzesalat und Humus lassen sich bequem im Picknickkorb transportieren.

50 g Pinienkerne	1 Schalotte
150 g Frischkäse	1 Prise Zucker
150 g Vollmilchjoghurt	Saft von 1 Zitrone
½ Bund frische Minze	50 ml Olivenöl
2 Kopfsalatherzen	Salz, schwarzer Pfeffer

▸ Die Pinienkerne in einer heißen, ungefetteten Pfanne rösten, bis sie duften. Herausnehmen und grob hacken. Frischkäse und Joghurt cremig rühren. Die Pinienkerne unterrühren.

▸ Die Minze waschen, trocken schwenken, von den Stielen zupfen und in Streifen schneiden. Die

Kopfsalatherzen quer in Streifen schneiden, waschen und trocken schwenken.

▸ Die Schalotte abziehen und fein würfeln. Zusammen mit einer Prise Zucker, Zitronensaft und Olivenöl aufschlagen. Mit Salz und Pfeffer würzen und mit den Minze- und Salatstreifen locker vermengen.

Humus

2 Knoblauchzehen	Saft von ½ Zitrone	**Kalte Küche**
1 frische Chilischote	½ TL Kreuzkümmel	🍽 Für 4 Portionen
½ Bund glatte Petersilie	Salz, schwarzer Pfeffer	🕐 Zubereitungszeit:
400 g gekochte Kichererbsen (Dose)	1 Prise Chilipulver	30 Minuten
8 EL Olivenöl	100 g schwarze, entkernte Oliven	

▸ Die Knoblauchzehen schälen und klein schneiden. Die Chilischote säubern, entkernen und grob zerschneiden. Die Petersilie waschen, trocken schwenken und von den Stielen zupfen.

▸ Die Kichererbsen abtropfen lassen und zusammen mit Knoblauch, Chili, Petersilie, Olivenöl, Zitronensaft und Kreuzkümmel pürieren. Mit Salz, Pfeffer und Chilipulver würzen und in eine Schüssel füllen. Die Oberfläche mit Oliven belegen.

▸ Dazu passen ein großes Fladen- oder Pitabrot und frisches Obst.

Kalbsleber mit Äpfeln auf Bandnudeln

Schnellgericht

🍴 Für 4 Portionen

🕐 Zubereitungszeit:
  15 Minuten

🕐 Garzeit: 15 Minuten

Minimaler Zeitaufwand, maximales Ergebnis – genau das Richtige für den Start in die Woche.

500 g Bandnudeln	Saft von ½ Zitrone
Salz	½ TL getrockneter Oregano
400 g Kalbsleber	1 Msp. Cayennepfeffer
1 EL schwarze Pfefferkörner	3 EL Marsala
½ TL getrockneter Salbei	⅛ l trockener Weißwein
5 EL Pflanzenöl	Pfeffer aus der Mühle
1 Zwiebel	100 g Sahne
1 großer Apfel	

▶ Die Bandnudeln in reichlich kochendem Salzwasser bissfest garen. In der Zwischenzeit die Kalbsleber waschen, mit Küchenpapier trocken tupfen und in dünne Streifen schneiden. Die Pfefferkörner im Mörser zerreiben und mit Salbei sowie 2 Esslöffeln Pflanzenöl verrühren. Mit den Kalbsleberstreifen vermengen.

▶ Die Zwiebel schälen, halbieren und in Streifen schneiden. Den Apfel schälen, entkernen und in dünne Spalten schneiden. Zwiebel und Äpfel mit dem Zitronensaft und dem Oregano vermischen.

▶ Den Wok heiß werden lassen und darin die Kalbsleberstreifen von allen Seiten kurz braten. Herausnehmen und auf einen Teller legen. Mit Salz würzen.

▶ Das restliche Pflanzenöl im Wok erhitzen. Darin das Zwiebel-Apfel-Gemisch mit Cayennepfeffer etwa 5 Minuten braten. Mit Marsala und Weißwein begießen, einige Minuten schmoren lassen. Mit Salz und Pfeffer würzen und mit Sahne aufgießen.

▶ Die Kalbsleberstreifen mit dem ausgetretenen Saft in den Wok geben und kurz durchschwenken. Die Bandnudeln in ein Sieb gießen, auf Teller verteilen und mit Apfel-Leber überziehen.

VARIATION:

▸ Statt Kalbsleber können Sie auch die günstigere Schweineleber oder Hühnerlebern verwenden. Und falls Sie kein Leber-Fan sind, ersetzen Sie die Leber einfach durch Putenschnitzel oder Straußenfilet.

Kartoffelsuppe

30. Juni

Suppentag

Heute gibt es die aufgetaute Kartoffelsuppe vom 11. Juni (s. Seite 148). Dazu servieren Sie am besten geröstete Brotscheiben und vorweg einen gemischten Salat.

Juli

Safranspaghetti mit Tintenfisch

Pasta, basta!

🍴 Für 4 Portionen

🕐 Zubereitungszeit:
30 Minuten

TIPP

Richten Sie die Spaghetti optisch noch reizvoller an, indem Sie frischen Rucola klein schneiden und über die Teller streuen.

Dieses Nudelgericht schmeckt wie Urlaub am Mittelmeer – herrlich!

400 g frische (Baby)Tintenfischchen (oder aufgetaute TK-Ware)
1 TL Zitronensaft
1 EL Olivenöl
grob geschroteter roter Pfeffer
1 kleine Zwiebel
1 Knoblauchzehe

2 gelbe Paprikaschoten
500 g helle Spaghetti
Salz
½ Döschen gemahlener Safran
1 Msp. gemahlenes Chilipulver
schwarzer Pfeffer

▸ Den Backofen auf 200 °C (Oberhitze) oder mit Grillstufe vorheizen. Die Tintenfischchen gründlich waschen und mit Küchenpapier trocken tupfen. Mit Zitronensaft und der Hälfte Olivenöl vermengen und rotem Pfeffer würzen. Ein Backgitter mit Alufolie auskleiden und darauf die Tintenfischchen ausbreiten.

▸ Die Zwiebel und die Knoblauchzehen schälen und fein würfeln. Die Paprikaschoten putzen, Stielansatz und Kerne entfernen und klein würfeln. Die Spaghetti in reichlich kochendem Salzwasser bissfest garen.

▸ Das Backgitter in den vorgeheizten Backofen schieben und die Tintenfischchen 10 bis 15 Minuten grillen, dabei ein- bis zweimal wenden. In der Zwischenzeit ½ Esslöffel Olivenöl in einer beschichteten Pfanne erhitzen und darin die Zwiebel-, Knoblauch- und Paprikawürfel andünsten. Etwas Nudelwasser zugießen und Safran sowie Chilipulver einrühren.

▸ Die Spaghetti in ein Sieb gießen und noch tropfnass in die große Pfanne geben. Die gegrillten Tintenfischchen ebenfalls unterheben, alles mit Salz und Pfeffer würzen und auf Teller verteilen.

Rote Bete mit Räucherlachs

Ein megagesundes Rote-Bete-Gericht, das köstlich schmeckt und kaum Arbeit macht.

1 kg Rote-Bete-Knollen	500 g Joghurt
2 Knoblauchzehen	1 TL getrockneter Majoran
3 EL Butter	schwarzer Pfeffer
1 EL Honig	
Meersalz	AUSSERDEM:
¼ l Gemüsebrühe	gehackte Petersilie
200 g Brokkoliröschen	200 g Räucherlachs in Scheiben

Schnellgericht

👥 Für 4 Portionen

🕐 Zubereitungszeit: 15 Minuten

🕐 Garzeit: 35 Minuten

📋 Kochen Sie von dem Rote-Bete-Gemüse gleich die doppelte Menge und frieren Sie die Hälfte ein für das Rezept am 9. Juli (s. Seite 176).

▸ Die Rote-Bete-Knollen waschen und schälen. Die Knollen vierteln und in Scheibchen schneiden. Die Knoblauchzehen schälen und fein würfeln.

▸ Etwa 2 Esslöffel Butter in einem breiten Topf erhitzen und darin die Knoblauchwürfel mit dem Honig verrühren. Die Rote-Bete-Scheibchen einlegen und mit Meersalz würzen.

▸ Die restliche Butter und die Gemüsebrühe hinzufügen. Den Topf mit einem Deckel verschließen und die Rote Bete bei mittlerer Hitze in 30 bis 35 Minuten garen.

▸ Inzwischen die Brokkoliröschen in kochendem Salzwasser 3 bis 4 Minuten garen. Abgießen, mit kaltem Wasser abschrecken, abtropfen lassen und kleiner schneiden.

▸ Brokkoli und Joghurt im Küchenmixer fein pürieren. Mit Majoran, Salz und Pfeffer würzen.

▸ Die Rote Bete mit einem Schaumlöffel aus dem Topf nehmen und auf Teller verteilen. Mit Brokkoli-Joghurt überziehen und die Räucherlachsscheiben in Röllchen darauf anrichten. Mit Petersilie bestreuen.

▸ Dazu gemischtes Brot reichen.

3. Juli

Lütticher Kuchen

Kinder, Kinder

🏺 Zutaten für 1 Springform von 26 cm Durchmesser

🕐 Zubereitungszeit: 10 Minuten

🕐 Backzeit: 35 Minuten

Kinder mögen sehr gern Süßes – und wenn sie beim Backen helfen dürfen, schmeckt der Kuchen später umso besser.

200 g Butter	100 g Himbeermarmelade
6 EL Zucker	3 EL grobkörniger Zucker
400 g Mehl	50 g gehobelte Mandeln
1 Päckchen Vanillezucker	
1 Päckchen Backpulver	AUSSERDEM:
2 Eier	Butter für die Springform
1 Prise Salz	Mehl für die Arbeitsfläche

▶ Den Backofen auf 200 °C (Umluft 180 °C) vorheizen und eine Springform mit Butter ausfetten.
▶ Butter und Zucker schaumig rühren. Mit Mehl, Vanillezucker, Backpulver, Eiern und 1 Prise Salz zu einem Teig verkneten. Den Teig auf einer bemehlten Arbeitsfläche leicht ausrollen und den Boden der Form damit bedecken.

▶ Im vorgeheizten Ofen etwa 25 Minuten backen. Herausnehmen, mit Marmelade bestreichen und nochmals für 5 bis 8 Minuten in den Ofen schieben. Herausnehmen, mit Zucker und Mandeln bestreuen. Mit Schlagsahne servieren und dazu Kakao und – für die Erwachsenen – Milchkaffee reichen.

Gefüllte Paprika türkische Art

Heute wird gefeiert, hoffentlich im Garten bei schönstem Sommer-wetter. Die Gerichte sind allesamt kalt, können also bequem vorher zubereitet werden.

Party, Party!

🏃 Für 4 Portionen

🕐 Zubereitungszeit:
   20 Minuten

🕐 Garzeit: 40 Minuten

1 küchenfertiges Hähnchen
von etwa 1 kg
Salz
1 frischer Stängel Minze
2 Knoblauchzehen
2 Scheiben Weißbrot (vom Vortag)
500 g längliche oder runde milde
Paprika (vom türkischen Laden)
100 g gehackte Walnüsse
150 g Vollmilchjoghurt
schwarzer Pfeffer

je 1 Prise edelsüßes und
rosenscharfes Paprikapulver

AUSSERDEM:
1 Bund Petersilie, gehackt

ZUM SERVIEREN:
warmes Fladenbrot, in Streifen
geschnitten

▸ Das Hähnchen unter fließend kaltem Wasser waschen und in einen Kochtopf geben. Mit so viel kaltem Wasser aufgießen, dass alles bedeckt ist. Aufkochen lassen, mit Salz würzen und bei mittlerer Hitze etwa 40 Minuten garen. Dabei regelmäßig den Schaum abschöpfen und den gewaschenen Minzestängel einlegen. Sobald sich die Schenkel leicht lösen lassen, ist das Hähnchen fertig.

▸ Inzwischen die Knoblauchzehen abziehen und kleiner schneiden. Das Weißbrot in kleinere Stücke reißen. Die Paprikaschoten waschen, längs halbieren, entkernen und die Stielansätze entfernen.

▸ Das fertig gegarte Hähnchen aus der Brühe nehmen und kurz abkühlen lassen. Dann von Knochen und Häuten befreien und das Fleisch kleiner schneiden.

▸ Knoblauch, Weißbrot, Hähnchenfleisch, Walnüsse und Joghurt im Küchenmixer grob pürieren. Das Mus mit Salz, Pfeffer und Paprika würzen und in die Paprikahälften füllen. Üppig mit Petersilie bestreuen und auf einer Servierplatte anrichten. Die Brotstreifen drumherum drapieren.

Amerikanischer Cole Slaw

Party, Party!

Für 4 Portionen

Zubereitungszeit:
30 Minuten

500 g Weißkohl
250 g Karotten
2 Stängel glatte Petersilie
1 grüne Paprikaschote

2 EL Mayonnaise
150 g Vollmilchjoghurt
Salz, schwarzer Pfeffer

▸ Den Weißkohl putzen, waschen und auf einem Küchenhobel fein hobeln. Die Karotten schälen und in feinste Streifen schneiden. Die Petersilie waschen, trocken schwenken und die Blättchen fein hacken.

▸ Die Paprikaschote waschen, entkernen und in feinste Würfel schneiden. Die Mayonnaise mit Joghurt verrühren und die vorbereiteten Zutaten untermischen. Mit Salz und Pfeffer würzen und in Portionsschalen verteilen.

Eiskaltes Melonensüppchen

Party, Party!

Für 4 Portionen

Zubereitungszeit:
15 Minuten

TIPP
Prüfen Sie durch Riechen an den Melonen, ob sie süß sind. Beim Dagegenklopfen sollte der Ton dumpf klingen, das deutet auf festes, saftiges Fruchtfleisch hin. Melonen, die schon länger lagern, verlieren an Fruchtfleisch und werden wässrig, sie klingen beim Dagegenklopfen hohl. Nehmen Sie für das Melonensüppchen die Melone Ihres Gustos, egal ob Honig-, Zucker-, Galia-, Charentais-, Cavaillon- oder Netzmelone.

2 Cantaloupe-Melonen
1 TL Honig

50 g Mandelstifte

▸ Eine Melone halbieren, entkernen und das Fruchtfleisch mit einem Kugelausstecher herauslösen. Rückstände ebenfalls herauslösen und in den Küchenmixer füllen.
▸ Die zweite Melone schälen, entkernen und im Küchenmixer mit Honig mixen.

▸ Das Melonensüppchen in eine Schüssel füllen und die Melonenkugeln einlegen. Mit Folie abdecken und etwa 30 Minuten in den Gefrierschrank stellen. Zum Servieren mit Mandelstiften garnieren.

Schweinemedaillons mit Austernpilzen

5. Juli

Sie möchten heute mal entspannen und trotzdem ein vernünftiges Mahl auf den Tisch zaubern? Dann ist dieses Rezept genau das Richtige.

Lazy Weekend
- Für 4 Portionen
- Marinierzeit: 1 Stunde
- Zubereitungszeit: 30 Minuten

600 g Schweinefilet	4 Scheiben Toastbrot
2 unbehandelte Zitronen	Salz, schwarzer Pfeffer
4 Knoblauchzehen	1 EL Olivenöl
2 EL Weißweinessig	2 Fenchelknollen
1 Bund glatte Petersilie	4 EL Olivenöl
1 EL Butter	3 EL Sherryessig
200 g Austernpilze	

▸ Das Schweinefilet quer in 8 Scheibchen schneiden und diese mit der Hand flach drücken. Eine Zitrone zu Saft pressen. Die Knoblauchzehen abziehen und fein würfeln.

▸ Zitronensaft mit der Hälfte Knoblauch und dem Weißweinessig verrühren. Die Schweinemedaillons einlegen, mit Folie abdecken und 1 Stunde in den Kühlschrank stellen. Die Medaillons während der Marinierzeit zwei- bis dreimal wenden.

▸ Die Petersilie waschen, trocken schwenken, die Blättchen abzupfen und fein hacken. Die zweite Zitrone heiß waschen, mit Küchenpapier trocken reiben und die Schale abreiben. Die Zitrone anschließend zu Saft pressen.

▸ Petersilie, den restlichen Knoblauch, Zitronenschale und -Saft vermischen, mit Folie abdecken und zum Durchziehen in den Kühlschrank stellen. Das Toastbrot in Würfel schneiden.

▸ Das Olivenöl in einer beschichteten Pfanne erhitzen und darin die Schweinemedaillons auf jeder Seite 3 Minuten braten. Herausnehmen und warm stellen. Die Butter in den Bratensatz geben und darin die Austernpilze und Toastbrotwürfel unter Schwenken braten. Den Pfanneninhalt breitflächig auf 4 Teller verteilen, die Schweinemedaillons darauf setzen und löffelweise mit dem Petersiliengemisch (italienisch: Gremolata) überziehen.

▸ Hobeln Sie zwei Fenchelknollen in feinste Streifen und vermischen Sie sie mit Olivenöl, Sherryessig, Salz und Pfeffer zu einem pikanten Salat.

Überbackene Conchiglione

Pasta, basta!

👥 Für 4 Portionen

🕐 Zubereitungszeit:
   20 Minuten

🕐 Garzeit: 20 Minuten

📋 Bereiten Sie gleich eine zweite Auflaufform mit diesem Nudelgericht vor und stellen Sie sie, mit Folie luftdicht abgedeckt, in den Gefrierschrank – für das Rezept am 29. Juli (s. Seite 191).

Ein ganz sommerliches Nudelgericht aus dem Ofen.

500 g Conchiglione (große Muschelnudeln)	Parmaschinken
Salz	150 g Gemüsemais (Dose)
4 Frühlingszwiebeln	1 EL Olivenöl
2 Knoblauchzehen	schwarzer Pfeffer
500 g Fleischtomaten	je 1 Msp. edelsüßes und rosenscharfes Paprikapulver
250 g Champignons	
100 g hauchdünn geschnittener	100 ml trockener Weißwein
	150 g Mozzarella

▸ Die Nudeln in reichlich siedendem Salzwasser sehr bissfest garen. In der Zwischenzeit die Frühlingszwiebeln putzen, den weißen Teil in feine Würfel und den grünen Teil in Ringe schneiden. Die Knoblauchzehen abziehen und fein würfeln.

▸ Die Fleischtomaten blanchieren, häuten, entkernen und fein würfeln. Die Champignons mit einem feuchten Tuch abreiben und fein blättrig schneiden. Den Schinken fein würfeln und die Maiskörner in einem Sieb abtropfen lassen.

▸ Den Backofen auf 200 °C (Umluft 180 °C) vorheizen und eine Auflaufform dünn mit Olivenöl bepinseln. Die Nudeln in ein Sieb gießen und nebeneinander mit der Öffnung nach oben in die Form legen. Restliches Olivenöl in einer beschichteten Pfanne erhitzen und darin die weißen Frühlingszwiebelwürfel, den Knoblauch und die Champignons andünsten.

▸ Tomatenwürfel, Maiskörner und Schinken hinzufügen. Alles mit Salz, Pfeffer und den beiden Paprikasorten würzen und mit dem Weißwein saftig halten. Die Nudeln mit dieser pikanten Mischung füllen. Den Mozzarella in Streifen schneiden und auf den gefüllten Nudeln verteilen.

▸ Die gefüllten Conchiglione im vorgeheizten Backofen in etwa 10 Minuten überbacken. Herausnehmen und mit den grünen Frühlingszwiebelringen garnieren.

▸ Dazu passen grüne Blattsalate.

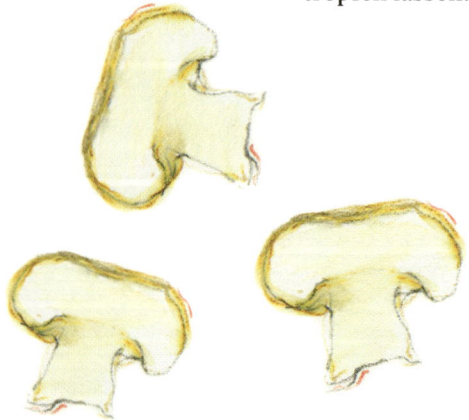

Pizza Calzone mit Spinat

Wenn es schnell gehen muss, kann man schon mal fertige Pizzaböden verwenden und daraus eine leckere Calzone zubereiten.

Schnellgericht
🍴 Für 4 Portionen
🕐 Zubereitungszeit:
    20 Minuten
🕐 Garzeit: 25 Minuten

500 g frischer Spinat
Salz
½ Bund Basilikum
2 Knoblauchzehen
300 g Ricotta
1 Ei
100 g frisch geriebener Pecorino
schwarzer Pfeffer

4 runde fertige Pizzaböden
à etwa 28 cm Durchmesser
(aus dem Kühlregal)
1 TL Olivenöl

AUSSERDEM:
Backtrennpapier

📋 Bereiten Sie gleich die doppelte Menge zu und frieren Sie die gefüllten, aber noch nicht gebackenen Pizzen portionsweise ein – für den 5. August (s. Seite 199).

▸ Den Backofen auf 220 °C (Umluft 200 °C) vorheizen und ein Backblech mit Backtrennpapier auslegen. Den Spinat putzen, waschen und in kochendem Salzwasser blanchieren. Herausnehmen, mit kaltem Wasser abschrecken und in einem Sieb abtropfen lassen.
▸ Das Basilikum waschen, trocken schwenken, die Blättchen abzupfen und in Streifen schneiden. Die Knoblauchzehen abziehen und durch eine Knoblauchpresse drücken. Den Spinat mit den Händen noch fest ausdrücken und auf einer Arbeitsplatte klein hacken.

▸ Den Ricotta mit dem Ei sowie dem Knoblauch verrühren. Pecorino, Basilikum und Spinat untermischen. Mit Salz und Pfeffer würzen. Die Spinatmischung auf vier Teigbodenhälften verteilen, dabei aber die Ränder freilassen.
▸ Die leeren Teighälften über die belegten Teighälften schlagen. Die Ränder mit Wasser befeuchten und fest aneinander drücken. Die gefüllten Teigtaschen auf das Backblech geben und mit Olivenöl bestreichen. Im Backofen auf der mittleren Schiene in etwa 25 Minuten backen.

Gartensalat

Kalte Küche

Heute gibt es einen gartenfrischen Salat aus Tomaten, Karotten, Zucchini, verschiedenen Blattsalaten, Kräutern und einer Vinaigrette. Dazu gemischten Käse, Wurst, Schinken und Brot reichen – je nachdem, was der Kühlschrank so bereithält oder was Sie im Supermarkt anlacht.

9. Juli

Kalbsröllchen mit Rote-Bete-Gemüse

Schnellgericht

Keine Zeit zum Kochen? Kein Problem, denn im Gefrierfach lagern ja noch die Kalbsröllchen vom 20. Juni (s. Seite 155) und das Rote-Bete-Gemüse vom 2. Juli (s. Seite 169). Einfach auftauen, erwärmen und mit frischem Baguette genießen.

10. Juli

Fleisch und Gemüse vom Blech

Zeit für Gäste

🍴 Für 4 Portionen

🕐 Zubereitungszeit:
   40 Minuten

🕐 Garzeit: 30 Minuten

📋 Garen Sie gleich die doppelte Menge Gemüse für das Rezept vom 12. Juli (s. Seite 178).

Falls das Wetter mitspielt, können Sie dieses Gericht im Freien auf dem Holzkohlengrill zubereiten.

2 Fleischtomaten (etwa 150 g)	Kräuter
1 Zucchino (etwa 300 g)	4 magere Lammkoteletts à 60 g
1 Fenchelknolle	4 magere Rinderfiletscheiben
2 Knoblauchzehen	à 50 g
1 EL Olivenöl	Salz, schwarzer Pfeffer
1 TL getrocknete italienische	1 TL frischer Zitronensaft

BEVOR DIE GÄSTE KOMMEN:
▸ Ein Backblech mit Alufolie auskleiden. Die Fleischtomaten waschen, Stielansätze entfernen und in Viertel schneiden. Den Zucchino waschen, Stielenden entfernen und in etwa 1 cm dicke Scheiben schneiden.
▸ Die Fenchelknolle putzen, entstrunken, vierteln und die Viertel quer halbieren. Die Knoblauchzehen abziehen und durch eine Knoblauchpresse zum Olivenöl drücken. Die getrockneten Kräuter in das Knoblauchöl rühren.
▸ Die Fleischstücke und das Gemüse mit Salz und Pfeffer würzen und auf dem Backblech verteilen. Alles mit Kräuter-Knoblauch-Öl bepinseln.

WENN DIE GÄSTE DA SIND:
▸ Das Backblech auf die mittlere Schiene in den vorgeheizten Backofen schieben und die Zutaten bei 200 °C (Umluft 180 °C) in etwa 30 Minuten grillen. Zwischendurch ein- bis zweimal wenden und mit Zitronensaft beträufeln. Auf dem Blech servieren und verschiedene Fertigsaucen zum Dippen bereit halten.

Penne mit Karotten-Petersilien-Sauce

Frische Petersilie sprießt vielleicht auch in Ihrem Garten oder auf Ihrer Fensterbank – bei diesem Nudelgericht kann sie ihr Aroma bestens entfalten.

1 Bund Petersilie	1 Prise Zucker
2 Frühlingszwiebeln	2 EL frischer Orangensaft
250 g Kohlrabi	500 g Penne
500 g Karotten	Salz, schwarzer Pfeffer
¼ l Gemüsebrühe	

Pasta, basta!

🍴 Für 4 Portionen

🕐 Zubereitungszeit:
   30 Minuten

📖 Kochen Sie gleich die doppelte Menge Nudeln, die Hälfte davon können Sie morgen (s. Seite 178) zu einem Nudelsalat weiterverwerten.

▸ Die Petersilie waschen, trocken schwenken, die Blättchen abzupfen und fein hacken. Die Frühlingszwiebeln putzen und fein würfeln. Kohlrabi und Karotten schälen und in kleine Stücke schneiden.

▸ Die Gemüsebrühe mit 1 Prise Zucker aufkochen und Orangensaft einrühren. Frühlingszwiebeln, Kohlrabi und Karotten hinzufügen und bei mittlerer Hitze etwa 10 Minuten garen.

▸ Parallel dazu die Penne in reichlich siedend heißem Salzwasser bissfest garen. Den Gemüsetopf mit einem Mixstab nach Belieben grob bis sehr fein pürieren. Mit Salz und Pfeffer würzen und die Hälfte der Petersilie unterrühren.

▸ Die Penne in ein Sieb gießen, abtropfen lassen und auf Teller verteilen. Löffelweise mit der Sauce überziehen und mit der restlichen Petersilie bestreuen.

▸ Zu diesem sommerlichen Nudelgericht passen saisonale Blattsalate, am besten frisch gezupft vom Garten.

Nudelsalat mit gegrilltem Gemüse

Lazy Weekend

Die gegrillten Gemüse vom 10. Juli (s. Seite 176) klein schneiden und mit den gekochten Nudeln vom Vortag (s. Seite 177) vermengen. 50 g Mayonnaise (aus dem Glas), 3 Esslöffel kaltes Wasser und 2 Esslöffel Sherryessig mit 1 Teelöffel gemischter Kräuter (TK) verrühren und mit dem Nudelsalat vermischen. Mit Salz und Pfeffer würzen. Dazu passen grüne Blattsalate und schöne Überbleibsel aus dem Kühlschrank wie Schinken, Käse oder Wurst. Zeitaufwand: nicht mehr als 10 Minuten – ein echtes Lazy Weekend!

13. Juli

Melonenkörbe mit Erdbeeren und Käse

Kalte Küche
🏚 Für 4 Portionen
🕐 Zubereitungszeit:
   15 Minuten

Es ist einfach zu heiß für ein warmes Mahl, deshalb kommt heute ein leichtes, fruchtig-erfrischendes Gericht auf den Tisch.

2 süße Netzmelonen	2 EL frisch geriebener Parmesan
500 g süße Erdbeeren	1 TL frischer Zitronensaft
1 Bund Rucola	Salz, schwarzer Pfeffer
150 g saure Sahne (15 % Fett)	

▸ Die Netzmelonen quer halbieren und entkernen. Mit einem Kugelausstecher das Melonenfleisch als Bällchen herausdrehen. Das Innere der ausgehöhlten Melonenhälften glatt schneiden.
▸ Die Erdbeeren waschen, trocken tupfen und je nach Größe halbieren oder vierteln. Den Rucola putzen, waschen und den Großteil der Stängel entfernen. Die Rucolablätter sehr fein hacken und die Hälfte davon unter die saure Sahne ziehen. Zusätzlich den geriebenen Käse und den Zitronensaft unterrühren. Die Sauce mit Salz und Pfeffer würzen.
▸ Melonenkugeln und Erdbeeren mit der Sauce vorsichtig vermengen und in die Melonenhälften füllen. Mit dem restlichen Rucola bestreuen.
▸ Dazu passen Brot und Schinken.

Gratinierte Spinatnocken

14. Juli

Ein köstliches Gericht für Groß und Klein! Selbst die, die meinen, keinen Spinat zu mögen, lieben diese luftigen Nocken.

Schnellgericht
🏃 Für 4 Portionen
🕐 Zubereitungszeit:
  30 Minuten
🕐 Garzeit: 15 Minuten

1 kg frischer, junger Spinat	1 Msp. frisch geriebene Muskat-
Salz	nuss
1 kleine Zwiebel	250 g Vollkornmehl
2 Knoblauchzehen	1 TL Olivenöl
200 g Ricotta	1 gestrichener EL frisch geriebener
2 Eigelbe	Parmesan
schwarzer Pfeffer	

🗃 Bereiten Sie gleich die doppelte Menge der Spinatnocken zu, füllen Sie die Hälfte in eine zweite Auflaufform und stellen Sie diese mit Folie luftdicht verschlossen ins Gefrierfach, für den 20. August (s. Seite 210).

▸ Den Spinat verlesen, waschen, in kochendem Salzwasser blanchieren, in ein Sieb gießen und mit kaltem Wasser abschrecken. Dann ganz fest ausdrücken und sehr fein hacken. Die Zwiebel und die Knoblauchzehen schälen und fein würfeln. Den Ricotta mit den Eigelben cremig rühren und nach und nach Spinat, Zwiebel- und Knoblauchwürfel untermengen. Mit Salz, Pfeffer und Muskatnuss würzen.

▸ Das Mehl in den Spinatteig einarbeiten, sodass ein kompakter Teig entsteht. Einen Topf mit reichlich Salzwasser zum Kochen aufstellen. Den Backofen auf 200 °C (Oberhitze) oder mit Grillstufe vorheizen und eine Auflaufform mit wenig Olivenöl bepinseln.

▸ Mit zwei befeuchteten Esslöffeln Nocken aus dem Spinatteig stechen und diese einzeln in das siedend heiße Wasser gleiten lassen. Sobald die Nocken auf die Oberfläche schwimmen, mit ei-

nem Schaumlöffel herausnehmen und nebeneinander in die Auflaufform geben.

▸ Die Spinatnocken mit Parmesan bestreuen, mit dem restlichen Olivenöl beträufeln und zum Gratinieren 5 bis 8 Minuten in den Backofen schieben.

▸ Dazu passen Walnussbrot und Salatherzen mit Sherryessig und Olivenöl.

Sizilianische Caponata

🍴 Für 4 Portionen

🕐 Zubereitungszeit:
   20 Minuten

🕐 Garzeit: 15 Minuten

📋 Bereiten Sie gleich die doppelte Menge zu und frieren Sie die Hälfte für das Rezept am 12. August (s. Seite 204) ein.

Heute gibt es sommerfrisches Gemüse, das lauwarm gegessen wird.

500 g Aubergine	250 g Kartoffeln
250 g Zucchini	1 EL Olivenöl
1 Zwiebel	4 EL Weißweinessig
250 g Strauchtomaten	(Aceto bianco)
2 Stangen Bleichsellerie	2 EL Honig
100 g grüne Oliven mit Paprika-füllung	2 EL eingelegte Kapern
	Salz, schwarzer Pfeffer

▸ Die Auberginen waschen, Stielansätze entfernen und das Fruchtfleisch in kleine Würfel schneiden. In einer heißen beschichteten Pfanne ohne Fett etwa 5 Minuten rösten. Herausnehmen und auf einen Teller legen.

▸ Die Zucchini waschen, Stielenden entfernen und in kleine Würfel schneiden. Die Zwiebel schälen und fein würfeln. Die Strauchtomaten waschen, Stielansätze entfernen und in kleine Würfel schneiden. Den Sellerie waschen und in dünne Scheibchen schneiden.

▸ Die Oliven vierteln. Die Kartoffeln schälen und in etwa ½ cm große Würfel schneiden. Das Olivenöl in einer beschichteten Pfanne erhitzen und darin Zwiebeln, Kartoffeln, Sellerie und Zucchini unter Schwenken anbraten. Mit Weißweinessig ablöschen und einige Minuten einkochen lassen.

▸ Die Gemüsepfanne mit Honig, Kapern, Tomaten, Oliven und Auberginen verrühren. Mit Salz und Pfeffer würzen und mit etwas Wasser saftig halten. So lange eindicken lassen, bis die Kartoffeln gar sind.

▸ Zu diesem leicht säuerlichen Gemüse passt Weißbrot und, nach Belieben, ein kleines Steak aus der Pfanne.

Pellkartoffeln und Kräuterquark

Kochen Sie statt der 500 g Pellkartoffeln gleich die doppelte Menge, für die Bratkartoffeln am 19. Juli (s. Seite 183). Dazu gibt es fertigen Kräuterquark und einen gartenfrischen Salat aus Zucchini, Kopfsalat, Radieschen und was die Tagesangebote so hergeben. Garnieren Sie den Salat mit Erdbeeren, Kirschen und anderen sommerlichen Früchten. Herrlich!

Hähnchenkeulen in Tomaten geschmort

Falls das Wetter mitspielt, können Sie die Hähnchenkeulen im Freien auf dem Holzkohlengrill knusprig grillen und die Tomatensauce separat, lauwarm, dazu servieren.

4 Frühlingszwiebeln (150 g)
2 Knoblauchzehen
5 Stängel frischer Majoran
½ Bund glatte Petersilie
800 g geschälte Tomaten im Saft
(Dose)
4 Wacholderbeeren
1 TL Fenchelsamen

5 schwarze Pfefferkörner
⅛ l trockener Weißwein
4 gehäutete Hähnchenkeulen
à etwa 200 g
Salz
schwarzer Pfeffer
1 EL Honig

BEVOR DIE GÄSTE KOMMEN:
▸ Die Frühlingszwiebeln putzen und klein würfeln. Die Knoblauchzehen abziehen und in Scheibchen schneiden. Majoran und Petersilie waschen, trocken schwenken, die Blättchen abzupfen und fein hacken.
▸ Die Tomaten klein schneiden und mit dem Saft in einem breiten Topf erhitzen. Unter Rühren Wacholderbeeren, Fenchelsamen, Pfefferkörner, Majoran und die Hälfte Petersilie einrühren. Nach dem ersten Aufkochen den Weißwein zugießen, nochmals aufkochen lassen und vom Herd nehmen.
▸ Die Hähnchenkeulen rundherum mit Salz und Pfeffer würzen.

WENN DIE GÄSTE DA SIND:
▸ Tomatentopf erneut erhitzen und die Hähnchenkeulen einlegen. Den Topf mit einem Deckel verschließen und die Keulen bei mittlerer Hitze etwa 30 Minuten schmoren lassen.
▸ Die fertig gegarten Hähnchenkeulen aus dem Topf nehmen, mit Folie abdecken und kurz nachziehen lassen. Die Tomatensauce mit Honig verfeinern und nochmals abschmecken. Je eine Hähnchenkeule auf einen Teller geben und mit der Sauce überziehen. Mit der restlichen Petersilie bestreuen. Dazu passt Reis oder Baguette.

Zeit für Gäste
🍴 Für 4 Portionen
🕐 Zubereitungszeit:
    30 Minuten
🕐 Garzeit: 30 Minuten

🔲 Grillen Sie gleich die doppelte Menge Hähnchenkeulen, die Hälfte des Hähnchenfleisches wird am 20. Juli (s. Seite 184) für einen schönen Salat benötigt. Auch den Reis für die Beilage gleich in doppelter Menge (500 g) kochen, für den oben erwähnten Salat. Fleisch und Reis im Kühlschrank luftdicht verwahren.

TIPP
Garnieren Sie die Teller rundherum mit frischen Erdbeeren, das schmeckt köstlich und sieht phantastisch aus.

Spinatsalat mit Joghurt und Krabben

Schnellgericht

🍴 Für 4 Portionen

🕐 Zubereitungszeit:
   20 Minuten

Ein lauwarmer Salat und dazu frisches Brot – schöner kann der Sommer nicht sein!

1 unbehandelte Zitrone	Pfeffer
300 g gepulte Eismeerkrabben	250 g Vollmilchjoghurt
1 kg frischer Blattspinat	1 Prise gemahlener Kurkuma
Salz	
2 Knoblauchzehen	**FÜR DIE GARNITUR:**
5 EL Olivenöl	1 unbehandelte Zitrone,
grob geschroteter schwarzer	in halbe Scheiben geschnitten

▶ Die Zitrone heiß waschen, mit Küchenpapier trocken tupfen und mit einem Zestenreißer feine Streifen abziehen. Die halbe Frucht auspressen und den Saft mit den Eismeerkrabben vermischen.

▶ Den Blattspinat verlesen, waschen und in kochendem Salzwasser blanchieren. In ein Sieb gießen, kalt abspülen und gründlich abtropfen lassen.

▶ Die Knoblauchzehen abziehen und fein würfeln. Das Olivenöl in einer Pfanne erhitzen und darin den Knoblauch zwei Minuten andünsten. Den Spinat hinzufügen und kurz schwenken. Mit Salz und Pfeffer würzen.

▶ Die Pfanne vom Herd ziehen. Joghurt mit Kurkuma verrühren und zusammen mit den Eismeerkrabben unter den Spinat mischen. Auf Teller verteilen, Zitronenzesten darüber streuen und rundherum mit Zitronenscheiben garnieren.

▶ Dazu passt Wassermelone in Scheiben und natürlich knusprigfrisches Brot vom Bäcker.

Toskanisches Lammgulasch

Sie haben mal wieder Lust auf ein echtes Sonntagsessen? Dann ist dieses Lammgulasch eine sehr gute Wahl.

500 g magere Lammlachse	¼ l Gemüsebrühe
2 Rosmarinzweige	Salz
4 Knoblauchzehen	100 ml trockener Rotwein
1 kleine, rote Chilischote	500 g gekochte Kartoffeln
grob geschroteter schwarzer	5 EL Pflanzenöl
Pfeffer	50 g frisch geriebener Pecorino
4 EL Olivenöl	1 EL frisch gehackte Petersilie
2 große Zwiebeln	

> Die Lammlachse in mundgerechte Stücke schneiden. Rosmarinzweige waschen und trocken schwenken. Die Knoblauchzehen schälen und fein würfeln. Die Chilischote putzen, längs aufschneiden, entkernen und fein würfeln.

> In einer Schüssel Lammfleisch, Rosmarin, Knoblauch, Chili, etwas Pfeffer und 1 Esslöffel Olivenöl vermengen. Mit Klarsichtfolie verschließen und im Kühlschrank etwa 8 Stunden durchziehen lassen.

> Die Zwiebeln schälen und in feinste Streifen schneiden. In einem beschichteten Topf das restliche Olivenöl erhitzen und darin die Zwiebelstreifen etwa 15 Minuten hell dünsten. Dabei immer wieder mit Gemüsebrühe beträufeln.

> Das Lamm mit den übrigen Zutaten in den Kochtopf geben und mit Salz und Pfeffer würzen. Auf den Zwiebeln schmoren lassen und mit der restlichen Gemüsebrühe sowie mit Rotwein aufgießen.

> Den Topf mit einem Deckel verschließen und das Fleisch bei mittlerer Hitze in etwa 30 Minuten fertig garen.

> Die Kartoffeln pellen und in Scheiben schneiden. 5 Esslöffel Pflanzenöl in einer Pfanne erhitzen und darin die Kartoffeln anbraten. Mit Salz und Pfeffer würzen.

> Das Lammgulasch kurz vor dem Servieren nochmals abschmecken, Rosmarinzweige entfernen und auf Teller verteilen. Mit Pecorino und Petersilie bestreuen.

Sonntagsessen

👥 Für 4 Portionen

🕐 Marinierzeit:
8 Stunden (am besten über Nacht)

🕐 Zubereitungszeit:
60 Minuten

🔲 Die gekochten Kartoffeln stammen aus dem Rezept vom 16. Juli (s. Seite 180).

🔲 Kochen Sie gleich die doppelte Menge des Lammgulaschs und frieren Sie die Hälfte für das Rezept am 28. August (s. Seite 216) ein.

TIPP
Die Teller mit frischen Früchten der Saison garnieren und die Bratkartoffeln üppig mit frischen Sommerkräutern bestreuen.

Hähnchen-Reis-Salat

Von den Hähnchenkeulen vom 17. Juli (s. Seite 181) das Fleisch ablösen und in feine Streifen schneiden. Mit dem gekochten Reis von 17. Juli (s. Seite 181) vermengen. Mit Salz, Pfeffer, edelsüßem und rosenscharfem Paprikapulver würzen. Aus 50 g Mayonnaise (aus dem Glas), 5 Esslöffel kaltem Wasser, 2 Esslöffel Sherryessig und 1 Esslöffel Chilisauce eine Marinade rühren und mit dem Salat vermischen. Den Hähnchen-Reis-Salat auf gartenfrischen Salatblättern anrichten. Dazu passen Brot, Butter und Wassermelone.

Schweineschnitzelstreifen mit Zitronen

Kinder lieben Schnitzel und Schnitzelstreifen sowieso. Der Salat dazu schafft den gesunden Ausgleich.

4 dünne Schweineschnitzel	Semmelbrösel
Salz, schwarzer Pfeffer	5 EL Pflanzenöl
1 Ei	1 EL Butter
4 EL Milch	1 Zitrone
Mehl	

▸ Die Schweineschnitzel mit einem Fleischklopfer leicht plattieren. Mit Salz und Pfeffer würzen und jedes Schnitzel quer in 1 bis 1 ½ cm breite Streifen schneiden.
▸ Das Ei mit der Milch verquirlen. Die Schnitzelstreifen zuerst in Mehl wenden, in die Eiermischung tauchen und in den Semmelbröseln panieren.
▸ Das Pflanzenöl in einer Pfanne erhitzen und die Schnitzelstreifen einzeln in das heiße Öl legen. Auf jeder Seite scharf anbraten.

Die Butter auf die Schnitzelstreifen geben und die Hitze reduzieren. Bei kleiner Hitze in 5 bis 8 Minuten fertig braten.
▸ Die Zitrone schälen, auch die weiße Haut entfernen. Die Frucht halbieren und halbe Scheibchen abschneiden. Die Schnitzelstreifen auf Küchenpapier entfetten. Auf vier Tellern anrichten und die Zitronenscheiben auflegen.
▸ Dazu passt ein gemischter Salat.

Römischer Salat mit Trauben und Käse

Ein schneller gesunder Salat ist eine wunderbare Mahlzeit für einen hochsommerlichen Tag.

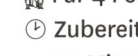

Kalte Küche

🍴 Für 4 Portionen

🕐 Zubereitungszeit:
20 Minuten

1 Römischer Salat	Kräutersalz
300 g süße Weintrauben	schwarzer Pfeffer
(z. B. Muskatellertrauben)	5 Stängel Basilikum
100 g Ricotta	2 EL gehobelte Parmesanspäne
100 ml Gemüsebrühe	4 frische Feigen

▸ Den Salat putzen, waschen und abtropfen lassen. Quer in etwa 1 cm dicke Streifen schneiden. Die Weintrauben waschen, entstielen und trocken tupfen.

▸ Den Käse mit einer Gabel zerkrümeln. Die Gemüsebrühe mit einem Mixstab unterrühren, sodass eine sämige Sauce entsteht. Diese mit Kräutersalz und Pfeffer würzen.

▸ Das Basilikum waschen, trocken schwenken, die Blättchen abzupfen und in Streifen schneiden. Salat- und Basilikumstreifen mit den Weintrauben locker vermengen und breitflächig auf Teller verteilen. Löffelweise mit der Ricottasauce überziehen und mit Parmesanspänen bestreuen. Die Feigen vierteln und jeweils vier Viertel auf einen Salatteller geben.

▸ Dazu passen mit Schinken umwickelte Grissini.

Geeistes Zitronen-Gurken-Süppchen

Suppentag

🍴 Für 4 Portionen

🕐 Zubereitungszeit:
  20 Minuten

🕐 Kühlzeit: 1 Stunde

*Diese kalte Suppe wirkt sehr erfrischend, und wenn's richtig heiß ist,
sollte man ohnehin etwas Leichtes essen.*

¼ TL Kreuzkümmelsamen

1 Salatgurke

2 Knoblauchzehen

300 ml Buttermilch

1 Prise gemahlener Kurkuma

1 Prise Cayennepfeffer

Salz, schwarzer Pfeffer

1 große Zitrone

FÜR DIE GARNITUR:

8 frische Minzeblättchen
(oder Zitronenmelisse)

Zitronenpfeffer

▶ Den Kreuzkümmelsamen in einer heißen, ungefetteten Pfanne unter Schwenken rösten, bis er duftet; herausnehmen. Die Salatgurke schälen, längs halbieren und mit einem Löffel die Kerne herauskratzen.

▶ Die Knoblauchzehen abziehen und zusammen mit der Gurke etwas kleiner schneiden. Gurken, Knoblauch, Kreuzkümmelsamen und Buttermilch in einem Küchenmixer pürieren. Mit Kurkuma, Cayennepfeffer, Salz und Pfeffer würzen und mindestens 1 Stunde in den Kühlschrank stellen.

▶ Die Zitrone so schälen, dass auch die weiße Haut entfernt wird. Mit einem scharfen, kleinen Messer zwischen den Segmenthäutchen die Filets herausschneiden und in den Kühlschrank stellen.

▶ Für jede Portion eine Suppenschale auf einen tiefen Teller mit Eiswürfeln stellen. Die kalte Suppe einfüllen und mit Zitronenfilets sowie Minzeblättchen garnieren. Nach Belieben zusätzlich mit Zitronenpfeffer bestreuen.

▶ Dazu passen Fladenbrot, Schinken und Käse und als Dessert ein bunt gemischter Obstteller.

Hähnchenschnitzel mit Thunfischsauce

Falls Grillwetter ist, können Sie die Hähnchenschnitzel auch auf den Holzkohlengrill legen.

Zeit für Gäste

🍴 Für 4 Portionen
🕐 Zubereitungszeit:
   40 Minuten

1 Dose Thunfisch im Aufguss	4 Hähnchenschnitzel
2 eingelegte Sardellen	1 EL Pflanzenöl
2 EL zerdrückte Kapern	
3 Eigelbe	FÜR DIE GARNITUR:
etwa 50 ml kalte Gemüsebrühe	2 EL Kapern
150 ml Olivenöl	2 Zitronen, in Scheiben
Saft von ½ Zitrone	geschnitten
Salz, schwarzer Pfeffer	

BEVOR DIE GÄSTE KOMMEN:

▸ Den Thunfisch abtropfen lassen. Die Sardellen abspülen, mit Küchenpapier abtupfen und etwas kleiner schneiden.

▸ In einer Schüssel mit einem Pürierstab die Sardellen, die Kapern und den Thunfisch mit den Eigelben pürieren. Etwa 50 ml erkaltete, passierte Brühe und das Olivenöl langsam unterschlagen. Die sämige Sauce mit Zitronensaft, Salz und Pfeffer würzen.

▸ Die Hähnchenschnitzel mit Salz und Pfeffer würzen.

WENN DIE GÄSTE DA SIND:

▸ Hähnchenschnitzel in einer Pfanne in heißem Pflanzenöl auf beiden Seiten scharf braten. Die Hitze verringern und die Schnitzel fertig braten.

▸ Die Hähnchenschnitzel auf Teller verteilen, mit Kapern und Zitronenscheiben garnieren. Die Thunfischsauce separat reichen.

▸ Weißbrot zum Tunken bereitstellen.

Spaghetti mit Rucola und Zitrone

Pasta, basta!

Für 4 Portionen

Zubereitungszeit:
20 Minuten

Pasta geht immer schnell, da macht es gar nichts, wenn Sie nach einem Badetag erst spät und hungrig nach Hause kommen.

500 g Spaghetti
Salz
1 Bund Rucola
1 unbehandelte Zitrone
300 g Sahne

schwarzer Pfeffer

ZUM SERVIEREN:
fein gehobelte Parmesanspäne
grob geschroteter Zitronenpfeffer

▸ In einem kleinen Topf die Sahne mit den Zitronenschalen etwa 5 Minuten einkochen lassen; dabei mit Salz und Pfeffer würzen. Zuletzt die Zitronenfilets in die Sauce einlegen.

▸ Die Spaghetti in ein Sieb gießen, kurz abtropfen lassen und in einer Schüssel mit der Zitronensauce locker vermengen. Auf Teller verteilen, mit Rucola und Parmesanspänen garnieren und mit Zitronenpfeffer bestreuen.

▸ Die Spaghetti in reichlich kochendem Salzwasser bissfest garen. Inzwischen den Rucola putzen, waschen und nach Belieben halbieren oder dritteln.

▸ Die Zitrone heiß waschen, mit Küchenpapier trocken reiben und mit einem Zestenreißer feinste Streifen abziehen. Die weiße Zitronenhaut entfernen und das Fruchtfleisch in Filets schneiden.

Straußenspieße mit Erdnusssauce

Wenn es das Wetter zulässt, grillen Sie die Spieße einfach auf dem Holzkohlegrill im Freien – für Kinder und gestandene Männer immer ein Vergnügen!

500 g Straußenfilets	150 ml Kokosmilch (Dose)
1 TL Currypulver	1 Msp. Currypaste
2 EL Sojasauce	1 TL brauner Zucker
2 EL Sojaöl	2 EL Erdnusscreme
1 TL Zucker	
50 g geschälte, ungesalzene	AUSSERDEM:
Erdnusskerne	12 bis 16 Schaschlikspieße

▸ Das Hähnchenfleisch in dünne Streifen schneiden. Currypulver mit Sojasauce, Sojaöl und Zucker verrühren. Mit dem Fleisch vermengen und etwa 15 Minuten ziehen lassen.

▸ Die Erdnusskerne in einer heißen Pfanne ohne Fett so lange rösten, bis sie duften. Auf ein Küchentuch legen und mit dem Fleischklopfer klein zerhacken.

▸ Den Backofen auf 200 °C (Oberhitze) oder mit Grillstufe vorheizen. Das marinierte Fleisch auf die Spieße stecken und zwar so, dass jeder Streifen zweimal durchstochen wird. Nebeneinander auf ein Grillgitter legen und über ein Abtropfblech in den Backofen schieben. Während der Grillzeit von 8 bis 10 Minuten die Spieße zwei- bis dreimal wenden.

▸ Inzwischen Kokosmilch, Currypaste, Zucker, Erdnusscreme und die gehackten Nüsse in einem Topf verrühren. Einmal aufkochen lassen und bei kleiner Hitze 5 Minuten leise kochen lassen. Eventuell mit Salz und Pfeffer abschmecken und in vier Schälchen verteilen. Die Spieße dazu servieren.

▸ Dazu passen Reis sowie Streifen von Paprikaschoten, Gurken und Karotten zum Dippen.

Lazy Weekend

🕺 Für 4 Portionen

🕐 Zubereitungszeit: 30 Minuten

🖼 Bereiten Sie gleich die doppelte Menge Erdnusssauce zu, die eine Hälfte ist für das Rezept am 28. Juli (s. Seite 191) bestimmt. Auch den Reis für die Beilage können Sie gleich in doppelter Menge kochen, ebenfalls für den 28. Juli (s. Seite 191).

TIPP
Statt der Straußenfilets können Sie auch Puten- oder Hähnchenfleisch nehmen.

Erdbeerknödel auf Aprikosensauce

Kinder, Kinder

👥 Für 4 Portionen

🕐 Zubereitungszeit:
   40 Minuten

🕐 Ruhezeit: 1 Stunde

📋 Bereiten Sie gleich die doppelte Menge Erdbeerknödel zu und frieren Sie die Hälfte noch roh ein, für den 10. August (s. Seite 204).

Heute gibt es etwas Süßes, ein Fest für Schleckermäuler. Kinder werden die Erdbeerknödel lieben!

50 g weiche Butter	250 g saftige Aprikosen
1 Ei	
50 g Zucker	**FÜR DIE ZUCKERBRÖSEL:**
Salz	50 g Butter
abgeriebene Schale von	1 EL Zucker
½ unbehandelten Zitrone	2 EL Paniermehl (Semmelbrösel)
250 g Quark	
150 g Mehl	**NACH BELIEBEN:**
10 große Erdbeeren	Zimt

▸ Die Butter mit dem Ei, dem Zucker, Salz und Zitronenschale aufschlagen. Den Quark in ein Tuch geben und fest auspressen. Quark mit dem Mehl unter die Buttermischung kneten. Zu einem Kloß formen, in Folie hüllen und 1 Stunde in den Kühlschrank stellen.

▸ Die Erdbeeren entstielen, waschen und mit Küchenpapier trocken tupfen. Die Aprikosen waschen, entkernen und im Küchenmixer fein pürieren. Den Teig aus dem Kühlschrank nehmen, auf einer Arbeitsfläche ½ cm dick ausrollen und in zehn gleichgroße Teigflecken schneiden. Je eine Erdbeere auf ein Teigstück geben, umhüllen und zu einem Knödel (Kloß) formen. In siedendes Salzwasser legen und etwa 10 Minuten ziehen lassen. Mit einem Schaumlöffel herausnehmen und auf einem Tuch abtropfen lassen.

▸ In einer Pfanne Butter, Zucker und Paniermehl leicht rösten. Nach Belieben eine Prise Zimt zugeben und die Knödel darin wenden. Je zwei Klöße auf vier Tellern anrichten und mit Aprikosensauce rundherum beträufeln. Die letzten beiden Klöße sind Reserve ...

Schnelle Asia-Pfanne

Mit dieser schnellen Gemüsepfanne haben Sie kaum Arbeit, denn Reis und Erdnusssauce sind ja schon vorbereitet.

1 Bund Frühlingszwiebeln	3 EL Pflanzenöl
1 Knoblauchzehe	etwa 500 g gekochter Reis
200 g Fleischreste oder gekochter Schinken	Erdnusssauce
	Salz, schwarzer Pfeffer

▸ Die Frühlingszwiebeln putzen, die Knoblauchzehe abziehen und beides fein würfeln. Fleischreste oder Schinken klein schneiden.
▸ Pflanzenöl in einer Pfanne oder in einem Wok erhitzen und darin die Frühlingszwiebel- und Knoblauchwürfel andünsten.
▸ Schinken und Reis einstreuen und unter Schwenken gut anbraten. Zuletzt die Erdnusssauce darüber gießen, nochmals abschmecken und servieren.

▸ Dazu passt ein bunter Sommersalat.

28. Juli

Schnellgericht
🍴 Für 4 Portionen
🕐 Zubereitungszeit: 20 Minuten

📖 Der gekochte Reis und die fertige Erdnusssauce stammen aus dem Rezept vom 26. Juli (s. Seite 189).

Nudelauflauf

Heute wird nicht gekocht, Sie können einfach die Conchiglione vom 6. Juli (s. Seite 180) auftauen und im vorgeheizten Backofen bei 180 °C (Umluft 160 °C, Gas Stufe 2–3) in etwa 30 Minuten überbacken. Dazu gibt es einen sommerlichen bunten Salat.

29. Juli

Schnellgericht

Gebratene Sardinen auf Tomatenzwiebeln

Schnellgericht

🏛 Für 4 Portionen

🕐 Zubereitungszeit:
   30 Minuten

Tipp

Sie können auch Filets vom Lachs, Rotbarsch oder Seebarsch nehmen.

Sonnenfrische Tomaten und ein leichtes Fischgericht – gerade richtig für einen warmen Sommertag!

800 g frische Sardinen	500 g Strauchtomaten
2 unbehandelte Zitronen	2 rote Zwiebeln
Salz, schwarzer Pfeffer	1 TL Balsamico-Essig
1 Bund glatte Petersilie	3 EL Olivenöl
4 Knoblauchzehen	

▸ Die Sardinen waschen und trocken tupfen. Die Zitronen heiß waschen, trocken reiben und die Schalen abreiben. Eine Zitrone zu Saft pressen, von der anderen Zitrone Filets herausschneiden.

▸ Die Sardinen innen und außen mit Zitronensaft beträufeln und mit Salz und Pfeffer würzen. Die Petersilie waschen, trocken schwenken, die Blättchen abzupfen und fein hacken. Die Knoblauchzehen abziehen und fein würfeln.

▸ Die Strauchtomaten waschen, Stielansätze entfernen und in dünne Scheibchen schneiden. Die Zwiebeln schälen und in hauchdünne Ringe schneiden. Tomaten und Zwiebeln mit Balsamico-

Essig, ⅓ Zitronenschale, 2 EL Wasser, Salz und Pfeffer vermengen. Auf vier Tellern hübsch anrichten.

▸ Das Olivenöl in einer größeren, beschichteten Pfanne erhitzen und die Knoblauchwürfel darin andünsten. Die Sardinen einlegen, mehrmals wenden und 5 Minuten braten; dann mit Petersilie sowie mit Zitronenschale bestreuen. Auf den Tomatenzwiebeln anrichten.

▸ Dazu passen verschiedene Weißbrotsorten.

Fenchel-Aprikosen-Salat

Sie wollen kurz entschlossen eine Grillparty veranstalten? Nichts leichter als das: Steaks auf dem Holzkohlengrill brutzeln und dazu diesen phantastischen Salat servieren.

Party, Party!
 Für 4 Portionen
🕐 Zubereitungszeit:
20 Minuten

100 g Rucola	2 Äpfel Ihrer Wahl
2 Fenchelknollen	250 g Joghurt
1 Chicorée	5 EL Orangensaft
1 rote Zwiebel	Salz, schwarzer Pfeffer
250 g saftige Aprikosen	

▸ Den Rucola verlesen, waschen und quer in kürzere Stängel schneiden. Die Fenchelknollen vierteln, entstrunken, waschen und in dünne Streifen schneiden. Das Fenchelgrün fein hacken.
▸ Den Chicorée halbieren, entstrunken, waschen und quer in Streifen schneiden. Die Zwiebel schälen, halbieren und in Streifen schneiden.
▸ Die Aprikosen waschen, entsteinen und das Fruchtfleisch in feine Streifen schneiden.
▸ Den Rucola auf vier Teller verteilen. In einer Schüssel Fenchel, Chicorée, Zwiebeln sowie Aprikosenstreifen locker vermengen.

Die Äpfel schälen, entkernen, in Spalten schneiden und hinzufügen.
▸ Den Joghurt mit Orangensaft und Fenchelgrün verrühren. Mit Salz und Pfeffer würzen und unter den Salat ziehen.
▸ Den Salat nochmals abschmecken und auf den Rucola-Tellern verteilen.

August

Seezunge auf mariniertem Gemüse

Kalte Küche

🍲 Für 4 Portionen

🕐 Zubereitungszeit:
40 Minuten

🕐 Marinierzeit:
2 Stunden

📋 Backen Sie gleich
8 große Folienkartoffeln
im Ofen als Beilage, vier
davon sind für das Rezept
vom 3. August (s. Seite
198).

Dieses marinierte Gemüse zur Seezunge bringt einen Hauch Karibik in Ihre Küche, der sehr gut mit den Folienkartoffeln harmoniert.

800 g Seezungenfilets
(oder anderes Fischfilet)
Saft von 1 Limette (oder Zitrone)
Kräutersalz
2 große Zwiebeln
2 große Karotten
je 2 rote und 2 grüne Paprikaschoten
1 kleine, frische Chilischote
6 EL Olivenöl
1 TL brauner Zucker
je eine sehr kräftige Prise

gemahlener Piment, Cayennepfeffer, Kardamom, Chilipulver
und Muskatblüte (Macis)
1 TL zerstoßene schwarze Pfefferkörner
2 Lorbeerblätter
2 EL weißer Rum
4 EL Weißweinessig

ZUM SERVIEREN:
1 EL frisch gehacktes Koriandergrün

▶ Die Seezungenfilets mit Limettensaft beträufeln und salzen. Die Zwiebeln und die Karotten schälen. Die Paprikaschoten waschen, vierteln, Stiel, Kerne und Trennwände entfernen. Alles Gemüse in dünne Streifen schneiden. Die Chilischote putzen und fein hacken.

▶ In einer großen Pfanne mit hohem Rand 4 Esslöffel Olivenöl erhitzen. Das Gemüse darin unter Schwenken und mit Zucker 5 Minuten andünsten. Mit den Gewürzen kräftig abschmecken, Lorbeerblätter und Rum einrühren. Das Gemüse weitere 8 bis 10 Minuten dünsten lassen und dabei mit Weißweinessig und etwa 50 ml Wasser ablöschen.

▶ Das restliche Olivenöl in einer zweiten Pfanne erhitzen und darin die Seezungenfilets auf jeder Seite 3 bis 4 Minuten braten. Einen Teil des Gemüses auf dem Boden einer Form verteilen. Darauf die Fischfilets geben und alles mit dem restlichen Gemüse zudecken.

▶ Die Form mit Folie abdecken und mindestens 2 Stunden in den Kühlschrank stellen. Das marinierte Fischgemüse auf vier Teller verteilen und mit Koriandergrün bestreuen.

Indisches Entencurry

Dieses feine indische Gericht schmeckt besonders gut, wenn es sehr heiß ist, denn die Gewürze helfen, die Hitze zu (v)ertragen.

4 Knoblauchzehen	3 EL flüssiges Ghee
1 Zwiebel	(geklärte Butter)
3 cm frische Ingwerwurzel	2 küchenfertige Entenbrüste
1 Bund Koriandergrün	(400 bis 500 g)
(oder Petersilie)	Salz, schwarzer Pfeffer
4 Tomaten	250 g Vollmilchjoghurt
1 EL würziges Currypulver	

Zeit für Gäste

👥 Für 4 Portionen

🕐 Zubereitungszeit:
30 Minuten

🕐 Garzeit: 30 Minuten

🍳 Kochen Sie gleich die doppelte Menge Beilagen-Reis, also 500 g rohen Reis, die Hälfte können Sie am 4. August (s. Seite 199) weiterverwerten.

TIPP

Die Gewürzmischung Curry besteht meist aus mindestens sieben Gewürzen. Sie können Ihre eigene Mischung verwenden, die z. B. aus gemahlenem Kardamom, Kreuzkümmel, Kurkuma, Nelken, Muskatnuss, Ingwer und Chili bestehen kann.

BEVOR DIE GÄSTE KOMMEN:

▶ Knoblauchzehen, Zwiebel und Ingwerwurzel schälen und fein würfeln. Den Koriander waschen, trocken schwenken und die Blättchen fein hacken.

▶ Die Tomaten mit heißem Wasser überbrühen, häuten, entkernen und in etwa 1 cm große Stücke schneiden. Das Currypulver mit 2 EL Ghee, Knoblauch, Zwiebel, Ingwer und Koriander verrühren.

▶ In einer breiten, hohen Pfanne 1 Esslöffel Ghee erhitzen und darin die Entenbrüste von allen Seiten 3 bis 4 Minuten braten. Herausnehmen, auf einen Teller legen und mit Salz und Pfeffer würzen.

▶ Die Currymischung in die Pfanne geben und unter Rühren etwa 5 Minuten braten. Dann Joghurt und Tomaten einrühren. Die Pfanne mit einem Deckel verschließen und die Würzmischung knapp 10 Minuten schmoren lassen; dann vom Herd nehmen. Inzwischen die Entenbrüste in mundgerechte Stücke schneiden.

WENN DIE GÄSTE DA SIND:

▶ Falls die Currymischung abgekühlt ist, wieder erhitzen und die Entenbrustwürfel zusammen mit dem ausgetretenen Bratensaft in den Topf geben. So lange unter Rühren bewegen, bis die Fleischwürfel vollständig mit der Würzpaste überzogen sind.

▶ Den Topf wieder verschließen und das Fleisch in etwa 25 Minuten fertig schmoren.

▶ Dazu passt Reis.

Kartoffelplätzchen mit Apfelmus

Kinder, Kinder

👪 Für 4 Portionen

🕐 Zubereitungszeit:
   30 Minuten

🕐 Garzeit: 30 Minuten

📖 Die fertigen Folien-
kartoffeln stammen aus
dem Rezept vom 1. August
(s. Seite 196).

Heute gibt's etwas Süßes, und das schmeckt bestimmt nicht nur den Kindern!

500 g Äpfel	Salz
100 ml Apfelsaft	2 EL saure Sahne
1 kleine Zimtstange	2 EL Stärkemehl
4 Gewürznelken	
50 g Zucker (oder nach Bedarf)	**ZUM BRATEN:**
4 große, geschälte Folienkartoffeln	etwa 5 EL Pflanzenöl oder Butter-
2 Eier	schmalz

▸ Die Äpfel schälen, entkernen und in grobe Stücke schneiden. Mit Apfelsaft, Zimt, Nelken und Zucker in einen Topf geben. Mit so viel Wasser aufgießen, dass die Äpfel knapp bedeckt sind. Nach dem ersten Aufkochen bei mittlerer Hitze 10 Minuten weiterkochen.

▸ Inzwischen die Kartoffeln schälen und auf einer Küchenreibe grob reiben. Dann mit Eiern, Salz, Sahne und Stärkemehl vermischen. Kleine flache Plätzchen formen.

▸ Die Äpfel mit einem Pürierstab grob bis fein pürieren, Zimtstange und Gewürznelken zuvor herausnehmen. Das lauwarme Apfelmus auf Schälchen verteilen.

▸ In einer großen Pfanne Fett erhitzen und darin die Kartoffelplätzchen auf beiden Seiten knusprig braten.

Gedünstete Forellen mit Gemüsereis

4. August

Ein leckeres Geburtstagsgericht – dazu eine gut gekühlte Flasche Weißwein, und das Dinner ist perfekt!

Party, Party!

👥 Für 4 Portionen

🕐 Zubereitungszeit:
 40 Minuten

📖 Der gekochte Reis stammt aus dem Rezept vom 2. August (s. Seite 197).

4 küchenfertige Forellen	1 kleines Bund Frühlingszwiebeln
1 TL Zitronensaft	1 EL Butter
Salz, schwarzer Pfeffer	500 g gekochter Reis
100 ml trockener Weißwein	1 EL gehackte Petersilie
1 kleine Zwiebel	
25 g Kräuterbutter	**FÜR DIE FORM:**
200 g Sahne	Butter

▸ Die Forellen innen und außen waschen und mit Küchenpapier trocken tupfen. Mit Zitronensaft beträufeln, salzen und pfeffern.
▸ Eine feuerfeste Form mit Butter ausfetten. Die Forellen einlegen, mit Weißwein beträufeln und die Form mit Alufolie verschließen.
▸ Die Forellen auf der mittleren Schiene im vorgeheizten Backofen bei 200 °C etwa 20 Minuten garen.
▸ In der Zwischenzeit die Zwiebel schälen und fein würfeln. Die Kräuterbutter in einer Pfanne erhitzen und darin die Zwiebelwürfel andünsten. Mit Sahne aufgießen, salzen und pfeffern.
▸ Die Frühlingszwiebeln putzen, klein würfeln und in heißer Butter andünsten. Den gekochten Reis hinzufügen und unter Schwenken braten. Mit Salz und Pfeffer würzen.

▸ Je eine gegarte Forelle und Gemüsereis auf einen Teller geben. Den Forellensud aus der Form in die Sahnesauce gießen, nochmals aufkochen und mit Petersilie verfeinern. Die Sauce separat in einer Sauciere servieren.
▸ Dazu passt ein Kopfsalat mit Vinaigrette.

Pizza Calzone

5. August

Schnellgericht

Die gefüllten Pizzen vom 7. Juli (s. Seite 175) gefroren auf ein Backblech legen und im vorgeheizten Backofen bei 200 °C (Umluft 180 °C) in etwa 20 Minuten knusprig backen. Dazu einen gemischten Salat reichen.

Zwetschgendatschi

Zeit für Gäste

🏛 Für 1 Backblech

🕐 Zubereitungszeit:
  20 Minuten

🕐 Ruhezeit: 60 Minuten

🕐 Backzeit: 35 Minuten

Laden Sie doch mal zu einem späten Kaffeenachmittag mit Zwetsch-genkuchen ein. Der lässt sich fix und fertig zubereiten, bevor die Gäste kommen. Und danach können Sie noch einen sommerlichen Gurken-salat mit Aufschnitt und einer Brotauswahl servieren.

500 g Mehl	2 EL Hagelzucker
1 frischer Hefewürfel (42 g)	1 TL gemahlener Zimt
100 g Zucker	
200 ml lauwarme Milch	FÜR DIE ARBEITSFLÄCHE:
80 g weiche Butter	Mehl
1 Ei	
1 Prise Salz	FÜR DAS BACKBLECH:
1 ½ kg Zwetschgen (Pflaumen)	Butter und Mehl
1 EL flüssige Butter	

▸ Mehl in eine Schüssel sieben, eine Vertiefung formen und die Hefe einbröckeln. Mit Zucker be-streuen, mit Milch begießen und mit Mehl vom Rand bestäuben. Die Schüssel mit einem Küchen-tuch abdecken und den Vorteig etwa 30 Minuten ruhen lassen.

▸ Den Vorteig mit Butter, dem Ei und 1 Prise Salz fertig kneten, zu einem Kloß formen, abdecken und nochmals 30 Minuten ruhen lassen.

▸ In der Zwischenzeit die Zwetschgen entsteinen und halbieren. Das Backblech mit Butter ausfetten und mit Mehl abklopfen.

▸ Den Teig auf einer bemehlten Arbeitsfläche nochmals kneten, ausrollen und das Backblech damit auskleiden. Die Teigfläche mit einer Gabel mehrmals ein-stechen und mit den Zwetschgen eng belegen.

▸ Die Zwetschgen mit flüssiger Butter beträufeln. Den Hagel-zucker mit Zimt vermischen und über die Zwetschgen streuen. Das Backblech auf der mittleren Schiene in den vorgeheizten Backofen schieben und den Dat-schi bei 200 °C etwa 35 Minuten backen.

▸ Dazu passt Zimtsahne, Vanille-eis oder -sauce.

Quetschkartoffeln mit Geschnetzeltem

Ein tolles Gericht für Kinder, denn wann darf man schon mal zuschauen, wenn Kartoffeln so richtig schön zerquetscht werden. Obendrein passen die Quetschkartoffeln sehr gut zu Geschnetzeltem.

Kinder, Kinder

Für 4 Portionen

Zubereitungszeit: 20 Minuten

Garzeit: 30 Minuten

Kochen Sie gleich die doppelte Menge Kartoffeln, die Hälfte können Sie morgen (s. unten) weiterverwerten.

800 g festkochende Kartoffeln	200 g Champignons
Salz	5 EL Pflanzenöl
400 g Schnitzel	Pfeffer
(Schwein, Kalb, Geflügel)	100 ml Bratensauce (Instant)
1 Zwiebel	200 g Sahne

▸ Die Kartoffeln waschen, schälen und in Salzwasser gar kochen. Inzwischen die Schnitzel in mundgerechte Streifen schneiden. Die Zwiebel schälen und fein würfeln. Die Champignons putzen und je nach Größe halbieren oder vierteln.

▸ Die Hälfte des Pflanzenöls in einer Pfanne erhitzen und darin die Fleischstreifen von allen Seiten scharf braten. Herausnehmen, auf einen Teller legen und mit Salz und Pfeffer würzen.

▸ Das restliche Pflanzenöl in den Bratensatz gießen und die Zwiebelwürfel glasig dünsten. Die Champignons hinzufügen und so lange dünsten, bis der Pilzsaft verkocht ist. Leicht salzen und pfeffern und mit Bratensauce aufgießen.

▸ Nach dem ersten Aufkochen die Sahne zugießen, nochmals würzen und etwa 5 Minuten offen kochen lassen. Die Kartoffeln abgießen und kurz ausdampfen lassen. Noch heiß durch die Presse auf die Teller drücken. Die Fleischstreifen unter den Pfanneninhalt mengen und rund um die Kartoffelberge anrichten.

▸ Dazu passt ein bunter Salat mit viel frischen Kräutern.

Kartoffelpfanne

Schnellgericht

Keine Lust zu kochen? Geht aber ganz flott: Die gekochten Kartoffeln von gestern (s. oben) in kleine Stücke schneiden. Eine Zwiebel schälen, in Streifen schneiden und mit den Kartoffelstücken in etwas Pflanzenöl braten. Gemüse, Schinken, gekochtes oder gebratenes Fleisch, das noch im Kühlschrank lagert, klein würfeln und hinzufügen. Mit Salz, Pfeffer und Paprika würzen. Zuletzt noch vier verquirlte Eier über die Pfanne gießen, kurz stocken lassen und alles gut vermengen. Mit frischen Kräutern bestreuen und genießen.

Gurkenbowle

🍴 Für 8 kleine oder
   4 große Personen

🕐 Zubereitungszeit:
   10 Minuten

🕐 Kühlzeit: 20 Minuten

Ein sonntäglicher Brunch kann bei schönem Wetter auch im Freien stattfinden. Das Gute ist, Sie können alles vorher zubereiten und die Zeit mit Ihren Gästen so richtig genießen. Und zu jedem Brunch gehören ein Begrüßungsgetränk und natürlich Lachs ...

50 g Zucker	1 Flasche trockener Weißwein, gekühlt
1 Salatgurke	1 Flasche Sekt oder Prosecco, gekühlt
2 bis 3 Stängel Dill	

▸ Etwa 50 ml kochend heißes Wasser mit dem Zucker verrühren. Die Salatgurke waschen, fest abreiben und in dünne Scheiben schneiden. Den Dill von den Stängeln zupfen, waschen und trocken schwenken.
▸ Die Gurkenscheiben in ein Bowlengefäß geben, mit abge- kühltem Zuckerwasser begießen und mit Dill belegen. Anschließend mit gekühltem Weißwein auffüllen, mit Folie abdecken und etwa 20 Minuten kühl stellen.
▸ Zum Servieren die Bowle mit 1 Flasche gut gekühltem Sekt oder Prosecco aufgießen.

Gebeizter Lachs mit Senfsauce

ZUM BEIZEN:

1 Bund Dill
1 Bund Petersilie
1 Zitrone
200 g Salz
200 g Zucker
3 EL weiße Pfefferkörner
2 EL Korianderkörner
2 EL gelbe Senfkörner
1 EL Wacholderbeeren
1 frische Lachsseite von etwa
800 g
2 EL Sonnenblumenöl

FÜR DIE SENFSAUCE:

2 EL mittelscharfer Senf
1 EL Zucker
1 Eigelb
100 ml Sonnenblumenöl
2 EL Weißweinessig
1 EL Honig
Salz, gemahlener Pfeffer
1 TL gehackter Dill

Zeit für Gäste

🍴 Für 4 Personen
🕐 Beizzeit: 2 Tage
🕐 Zubereitungszeit:
 50 Minuten

TIPP

Das A und O bei einem Brunch sind die Backwaren: Kaufen Sie beim Bäcker einfach quer durch die Theke ein, vom Mohnbrötchen bis zur Käsezunge, vom toskanischen Weißbrot bis zum französischen Baguette. Die Grundzutaten für einen Brunch sollten griffbereit stehen: Butter, Honig, Marmeladen, Gelees, Nutella, vegetarische Brotaufstriche, Käseaufstriche, Müsli, Milch, Zucker, Süßstoff, verschiedene Joghurtsorten. Außerdem ein Brett mit verschiedenen Käsesorten und ein Teller mit unterschiedlichen Wurst- und Schinkensorten – hier ist die Auswahl genauso individuell wie die Gäste. Frische Früchte je nach Saison können Sie hübsch in einem Korb anrichten.

▸ Dill und Petersilie waschen, Blättchen abzupfen und fein hacken. Die Zitrone heiß waschen, mit Küchenpapier trocken reiben und die gelbe Schale ohne die weiße Innenhaut abschälen.
▸ Alle oben genannten Zutaten für die Beize (ohne Öl) miteinander vermengen und die Hälfte davon auf dem Boden einer entsprechenden Form verteilen. Den Lachs mit der Hautseite nach oben nach unten in die Mischung legen. Dann die restliche Mischung auf der Hautseite verteilen.
▸ Den Lachs mit Folie abdecken und 48 Stunden in den Kühlschrank stellen. Während dieser Zeit die Lachsseite zweimal wenden.

▸ Den Lachs aus der Beize nehmen und etwa 5 Minuten in kaltes Wasser legen. Anschließend mit Küchenpapier trocken tupfen und mit Sonnenblumenöl bestreichen. Gebeizten Lachs innerhalb von 2 bis 3 Tagen aufbrauchen. Zur Aufbewahrung fest in Alufolie verpacken.
▸ Für die Sauce Senf, Zucker und Eigelb cremig rühren. Das Sonnenblumenöl langsam unterschlagen. Die Sauce mit Weißweinessig, Honig, Salz und Pfeffer würzen. Zuletzt den Dill unterrühren und die Sauce in eine Sauciere füllen. Den Lachs schräg in sehr dünne Scheiben schneiden und auf Serviertellern anrichten.

Erdbeerknödel

10. August

Schnellgericht

Die Erdbeerknödel vom 27. Juli (s. Seite 190) noch im gefrorenen Zustand in siedend heißes Wasser legen und etwa 20 Minuten gar ziehen lassen. Tropfnass in eine Pfanne geben, in der 2 Esslöffel heiß schäumende Butter, 1 EL Semmelbrösel (Paniermehl) und 1 EL Zucker vermischt sind. Etwa 2 Minuten darin schwenken und servieren.

Bunter Salat

11. August

Kalte Küche

Radieschen, Kohlrabi, knackige Paprikaschoten, Kopfsalat, würzige frische Kräuter – einfach alles in eine Schüssel schnipseln und mit einem Joghurtdressing (s. S. 244 oder Fertigprodukt) vermischen. Dazu Wurst, Käse und Brot servieren.

Caponata

12. August

Schnellgericht

Das süß-saure Caponata-Gemüse vom 15. Juli (s. Seite 180) auftauen und nach Belieben ganz leicht erwärmen (schmeckt auch zimmerwarm hervorragend). Dazu passen gebratene Putensteaks aus der Pfanne und knackiges Weißbrot.

Makkaroni mit Steinpilzsauce

Endlich mal wieder Pasta, heute mit gartenfrischem Schnittlauch und leckeren Steinpilzen!

1 Bund Schnittlauch	abgeriebene Schale von
250 g frische Steinpilze	¼ unbehandelte Zitrone
1 kleine Karotte	2 EL trockener Sherry
100 g Knollensellerie	⅛ l Gemüsebrühe
1 Knoblauchzehe	200 g Sahne
500 g Makkaroni	
Salz	**ZUM SERVIEREN:**
2 EL Butter	100 g fein geriebener Parmesan
schwarzer Pfeffer	

Pasta, basta!

Für 4 Portionen

Zubereitungszeit:
30 Minuten

TIPP
Steinpilze zählen zu den edelsten aller Pilze, denn sie sind durch ihr mildes nussartiges Aroma immer wieder ein Geschmacks-erlebnis. Die frischen jungen Pilze haben von Mai bis Oktober Saison, können aber sehr gut ein-gefroren werden.

▸ Den Schnittlauch säubern und in Röllchen schneiden. Die Steinpilze putzen und feinblätt-rig schneiden. Die Karotte, den Knollensellerie und die Knob-lauchzehe schälen und sehr fein würfeln.

▸ Die Nudeln in reichlich kochen-dem Salzwasser bissfest garen. In der Zwischenzeit die Butter heiß schäumend erhitzen und darin die Gemüsewürfel andünsten. Die Steinpilze hinzufügen und diese so lange braten, bis sie goldgelb sind und der Pilzsaft verkocht ist.

▸ Die Pilze mit Salz, Pfeffer und Zitronenschale würzen und mit Sherry ablöschen. Kurz ein-kochen lassen und dann mit Gemüsebrühe und mit Sahne aufgießen.

▸ Die Makkaroni in ein Sieb abgießen, abtropfen lassen und auf vier tiefe Teller verteilen. Die Steinpilzsauce nochmals abschmecken, die Schnittlauch-röllchen unterziehen und über die Nudeln verteilen. Den Käse separat reichen.

Gratinierte Beeren in Sektlaune

Party, Party!

🍴 Für 4 Portionen

🕐 Zubereitungszeit:
  30 Minuten

Was auch immer Sie feiern wollen, dieses feine Dessert mit Früchten der Saison passt zu jedem Anlass. Und als Hauptspeise können Sie einfach verschiedene Antipasti vom Türken, Griechen oder Italiener holen, dazu einen gemischten Salat zubereiten und eine kleine Auswahl an Brotsorten bereitstellen.

600 g gemischte Beeren (oder mehr) (Johannisbeeren, Erdbeeren, Blaubeeren, auch TK)	2 EL Zucker
	1 EL Zitronensaft
	2 Eier, getrennt
5 cl Crème de Cassis (Johannisbeerlikör)	150 ml Sekt oder Prosecco
	1 Päckchen Vanillezucker
	Puderzucker

▸ Die Beeren in eine flache Auflaufform legen. Johannisbeerlikör mit Zucker und Zitronensaft verrühren und über die Beeren träufeln.

▸ Das Eiweiß zu steifem Schnee schlagen. Die Eigelbe mit Sekt und mit Vanillezucker in einer hitzebeständigen Schüssel über einem heißen Wasserbad aufschlagen.

▸ Die Schüssel vom Topf nehmen, die Creme kurz kalt schlagen und den Eischnee unterziehen.

▸ Die Beeren mit der Creme vollständig überziehen und mit Puderzucker bestäuben. Die Auflaufform auf die mittlere Schiene in den vorgeheizten Backofen bei 200 °C stellen und die Beeren etwa 10 Minuten überbacken. Zum Servieren nochmals mit Puderzucker bestäuben.

▸ Verteilen Sie frische Minze- oder Zitronenmelisseblättchen darauf, wenn Sie mögen.

Sommersalat mit Mandeln

Nutzen Sie die Grillsaison und legen Sie ein paar Steaks auf den Holzkohlegrill. Dazu gibt's passend diesen Salat.

1 Friséesalat (oder grüner Blattsalat Ihrer Wahl)	6 EL Walnussöl
250 g gemischte Himbeeren und Johannisbeeren	4 EL Sherryessig
	1 TL Honig
2 EL Crème de Cassis (Johannisbeerlikör)	Salz, schwarzer Pfeffer,
	50 g Mandelstifte

▶ Den Salat putzen, in kleinere Stücke teilen, waschen und trocken schwenken. Die Beeren vorsichtig waschen, Johannisbeeren abperlen und beides mit Küchenpapier trocken tupfen. In einer Schüssel mit Cassis beträufeln.

▶ Aus Walnussöl, Sherryessig, Honig, Salz und Pfeffer eine Marinade aufschlagen und mit dem Salat vermengen.
▶ Den Salat auf vier Tellern anrichten und mit Mandeln bestreuen.

Würzige Spareribs

Und wieder wird gegrillt – weil's so schön ist und der Sommer ja nicht ewig dauert.

1 große Zwiebel	2 EL scharfer Senf
2 Knoblauchzehen	3 EL brauner Zucker
3 EL Pflanzenöl	1 EL getrocknetes Basilikum
5 EL Tomatenketchup	½ TL Chilipulver
3 EL Worcestershiresauce	2 kg einzelne Schweinerippchen
2 EL Balsamico-Essig	Salz, schwarzer Pfeffer
Saft von 1 Zitrone	

▶ Zwiebel und Knoblauchzehen schälen und fein reiben. Das Pflanzenöl in einem Topf erhitzen und darin das Zwiebel-Knoblauch-Mus andünsten. Alle oben genannten Würzzutaten mit etwa 100 ml Wasser einrühren.

▶ Den Topfinhalt unter Rühren etwa 5 Minuten einkochen, dann den Topf beiseite ziehen. Die Schweinerippchen waschen (so können Sie eventuelle Knochensplitter entfernen) und mit Küchenpapier trocken tupfen.

TIPP
Wenn das Wetter zu schlecht ist, können Sie die Spareribs einfach im vorgeheizten Backofen bei 200 °C mit Grillstufe grillen.

Mit Salz und Pfeffer einreiben.
‣ Die Rippchen auf dem heißen Grill von allen Seiten rösten. Erst dann mit der Würzsauce von allen Seiten bepinseln. Die Spareribs in etwa 12 Minuten fertig grillen.

‣ Servieren Sie dazu Würz-Ketchup und knusprig-frisches Weißbrot.

17. August

Kalte Küche
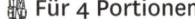 Für 4 Portionen
🕐 Zubereitungszeit: 20 Minuten

Wurstsalat

Dieser Wurstsalat ist im Handumdrehen zubereitet und schmeckt Jung und Alt. Außerdem lässt er sich beliebig variieren, z. B. mit Käsestreifen, einer anderen Wurstsorte, Paprikaschoten oder Essiggurken.

5 EL weißer Essig	600 g Fleischwurst
5 EL Pflanzenöl	1 große Zwiebel
100 ml Wasser	1 Bund Schnittlauch
Salz, schwarzer Pfeffer	

‣ Mit einem Schneebesen Essig, Pflanzenöl, Wasser, Salz und Pfeffer in einer Schüssel kräftig aufschlagen.
‣ Die Fleischwurst pellen und in hauchdünne Scheibchen schneiden. Die Zwiebel schälen, halbieren und in Streifen schneiden.

Den Schnittlauch säubern und in Röllchen schneiden.
‣ Alle vorbereiteten Zutaten in die Salatsauce geben und vermengen. Nochmals abschmecken und auf Teller verteilen.
‣ Dazu passt frisches Bauernbrot mit Butter.

Arme Ritter

18. August

*Für dieses süße Gericht müssen Sie wahrscheinlich gar nicht ein-
kaufen, denn die Zutaten dafür liegen eigentlich immer bereit.*

Schnellgericht
🍴 Für 4 Portionen
🕐 Zubereitungszeit:
    20 Minuten

1 Ei
1 TL Vanillezucker
Salz
125 ml Milch
4 Scheiben Toastbrot
50 g Butter

ZUM PANIEREN:
Semmelbrösel (Paniermehl)

ZUM SERVIEREN:
Zimt und Zucker

AUSSERDEM:
1 Glas Apfelmus

▸ Ei mit Vanillezucker, 1 Prise Salz und Milch verquirlen. Die Brotscheiben diagonal in Dreiecke schneiden und durch die Eiermilch ziehen. Im Paniermehl wenden.
▸ Die panierten Brotdreiecke in reichlich heißer Butter auf beiden Seiten knusprig braten. Auf vorgewärmte Teller legen und mit einer Mischung aus Zimt und Zucker bestreuen.
▸ Dazu schmeckt Apfelmus (s. Seite 229).

Gemüse mit Aioli-Sauce

19. August

*In der Grillsaison sollen auch die Vegetarier auf ihre Kosten kommen,
und schließlich lässt sich Gemüse ganz wunderbar auf dem Grill zubereiten.*

Schnellgericht
🍴 Für 4 Portionen
🕐 Zubereitungszeit:
    30 Minuten
🕐 Garzeit: 20 Minuten

2 Zucchini
1 Paprikaschote
250 g Austernpilze
250 g kleine Bohnen
4 Fleischtomaten
Salz, gemahlener Pfeffer
8 EL Olivenöl
1 TL Zitronensaft

FÜR DIE AIOLI-SAUCE:
6 Knoblauchzehen
2 Eigelbe
100 ml Olivenöl
Salz, schwarzer Pfeffer
1 Spritzer Zitronensaft

TIPP
Die Sauce erst kurz vor dem Gebrauch aus dem Kühlschrank nehmen und löffelweise über das gegrillte Gemüse geben. Sie ist wegen der Eigelbe sehr hitzeempfindlich.

▸ Das Gemüse putzen. Die Zucchini in Scheibchen und die Paprikaschote in dickere Streifen schneiden. Die Austernpilze kleiner schneiden und von den Bohnen die Stielansätze entfernen.

▸ Die Fleischtomaten halbieren. Alles Gemüse in einer Schüssel mit Salz und Pfeffer würzen und mit Olivenöl sowie mit Zitronensaft vermengen.

▸ Das Gemüse auf vier Alu-Grillschalen verteilen und auf dem heißen Grill in etwa 20 Minuten grillen.

▸ In der Zwischenzeit für die Aioli-Sauce die Knoblauchzehen schälen und durch eine Knoblauchpresse drücken. Mit den Eigelben cremig rühren und mit Olivenöl aufschlagen, bis eine cremige Sauce entsteht.

▸ Die Knoblauchsauce mit Salz, Pfeffer und Zitronensaft würzen.

---

20. August

Schnellgericht

Spinatnocken

Die Spinatnocken vom 14. Juli (s. Seite 179) auftauen und im vorgeheizten Backofen bei 160 °C (Umluft 140 °C, Gas Stufe 2) erwärmen. Dazu passen Schinkenaufschnitt und Baguette.

---

21. August

Zeit für Gäste
🍽 Für 4 Portionen
🕐 Zubereitungszeit:
  30 Minuten

Basilikumsüppchen mit Räucherlachs

Mit diesen beiden Leckerbissen, also Basilikumsüppchen und Stachelbeerkompott können Sie die frischen Kräuter und Früchte der Saison so richtig auskosten und Ihren Gästen eine Freude bereiten.

4 Knoblauchzehen	Salz, schwarzer Pfeffer
2 Bund Basilikum	gemahlene Muskatnuss
2 EL Butter	
1 TL Mehl	
¾ l Gemüsebrühe	ZUM SERVIEREN:
200 g Sahne	150 g Räucherlachsscheiben
	2 EL gehackte grüne Pistazien

BEVOR DIE GÄSTE KOMMEN:
▸ Die Knoblauchzehen schälen und fein würfeln. Das Basilikum waschen, die Blättchen abzupfen und in ein Sieb geben. Mit kochend heißem Wasser begießen und sofort mit eiskaltem Wasser abschrecken; abtropfen lassen.

▸ In einem breiten Topf die Butter erhitzen und darin die Knoblauchwürfel andünsten. Mit Mehl bestäuben, unter Rühren hell halten und mit Gemüsebrühe aufgießen. Unter weiterem Rühren aufkochen lassen.
▸ Die Basilikumblättchen mit Sahne im Küchenmixer pürieren. In die Suppe rühren und mit dem Mixstab aufschäumen. Mit Salz, Pfeffer und Muskatnuss würzen; vom Herd nehmen.

WENN DIE GÄSTE DA SIND:
▸ Basilikumsüppchen nochmals erhitzen, mit dem Mixstab aufschäumen und in Suppentassen füllen. Den Räucherlachs in Streifen schneiden und in die Suppentassen geben, mit Pistazien bestreuen.

Stachelbeerkompott mit Pistazieneis

800 g Stachelbeeren
100 g Zucker
Schale von ½ unbehandelten Zitrone

ZUM SERVIEREN:
4 Kugeln Pistazieneis

Zeit für Gäste
🍴 Für 4 Portionen
🕐 Zubereitungszeit: 30 Minuten

BEVOR DIE GÄSTE KOMMEN:
▸ Von den Stachelbeeren Stiel und Blüte entfernen. Die Früchte gründlich waschen und halbieren.

WENN DIE GÄSTE DA SIND:
▸ In einem Topf Zucker mit ¼ Liter Wasser aufkochen. Die Stachelbeeren und die Zitronenschale einrühren und bei mittlerer Hitze etwa 15 Minuten ziehen lassen.

▸ Die Zitronenschale entfernen und das Kompott eventuell mit Zucker nachsüßen. In Glasschalen füllen und noch lauwarm mit je 1 Kugel Pistazieneis belegen.
▸ Garnieren Sie das Ganze mit frischen Zitronenmelisseblättern, wenn Sie mögen.

Geeiste Cappuccino-Creme

🏮 Für 4 Tassen

🕐 Zubereitungszeit:
   20 Minuten

🕐 Kühlzeit: mindestens
   4 Stunden

Frisch vom Markt einen großen Rettich mit Salz zum Weinen bringen und dann mit Butterbrot und Schnittlauch verzehren. Als Dessert gibt es heute etwas Besonderes! Kann auch schon einige Tage im Voraus zubereitet werden.

300 g Sahne
3 Eigelbe
150 g Puderzucker
100 ml kalter starker Espresso

ZUM GARNIEREN:
Kakaopulver
Kakaobohnen

NACH BELIEBEN:
Schlagsahne

▸ Die Sahne steif schlagen. Die Eigelbe mit Puderzucker über einem heißen Wasserbad cremig und luftig aufschlagen.
▸ Die Schüssel vom Wasserbad nehmen und die Creme kalt schlagen. Dabei den Espresso langsam unterschlagen.
▸ Zuletzt die Sahne unterziehen und die Creme auf vier Cappuccino-Tassen verteilen. Diese mit Folie abdecken und mindestens 4 Stunden ins Gefrierfach stellen.
▸ Zum Servieren die Tassen einige Minuten in der Zimmerwärme antauen lassen. Dann die Oberflächen der Cremes mit Kakaopulver übersieben und mit Kakaobohnen garnieren. Nach Belieben zusätzlich mit Schlagsahne garnieren.

Vitello tonnato

🏮 Für 4 Portionen

🕐 Zubereitungszeit:
   20 Minuten

🕐 Ruhezeit: 1 Tag

🕐 Garzeit: 60 Minuten

📖 Kochen Sie von dem Kalbfleisch wenigstens ⅓ mehr, für die Suppeneinlage am 25. August (s. Seite 214).

Im Sommer gibt es immer irgendetwas zu feiern, und sei es nur der Sommer selbst. Und mit diesen köstlichen Speisen lässt es sich vortrefflich schlemmen!

700 g Kalbfleisch (Nuss)
1 Bund Suppengrün, gewürfelt
1 Zitrone in Scheiben
2 Lorbeerblätter
1 Flasche trockener Weißwein
Salz
3 eingelegte Sardellenfilets
1 Dose Thunfisch (200 g)

50 g zerdrückte Kapern
3 Eigelbe
Saft von ½ Zitrone
200 ml Olivenöl
schwarzer Pfeffer
2 EL Kapern
1 Zitrone in Scheiben

▸ Das Kalbfleisch mit dem Suppengrün, den Zitronenscheiben und den Lorbeerblättern in einen Topf geben und mit Weißwein begießen. So viel Wasser zugießen, dass alles bedeckt ist und einen Tag abgedeckt in den Kühlschrank stellen.

▸ Am nächsten Tag das Kalbfleisch in dem Sud mit 1 TL Salz in etwa 1 Stunde bei mittlerer Hitze gar ziehen und abkühlen lassen. Die Sardellenfilets klein schneiden. Mit einem Mixer Sardellen, Thunfisch, zerdrückte Kapern, Eigelbe und Zitronensaft pürieren. Langsam teelöffelweise das Olivenöl unterschlagen, etwa 5 EL Kalbsbrühe unterrühren. Mit Salz und Pfeffer würzen.

▸ Das Fleisch in sehr dünne Scheiben schneiden und auf vier Teller breitflächig legen. Mit der Sauce überziehen und mit Kapern und Zitronenscheiben garnieren.

▸ Dazu passt Bruschetta (s. Seite 147)

Rote Grütze mit Vanilleeis

500 g gemischte rote Beeren wie Johannisbeeren, Himbeeren, Erdbeeren
200 ml Johannisbeersaft
2 EL Zucker
½ Zimtstange
1 EL Speisestärke

ZUM KÜHLSTELLEN:
Zucker (damit sich die Rote Grütze nicht verfärbt)

ZUM SERVIEREN:
4 Kugeln Vanilleeis

Party, Party!
🏃 Für 4 Portionen
⏱ Zubereitungszeit: 40 Minuten
⏱ Kühlzeit: 3 Stunden

▸ Die Beeren putzen, waschen und eventuell kleiner schneiden. Johannisbeersaft mit Zucker und der Zimtstange aufkochen.

▸ Die Beeren in die Flüssigkeit geben und etwa 2 Minuten kochen lassen. Die Speisestärke mit 3 Esslöffeln kaltem Wasser glatt rühren und in die Beerenmischung rühren. Aufkochen lassen, bis die Sauce bindet.

▸ Die Zimtstange entfernen und die Beerenmischung in Glasschalen verteilen. Die Oberfläche mit Zucker bestreuen und die Glasschalen mindestens 3 Stunden in den Kühlschrank stellen. Zum Servieren je 1 Kugel Vanilleeis auf die Rote Grütze geben.

Rührei mit Pfifferlingen

Schnelle und leckere Hausmannskost – schmeckt immer!

250 g Pfifferlinge	6 Eier
1 kleine Zwiebel	Salz, schwarzer Pfeffer
2 EL Olivenöl	1 TL gehackte Petersilie

▸ Die Pfifferlinge putzen, waschen und eventuell kleiner schneiden. Die Zwiebel schälen und fein hacken.
▸ Das Olivenöl in einer Pfanne erhitzen und darin die Zwiebelwürfel andünsten. Die Pfifferlinge hinzufügen und einige Minuten dünsten lassen.

▸ Die Eier verquirlen und über den Pfanneninhalt gießen. Kurz stocken lassen und dann vermischen. Mit Salz und Pfeffer würzen und die Petersilie darüber streuen. Dazu passen frische Blattsalate mit einer Vinaigrette.

Gemüsebrühe

📑 Das gekochte Kalbfleisch stammt aus dem Rezept vom 23. August (s. Seite 212).

📑 Bereiten Sie gleich die doppelte Menge Gemüsebrühe zu und frieren Sie die Hälfte ein, für den 3. September (s. Seite 221).

Heute gibt es frisch gekochte Brühe, und als Einlage können Sie das gekochte Kalbfleisch aus dem Kühlschrank in Streifen schneiden.

1 Bund Suppengrün (Karotte, Sellerie, Lauch, Petersilienwurzel)	1 Stange Bleichsellerie
1 Zwiebel	1 Lorbeerblatt
je ½ Bund Thymian- und Basilikumstängel	1 Gewürznelke
	1 kräftige Prise Salz
1 Tomate	5 weiße Pfefferkörner

▸ Das Suppengrün waschen und grob schneiden. Die Zwiebel halbieren. Die Kräuter waschen. Die Tomate waschen, vierteln und entkernen. Den Bleichsellerie waschen und kleiner schneiden.
▸ Einen Topf mit 1 ½ Liter Wasser, Lorbeerblatt, Gewürznelke, Salz, Pfefferkörnern und den Zwiebelhälften aufkochen. Das

vorbereitete Gemüse und die Kräuter einlegen und bei geringer Hitze etwa 30 Minuten ziehen lassen.
▸ Die Gemüsebrühe durch ein mit einem Küchentuch ausgelegtes Sieb gießen und in tiefe Teller füllen.

Bunte Platte

26. August

Heute gibt's einfach verschiedene Brotsorten mit Butter, Schinken, Aufschnitt, Cocktailtomaten und Mozzarella.

Kalte Küche

Wiener Backhähnchen

27. August

Kinder lieben Hähnchen, deshalb ist dies auch ein perfektes Gericht für einen Kindergeburtstag.

Kinder, Kinder

- Für 4 Portionen oder 8 Kinderportionen
- Zubereitungszeit: 45 Minuten

2 küchenfertige Hähnchen
Salz, schwarzer Pfeffer
je 1 Prise rosenscharfes und edelsüßes Paprikapulver
2 Eier
4 EL Milch oder Sahne
100 g Mehl
150 g Semmelbrösel (Paniermehl)

ZUM AUSBACKEN:
¼ l Pflanzenöl

ZUM SERVIEREN:
krause Petersiliensträußchen,
Zitronenviertel

TIPP
Lassen Sie das Fett vollständig abkühlen, decken Sie es mit Folie ab und stellen es in den Kühlschrank. Sie können es dann portionsweise zum Braten verwenden.

▸ Jedes Hähnchen in vier Teile schneiden, waschen und trocken tupfen. Rundherum mit Salz, Pfeffer und den beiden Paprikasorten würzen.
▸ Die Eier mit Milch oder Sahne verquirlen. Das Pflanzenöl in einer großen Pfanne mit hohem Rand heiß siedend erhitzen.
▸ Die Hähnchenteile in Mehl wenden, durch die Eier ziehen und in den Semmelbröseln panieren. Im heißen Fett von allen Seiten etwa 20 Minuten goldbraun und knusprig braten.

▸ Die gebratenen Hähnchenteile auf Küchenpapier entfetten und mit Petersilie sowie mit Zitronenvierteln servieren.
▸ Dazu passen selbst gemachte Kartoffelchips. 1, 2 oder 3 kleine Kartoffeln in feinblättrige Scheibchen schneiden. Sobald die Hähnchen fertig sind und das Fett noch reicht (etwas nachgießen), Kartoffelscheibchen darin frittieren. Das dauert nicht mal eine Minute. Die knusprigen Chips mit einem Schaumlöffel aus dem Fett nehmen und auf Küchenpapier zum Entfetten geben. Mit Salz und Pfeffer würzen.

Lammgulasch mit Kartoffelscheiben

Schnellgericht

Das Lammgulasch vom 19. Juli (s. Seite 183) auftauen und im Topf erwärmen. Dazu gibt es gegrillte Kartoffelscheiben. Hierfür die Kartoffeln in etwa 1 cm dicke Scheiben schneiden, mit Salz und Pfeffer würzen und auf ein Backblech legen. Mit Olivenöl beträufeln und im vorgeheizten Backofen bei 200 °C (Oberhitze) oder mit Grillstufe in etwa 25 Minuten knusprig grillen.

29. August

Melone mit Schinken

Schnellgericht

Viel zu tun, viele Einkäufe, keine Lust zum Kochen: Deshalb gibt es heute saftig-süße Melonenviertel, mit Schinken umwickelt, und dazu allerlei gemischte Köstlichkeiten, die der Kühlschrank noch bereithält.

30. August

Griechischer Spinatkuchen

Lazy Weekend
🏛 Für 4 Portionen
🕐 Zubereitungszeit:
  30 Minuten
🕐 Garzeit: 40 Minuten

Dieser Spinatkuchen schmeckt wie Urlaub in Griechenland.

1 kg frischer Blattspinat	5 EL Olivenöl
2 große Zwiebeln	300 g Schafskäse
2 Knoblauchzehen	2 Eier
1 Bund glatte Petersilie	Salz, schwarzer Pfeffer
½ Bund Dill	1 Eigelb
300 g Filo-Teig aus einem griechischen/türkischen Laden oder aufgetauter Blätterteig	
	AUSSERDEM:
⅛ l Milch	1 Springform mit 24 bis 26 cm
50 g zerlassene Butter	Durchmesser

▶ Den Spinat verlesen, waschen und in einem Sieb abtropfen lassen. Die Zwiebeln und die Knoblauchzehen schälen und fein würfeln. Die Petersilie und den Dill waschen, von den Stielen zupfen und fein hacken.

▶ Den Backofen auf 200 °Grad (Umluft 180 °C) vorheizen und die Springform mit Butter auspinseln. Die Springform mit zwei Dritteln der Teigblätter so auslegen, dass die Teigränder weit genug überhängen, um die letzte Spinatschicht komplett abzudecken. Den restlichen Teig auf einer Arbeitsplatte auslegen.

▶ Die Milch mit der Butter verrühren. In einer breiten Pfanne das Olivenöl erhitzen und darin die Zwiebel- und Knoblauchwürfel andünsten. Den Spinat hinzufügen und das Ganze etwa 5 Minuten weiterdünsten; die Pfanne vom Herd ziehen.

▶ Den Schafskäse zerkleinern und mit den Eiern, dem Dill und der Petersilie verrühren. Anschließend mit dem Spinat locker vermengen und mit Salz und Pfeffer würzen. Ein Drittel der Spinatmasse in die Springform füllen und mit angefeuchteten Teigblättern belegen, die aber zugeschnitten werden müssen. Diese mit der Milchbutter bepinseln. Das zweite Drittel des Spinats darauf verteilen, mit angefeuchteten, zugeschnittenen Teigblättern belegen und mit dem Rest der Milchbutter bepinseln.

▶ Die letzte Lage Spinat verteilen und mit den überhängenden Teigblättern abschließen. Mit einem scharfen Messer in die Teigoberfläche 5 bis 7 cm große Quadrate einritzen. Das Eigelb verquirlen und die Teigoberfläche damit bestreichen. Den Spinatkuchen in den Backofen schieben und in etwa 30 Minuten knusprig backen.

Buntes Allerlei

31. August

Kalte Küche

Es ist sicher noch Spinatkuchen übrig, und bestimmt hält Ihr Kühlschrank noch etwas Gemüse und Salat, etwas Schinken und Käse bereit. Aus diesem Potpourri können Sie sich heute Ihr Mittagessen zusammenstellen.

September

Spaghetti alla bolognese

Pasta, basta!

🍴 Für 4 Portionen

🕐 Zubereitungszeit:
30 Minuten

🕐 Garzeit: 30 Minuten

📖 Bereiten Sie von der Fleischsauce gleich die vierfache Menge zu und frieren Sie zwei Behälter à 4 Portionen ein, eine für das Rezept vom 17. September (s. Seite 229) und eine für das Rezept vom 7. Oktober (s. Seite 248). Eine Portion wird gleich morgen (s. Seite 221) auf mexikanische Art abgewandelt.

Spaghetti alla bolognese kommt immer gut an, bei Kindern wie bei Erwachsenen.

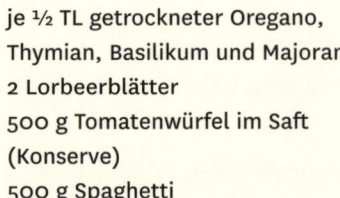

1 kleine Zwiebel
2 Knoblauchzehen
1 kleine Karotte
½ Bund Petersilie
4 EL Olivenöl
300 g gemischtes Hackfleisch
1 TL Tomatenmark
100 ml trockener Rotwein
Salz, schwarzer Pfeffer

je ½ TL getrockneter Oregano, Thymian, Basilikum und Majoran
2 Lorbeerblätter
500 g Tomatenwürfel im Saft (Konserve)
500 g Spaghetti

ZUM GARNIEREN:
frische Basilikumblättchen

▶ Zwiebel, Knoblauchzehen und Karotte schälen und fein würfeln. Die Petersilie abbrausen, trocken schütteln, die Blättchen abzupfen und fein hacken.

▶ Das Olivenöl in einer größeren Pfanne mit hohem Rand erhitzen und darin die Gemüsewürfel andünsten. Das Hackfleisch hin-

zufügen und unter Rühren krümelig braten. Mit Tomatenmark durchrösten und mit Rotwein ablöschen. Den Pfanneninhalt mit Salz, Pfeffer und den getrockneten Kräutern würzen. Lorbeerblätter einlegen und die Tomatenwürfel mit Saft einrühren.

▶ Die Sauce bei kleiner Hitze etwa 30 Minuten schmoren lassen. Parallel dazu die Nudeln in reichlich kochendem Salzwasser bissfest garen. Abgießen, abtropfen lassen und auf tiefe Teller verteilen.
Die Hackfleischsauce nochmals abschmecken und die Lorbeerblätter entfernen. Die Nudeln löffelweise mit Sauce überziehen und mit Basilikumblättchen garnieren.

Chili con Carne

Schnellgericht

Heute geht es superfix: Die fertige Hackfleischsauce, Rezept vom 1. September (s. Seite 220), erwärmen und so richtig mexikanisch mit Chilipulver und rosenscharfem Paprikapulver würzen. Dazu noch eine Dose Kidneybohnen (etwa 300 g) und etwas frisch gehackte Petersilie unterrühren – fertig ist das Chili con Carne. Auf den Tisch Portionsschalen mit gewürfelten Tomaten, Streifen vom Eisbergsalat, saure Sahne, grüne und schwarze Oliven und frisch geschnittene Paprikastreifen stellen und Tacochips oder fertige Tortillas dazu servieren. Die Tortillas sollten Sie vorher im vorgeheizten Backofen bei 180 °C einige Minuten erwärmen.

Gemüsebrühe mit Einlage

3. September

Suppentag

Die fertige Gemüsebrühe, Rezept vom 25. August (s. Seite 214), auftauen und erhitzen. Je nach Inhalt Ihres Kühlschranks Streifen von Paprika, Karotten, Zucchini oder Mischgemüse (TK) als Einlage verwenden.

Gemischter Salat mit Thunfisch

4. September

Kalte Küche

Einen großen gemischten Salat aus saisonalem Gemüse und Salaten zubereiten. Als Topping eine Dose Thunfisch mit der Gabel zerpflücken und untermischen. Weißbrot oder Toastbrot in Würfel schneiden, in heißer Butter in der Pfanne von allen Seiten rösten und über den Salat streuen.

Risotto mit Gemüse und Schinken

Kochen Sie gleich die doppelte Portion Risotto, die Hälfte brauchen Sie für das Rezept vom 7. September (s. Seite 224).

Heute geht das Kochen ganz flott: Ein leckeres Risotto steht auf dem Speiseplan.

1 kleine Zwiebel	1 Lorbeerblatt
2 Knoblauchzehen	100 ml trockener Weißwein
1 Karotte	1 l heiße Gemüsebrühe (Instant)
150 g gekochter Schinken	½ Bund gemischte Kräuter
1 EL Olivenöl	(Thymian, Oregano, Basilikum)
400 g Risottoreis (z. B. Carnaroli)	Salz, weißer Pfeffer
1 Gewürznelke	150 g geriebener Parmesan

▸ Die Zwiebel, die Knoblauchzehen und die Karotte schälen und mit dem Schinken fein würfeln.

▸ In einem breiten Topf das Olivenöl erhitzen und darin den Reis kurz anrösten. Zwiebel-, Knoblauch- und Schinkenwürfel, Gewürznelke und Lorbeerblatt hinzufügen und alles mit Weißwein ablöschen.

▸ Unter mehrmaligem Rühren die Gemüsebrühe in mehreren Etappen zugießen. Immer wenn die Flüssigkeit fast eingekocht ist, wieder Brühe zugießen, bis sie aufgebraucht ist. In der Zwischenzeit die Kräuter waschen, trocken schwenken, die Blättchen abzupfen und fein hacken.

▸ Sobald das Risotto gar gekocht ist, die Kräuter untermengen. Mit Salz und Pfeffer würzen und auf tiefe Teller verteilen. Üppig mit Parmesan bestreuen. Dazu passen grüne Blattsalate mit einer Essig-Öl-Marinade.

Hackbraten mit Pellkartoffeln

Essen wie bei Muttern – ist gar nicht so kompliziert und ein richtig schönes Sonntagsmahl.

50 g geräucherter Speck	½ TL getrockneter Majoran
4 entrindete Weißbrotscheiben	Salz, schwarzer Pfeffer
50 ml heiße Milch	1 Prise gemahlene Muskatnuss
1 Zwiebel	1 EL scharfer Senf
1 Knoblauchzehe	1 hart gekochtes Ei (Größe M)
¼ Bund glatte Petersilie	1 Fleischtomate
1 kleine Karotte	½ Bund Suppengrün
1 Ei	(Lauch, Sellerie, Karotte)
1 kg gemischtes Hackfleisch	3 EL Pflanzenöl
(Schwein und Rind)	½ l Fleischbrühe
etwas abgeriebene Schale von	150 g Crème fraîche
1 unbehandelten Zitrone	500 g neue Kartoffeln

📖 Erfahrungsgemäß bleibt von diesem Gericht immer etwas übrig. Das können Sie dann in dem Rezept vom 8. September (s. Seite 224) weiterverwerten. Kochen Sie am besten gleich die doppelte Menge Pellkartoffeln, ebenfalls für das Rezept vom 8. September (s. Seite 224).

TIPP
Zum Aufschneiden des Hackbratens am besten ein elektrisches Messer verwenden.

▶ Den Speck fein würfeln. Die Weißbrotscheiben in Würfel schneiden und mit heißer Milch begießen; mit einem Tuch abdecken. Die Zwiebel und die Knoblauchzehe schälen und fein würfeln. Die Petersilie waschen, trocken schwenken, von den Stängeln zupfen und fein hacken.
▶ Die Karotte schälen und in kleine Würfel schneiden. Alle vorbereiteten Zutaten sowie das Ei mit dem Hackfleisch vermengen. Mit Zitronenschale, Majoran, Salz, Pfeffer, Muskatnuss und Senf würzen und mit nassen Händen einen Fleischlaib formen. Das hart gekochte Ei schälen und mittig in dem Laib »verstecken«.
▶ Die Tomate und das Suppengrün waschen und klein schneiden. Das Pflanzenöl in einem Bräter erhitzen und darin den Fleischlaib beidseitig anbraten.

▶ Suppengrün und Tomate seitlich einstreuen und kurz anrösten. Mit etwa 50 ml Fleischbrühe begießen und den Bräter verschließen. Den Hackbraten im vorgeheizten Backofen bei 200 °C (Umluft 180 °C) etwa 30 Minuten garen. Dann den Deckel entfernen und den Braten 10 Minuten bräunen lassen. In der Zwischenzeit die Kartoffeln garen.
▶ Den Hackbraten aus dem Bräter nehmen und in Alufolie wickeln. Den Bratensatz mit der restlichen Fleischbrühe loskochen und 5 Minuten einkochen, durch ein Sieb passieren und aufkochen lassen.
▶ Die Sauce abschmecken und mit Crème fraîche verfeinern. Hackbraten aufschneiden und anrichten. Den Bratenfond aus der Folie in die Sauce rühren und diese in eine Sauciere füllen.

Reissalat mit Früchten

Kalte Küche

Das gekühlte Risotto, Rezept vom 5. September (s. Seite 222), zu einem erfrischenden Reissalat küren: Je eine kleine Dose Ananasecken und Mandarinenspalten unter den Reis mischen. Nach Belieben auch 150 g geschälte Garnelen (Kühlregal) untermischen. Den Salat mit Salz, Pfeffer und 1 Teelöffel gemischter Kräuter (TK) würzen und auf Salatblättern anrichten. Dazu gemischtes Brot, Butter, Oliven und Käse servieren.

Hackfleisch-Kartoffel-Pfanne

8. September

Schnellgericht

Heute gibt es das, was vom 6. September (Rezept s. Seite 223) übrig geblieben ist, so richtig schön in einer großen Pfanne serviert. Den verbliebenen Hackbraten klein schneiden und eine geschälte Zwiebel würfeln. Beides in etwas Pflanzenöl anbraten. Die geschälten Kartoffelscheiben einlegen und alles in etwa 10 Minuten gut durchbraten. Mit Salz, Pfeffer und edelsüßem sowie rosenscharfem Paprikapulver würzen. Einen halben Romanasalat in schmale Streifen schneiden und über die herzhafte Pfanne streuen. Schmeckt wunderbar – besonders wenn alles auf dem Teller so richtig durchgemischt wird.

Chinakohl mit Früchten und Nüssen

9. September

Kalte Küche
🍴 Für 4 Portionen
🕐 Zubereitungszeit:
   20 Minuten

Ein frisch-fruchtiger Salat für einen spätsommerlichen Tag – köstlich, belebend, gesund!

500 g Chinakohl	50 g ungesalzene Erdnüsse
100 g Sojabohnensprossen	150 g Naturjoghurt
½ Bund Petersilie	Saft von 1 Orange
150 g rote Johannisbeeren	Kräutersalz
1 Apfel	grob geschroteter schwarzer
1 TL frischer Zitronensaft	Pfeffer

▶ Den Chinakohl in Streifen schneiden, waschen und gründlich abtropfen lassen. Die Soja-

bohnensprossen waschen und abtropfen lassen. Die Petersilie waschen, die Blättchen von den

Stängeln zupfen und fein hacken.
▸ Die Johannisbeeren von den
Stängeln perlen und waschen.
Den Apfel schälen, entkernen
und in kleine Stifte schneiden;
mit Zitronensaft beträufeln. Die
Erdnüsse mit Joghurt sowie dem
Orangensaft im Küchenmixer
pürieren.
▸ Alle vorbereiteten Zutaten
miteinander vermengen. Mit
Kräutersalz und mit Pfeffer wür-
zen und auf vier Teller verteilen.
Dazu passt Baguette oder Voll-
kornbrot.

Penne mit Lachs und Mischgemüse

10. September

*Heute gibt es die Nudeln mal mit Lachs – hätten Sie nicht gedacht,
dass dieses Gericht so fix zuzubereiten ist, oder?*

Pasta, basta!

🍴 Für 4 Portionen

🕐 Zubereitungszeit:
20 Minuten

400 g enthäutetes Lachsfilet	250 g Karotten und Erbsen
Saft von 1 Zitrone	(TK-Ware)
Salz, schwarzer Pfeffer	
½ Bund Petersilie	ZUM SERVIEREN:
500 g Penne	4 Zitronenviertel
200 g Sahne	

📖 Kochen Sie von den
Penne gleich die doppelte
Menge, für das Rezept vom
12. September (s. Seite
227).

▸ Das Lachsfilet in mundgerechte
Stücke schneiden. Mit Zitronensaft beträufeln und mit Salz und
Pfeffer würzen. Die Petersilie
waschen, trocken schwenken,
die Blättchen abzupfen und fein
hacken.
▸ Die Nudeln in reichlich kochendem Salzwasser bissfest garen. In
der Zwischenzeit Sahne erwärmen, aber nicht kochen. Lachsstücke und Mischgemüse hinzufügen und bei geringer Hitze etwa
5 Minuten ziehen lassen. Mit Salz
und Pfeffer würzen.
▸ Die Nudeln in ein Sieb abgießen, abtropfen lassen und auf
tiefe Teller verteilen. Mit Lachssahne und Gemüse überziehen.
Reichlich mit Petersilie bestreuen
und die Zitronenviertel dazu reichen.

Kressesalat mit Putenstreifen

Schnellgericht

🍴 Für 4 Portionen

🕐 Zubereitungszeit: 30 Minuten

Ein leckerer Salat mit exotischen Früchten und gebratenen Putenstreifen – hmmm!

1 Babyananas	4 EL Rotweinessig
1 Papaya	50 ml kalte Hühnerbrühe (Instant)
1 Sternfrucht (Karambole)	Salz
200 g Brunnenkresse	frisch gemahlener schwarzer
(oder Feldsalat)	Pfeffer
2 Schalotten	250 g Putenbrust
1 TL Dijon-Senf	1 TL Sonnenblumenöl
5 EL Olivenöl	

▶ Die Babyananas schälen, vierteln, entstrunken und das Fruchtfleisch in kleine Stücke schneiden. Die Papaya schälen, halbieren, mit einem Löffel die Kerne herauskratzen und das Fruchtfleisch passend zur Ananas schneiden.

▶ Die Sternfrucht waschen und quer in dünne Scheibchen schneiden. Die Brunnenkresse verlesen, gründlich waschen und trocken schwenken. Die Schalotten schälen, halbieren und in Streifen schneiden.

▶ Für das Dressing Dijon-Senf, 4 Esslöffel Olivenöl, Rotweinessig und Hühnerbrühe kräftig aufschlagen. Mit Salz und Pfeffer würzen.

▶ Die vorbereiteten Salatzutaten mit dem Dressing locker vermengen und auf vier Teller verteilen. Das Putenfleisch in Streifen schneiden, mit Salz und Pfeffer würzen, in der Pfanne von allen Seiten in etwa 5 Minuten anbraten und über den Salat geben.

Schinkennudeln

12. September

Lazy Weekend

Heute werden aus den gekochten Penne, Rezept vom 10. September (s. Seite 225), Schinkennudeln. 150 g gewürfelten Kochschinken, 1 große gewürfelte Zwiebel und die gekochten Nudeln in 1 Esslöffel Butter kräftig durchrösten. Nach Belieben 2 verquirlte Eier und 1 Esslöffel frisch gehackte Petersilie unterrühren – fertig! Dazu gemischte Blattsalate mit Essig-Öl-Marinade servieren.

Schweinenacken auf Salzmeer

13. September

Ein echtes Sonntagsessen, das nur ganz wenig Arbeit macht, denn die meiste Zeit verbringt der Schweinenacken in der Marinade oder im Backofen. Und damit sich der Einkauf von Meersalz lohnt, ist das Fleisch großzügig berechnet.

Sonntagsessen
- Für 6 Portionen
- Zubereitungszeit: 15 Minuten
- Garzeit: 1 ¾ Stunden
- Marinierzeit: 1 Tag (am Tag vorher einlegen)

1 ½ kg Schweinenacken ohne Knochen	schwarz geschroteter Pfeffer
4 Knoblauchzehen	1 ½ kg Meersalz

▶ Den Schweinenacken unter fließend kaltem Wasser waschen und mit Küchenpapier gründlich trocken tupfen. Die Knoblauchzehen abziehen, durch eine Knoblauchpresse drücken und das Fleisch damit einreiben. Anschließend rundherum mit geschrotetem Pfeffer würzen.
▶ Das Fleisch in einen Behälter geben, mit Alufolie verschließen und 1 Tag zum Marinieren in den Kühlschrank stellen.
▶ Den Backofen auf 220 °C (Umluft 200 °C) vorheizen und ein Backblech mit Meersalz ausstreuen. Das Salz sollte ungefähr 2 cm hoch aufgeschüttet sein. Das Backblech in den vorgeheizten Backofen schieben und das Salz etwa 15 Minuten erhitzen.
▶ Das Backblech aus dem Ofen nehmen und das Schweinefleisch auf das heiße Salz geben. Das Backblech zurück in den Ofen schieben und das Fleisch in 1 ¾ Stunden garen. Während dieser Garzeit nicht die Backofentür öffnen.
▶ Das fertig gegarte Fleisch vom Salz nehmen, in Alufolie wickeln und 10 Minuten ruhen lassen. Dann zum Servieren in Scheiben schneiden. Dazu passen Rahmspinat (TK) und in Butter geschwenkte Petersilienkartoffeln.

🔖 Das Fleisch ist für 6 Portionen berechnet. Was übrig bleibt, können Sie für das Rezept vom 15. September (s. Seite 228) verwenden.

Chili-Garnelen mit Röstbrot

Schnellgericht

Was koche ich heute bloß? Im Gefrierschrank sind noch 500 g Garnelen ohne Schale, im Kühlschrank Toastbrot. Also: die Garnelen im Beutel auftauen und mit Küchenpapier fest ausdrücken, damit die Feuchtigkeit aufgesogen wird. Die Garnelen in eine Auflaufform geben und mit Salz, Pfeffer und Chiligewürz würzen. Dann mit etwa 150 ml Olivenöl begießen und etwa 20 Minuten in den vorgeheizten Backofen bei 220 °C (Umluft 200 °C) schieben. Die Toastbrotscheiben (möglichst viele) in Dreiecke schneiden und auf der untersten Schiene im Backofen rösten. Dazu ein Gläschen gut gekühlten Weißwein genießen.

15. September

Salatherzen mit Schweinenacken

Kalte Küche

Das übrig gebliebene Schweinefleisch, Rezept vom 13. September (s. Seite 227), in schmale Streifen schneiden. Eine große Zwiebel schälen und mit 2 gewaschenen Salatherzen in schmale Streifen schneiden. Alles zusammen mit 5 Esslöffeln Olivenöl, 3 Esslöffeln Sherryessig und 5 Esslöffeln kaltem Wasser vermengen. Mit Salz und Pfeffer würzen. Dazu gibt es frisches Bauernbrot mit Butter und Schnittlauchröllchen.

Kartoffelpuffer mit Apfelmus

Achtung, heiß und fettig! Und vor allem ein Leckerbissen für Kinder und alle, die es sonst noch süß mögen.

500 g Äpfel	Salz
100 ml Apfelsaft	2 EL saure Sahne
1 kleine Zimtstange	2 EL Stärkemehl
4 Gewürznelken	
50 g Zucker (oder nach Bedarf)	ZUM BRATEN:
1 kg mehligkochende Kartoffeln	etwa 100 ml Pflanzenöl oder
2 Eier	100 g Butterschmalz

▸ Die Äpfel schälen, entkernen und in grobe Stücke schneiden. Mit Apfelsaft, Zimt, Nelken und Zucker in einen Topf geben. Mit so viel Wasser aufgießen, dass die Äpfel knapp bedeckt sind. Nach dem ersten Aufkochen bei mittlerer Hitze 10 Minuten weiterkochen.

▸ Inzwischen die Kartoffeln schälen und auf einer Küchenreibe fein reiben. Den Saft der Kartoffeln fest ausdrücken. Dann Kartoffeln mit Eiern, Salz, Sahne und Stärkemehl vermischen.

▸ Die Äpfel in der Küchenmaschine fein pürieren, Zimtstange und Gewürznelken zuvor herausnehmen. Das lauwarme Apfelmus in Schälchen füllen.

▸ In einer großen Pfanne portionsweise Kartoffelpuffer herstellen: Pflanzenöl erhitzen und 1 Esslöffel Kartoffelteig in die Pfanne geben. Mit dem Löffelrücken zu Puffern glatt drücken. Sobald diese angebraten sind, wenden. So lange fortfahren, bis der Kartoffelteig aufgebraucht ist.

Nudeln mit Hackfleischsauce

Heute können Sie die fertige Hackfleischsauce, Rezept vom 1. September (s. Seite 220), auftauen und erwärmen. Eventuell nochmals abschmecken. Dazu Nudeln Ihrer Wahl kochen und gemischte Blattsalate servieren.

Orientalischer Zucchinisalat

Wenn Ihre Gäste kommen, sind Salat und Suppe bereits vorbereitet, und Sie können beides mit viel Fladenbrot, gemischten Oliven und eingelegtem Ziegenkäse servieren.

Zeit für Gäste

- Für 4 Portionen
- Zubereitungszeit: 30 Minuten
- Marinierzeit: 2 Stunden

100 g Rosinen	1 Bund glatte Petersilie
1 TL brauner Zucker	1 große rote Zwiebel
50 ml Weißweinessig	Salz, schwarzer Pfeffer
4 EL Olivenöl	1 TL grob zerstoßene Koriander-
500 g Zucchini	körner

▸ Die Rosinen mit Zucker, Weißweinessig und 2 Esslöffeln Olivenöl gründlich verrühren; bei Zimmertemperatur 30 Minuten stehen lassen.

▸ Inzwischen die Zucchini putzen, zuerst längs in dünne Scheiben, dann quer in schmale Streifen schneiden. Die Petersilie waschen und trocken tupfen, die Blättchen von den Stängeln zupfen und fein hacken. Die Zwiebel schälen, halbieren und in Streifen schneiden.

▸ In einer Pfanne 2 Esslöffel Olivenöl erhitzen und darin die Zwiebel- und Zucchinistreifen etwa 5 Minuten dünsten. Die Petersilie hinzufügen und alles mit Salz und Pfeffer würzen.

▸ Den Pfanneninhalt in eine Schüssel füllen und mit Koriander sowie dem Rosinenessig vermengen. Nochmals abschmecken, mit Folie abdecken und im Kühlschrank 1 bis 2 Stunden marinieren lassen.

Maiscremesuppe mit Tacochips

Zeit für Gäste

- Für 4 Portionen
- Zubereitungszeit: 40 Minuten

Kochen Sie gleich die doppelte Menge Maiscremesuppe und frieren Sie die Hälfte ein, für das Rezept vom 5. Oktober (s. Seite 247).

1 kleine Zwiebel	1 Hauch Cayennepfeffer
1 Knoblauchzehe	1 l Geflügelbrühe (Instant)
2 EL Butter	100 g Crème fraîche
500 g Gemüsemais	
(2 kleine Dosen)	**AUSSERDEM:**
Salz, schwarzer Pfeffer	1 Tüte Taco Chips

▸ Die Zwiebel und die Knoblauchzehe schälen und fein würfeln. Die Butter in einem Topf erhitzen und darin Zwiebeln, Knoblauch und Maiskörner unter Rühren 8 bis 10 Minuten andünsten. Mit Salz, Pfeffer und Cayennepfeffer würzen.

▸ Den Topfinhalt mit Geflügelbrühe aufgießen, aufkochen und
bei kleiner Hitze etwa 15 Minuten
offen kochen lassen. Die Suppe
mit einem Mixstab pürieren und
mit Crème fraîche verfeinern.
Dazu die Tacochips reichen.

Spanischer Reisauflauf mit Fisch

19. September

*Eine Paella für alle, die kein Fleisch, dafür aber Fisch mögen. Und
obendrein ein tolles Partyessen, das Sie auf dem Buffet auf einer
Wärmeplatte präsentieren können.*

Party, Party!
🍴 Für 4 Portionen
🕐 Zubereitungszeit:
   30 Minuten
🕐 Garzeit: 45 Minuten

1 Zwiebel	5 cl Sherry
3 Knoblauchzehen	800 ml Gemüsebrühe (Instant)
je 1 grüne und rote Paprikaschote	250 g aufgetaute Erbsen (TK)
4 EL Olivenöl	250 g abgetropfter Gemüsemais
300 g Langkornreis	250 g aufgetautes Seelachsfilet
Salz, schwarzer Pfeffer	(TK)
1 Döschen Safran	250 g aufgetautes Lachsfilet (TK)
je 2 Msp. edelsüßes und rosen-	Saft von ½ Zitrone
scharfes Paprikapulver	1 EL frisch gehackte Petersilie

▸ Die Zwiebel und die Knoblauchzehen schälen und fein würfeln.
Die Paprikaschoten waschen,
vierteln, Stiel, Kerne sowie
Trennwände entfernen und in
etwa 1 cm große Würfel schneiden.

▸ Den Backofen auf 200 °C (Umluft 180 °C) vorheizen. Das Olivenöl in einem Bräter erhitzen
und darin unter Rühren Zwiebel-
und Knoblauchwürfel 2 Minuten
andünsten. Die Paprikawürfel
einstreuen, 2 Minuten rühren
und den Reis hinzufügen. Alles
mit Salz, Pfeffer, Safran und Paprikapulver würzen und mit Sherry ablöschen.

▸ Den Bräterinhalt mit Brühe
aufgießen und aufkochen lassen.
Erbsen sowie Mais einrühren
und nochmals abschmecken. Den
Bräter in den vorgeheizten Ofen
schieben und den Inhalt 20 Minuten garen lassen.

▸ Inzwischen die Fischfilets waschen und in etwa 2 cm große Stücke schneiden. Mit Zitronensaft beträufeln und mit Salz und Pfeffer würzen.

▸ Den Bräter aus dem Ofen nehmen. Den Reis vorsichtig mischen und nach und nach die Petersilie sowie die Fischstücke unter den Reis heben. Den Bräter mit Alu-folie abdecken und für weitere 10 Minuten in den Ofen schieben. Den fertigen Reisauflauf im Bräter auf den Tisch stellen.

20. September

Sonntagsessen

🍴 Für 1 Strudel

🕐 Zubereitungszeit: 45 Minuten

🕐 Backzeit: 60 Minuten

📖 Backen Sie gleich 2 Strudel und frieren Sie die übrigen Stücke portionsweise ein, für das Rezept vom 11. Oktober (s. Seite 251).

Quarkstrudel

Heute gibt es einen köstlichen Quarkstrudel für einen schönen Kaffee-nachmittag – und danach können Sie ein unkompliziertes kaltes Mahl servieren: Aufschnitt, Käse, frisches Brot, Gurken und einen gemisch-ten Salat.

300 g Mehl	100 g Zucker
Salz	1 Päckchen Vanillezucker
1 Ei	500 g Quark
8 EL flüssige Butter	100 g Sahne
100 ml lauwarmes Wasser	100 g Rosinen
1 EL Pflanzenöl	Saft von ¼ Zitrone
2 Eier, getrennt	

▸ Für den Teig das Mehl mit einer Prise Salz auf einer Arbeitsplatte versieben. Rasch unter Zugabe von einem Ei, 2 Esslöffeln Butter und dem Wasser einen geschmeidigen Teig kneten. Diesen zu einem Kloß formen und mit Pflanzenöl bepinseln. Mit einem feuchten Tuch abdecken und etwa 30 Minuten ruhen lassen.

▸ Den Backofen auf 200 °C (180 °C Umluft) vorheizen und

ein Backblech mit flüssiger Butter bepinseln. Das Eiweiß steif schlagen. 5 Esslöffel Butter mit den Eigelben, dem Zucker und dem Vanillezucker schaumig schlagen. Nach und nach mit Quark und Sahne verrühren. Die Rosinen unterheben und alles mit Zitronensaft abschmecken.
▸ Auf einer Arbeitsplatte ein feuchtes Tuch auslegen und mit Mehl bestäuben. Darauf den Teig dünn ausrollen. Den Eischnee unter den Quarkteig heben und diesen längs auf den Strudelteig streichen. Darauf achten, dass an den Ränder genügend Platz zum Einschlagen bleibt. Den Strudel mit Hilfe des Tuches aufrollen und in die Backform rollen. Üppig mit der restlichen Butter bestreichen. Den Strudel in 55 bis 60 Minuten im Ofen backen. Dann herausnehmen, gut abkühlen lassen und in Stücke schneiden.

Wirsinggemüse mit Kartoffelkugeln

21. September

Ein leichtes Kohlgericht mit knusprig gebratenen Kartoffelkugeln, einfach lecker!

1 kg Kartoffeln	2 EL Butter
Salz	200 g Sahne
1 kleiner Kopf Wirsing	schwarzer Pfeffer
(etwa 500 g)	1 Prise gemahlene Muskatnuss
100 g geräucherte Speckwürfel	

Schnellgericht

🦌 Für 4 Portionen

🕐 Zubereitungszeit: 40 Minuten

🗄 Kochen Sie gleich die doppelte Menge Wirsinggemüse und frieren Sie die Hälfte ein, für das Rezept vom 13. Oktober (s. Seite 251).

▸ Die Kartoffeln waschen, schälen und mit einem Rundausstecher kleine Kugeln aus den Kartoffeln stechen. Diese in kochendes Salzwasser geben und knapp 10 Minuten kochen. Abgießen und gut abtropfen lassen.
▸ Den Wirsing putzen, in Streifen schneiden und waschen. In kochendes Salzwasser geben und 2 bis 3 Minuten garen. Anschließend in ein Sieb gießen (etwa 250 ml Wirsingsud beiseite stellen), mit kaltem Wasser abschrecken und abtropfen lassen.

▸ Die Speckwürfel in einer Pfanne auslassen. Die Hälfte der Butter sowie die Wirsingstreifen hinzufügen. Einige Minuten dünsten lassen und dann mit Wirsingsud und mit Sahne aufgießen. Mit Salz, Pfeffer und Muskat würzen.
▸ Die restliche Butter in einer Pfanne erhitzen und darin die Kartoffelkugeln von allen Seiten goldbraun braten. Das Wirsinggemüse auf Teller verteilen und die Kartoffelkugeln darauf anrichten.

Pasta mit Artischocken-Zitronen-Sauce

Dieses Nudelgericht ist etwas ganz Besonderes, schließlich kommen Artischocken nicht jeden Tag auf den Tisch.

Pasta, basta!

🍽 Für 4 Portionen

🕐 Zubereitungszeit:
   20 Minuten

📖 Kochen Sie gleich die doppelte Menge Nudeln, die Hälfte benötigen Sie für das Rezept vom 24. September (s. Seite 235).

500 g Nudeln Ihrer Wahl
Salz
½ Bund Basilikum
400 g Artischockenherzen in Olivenöl (Glas)
Saft von 1 Zitrone

50 g frisch geriebener Parmesan
Kräutersalz
frisch geschroteter schwarzer Pfeffer

▸ Die Nudeln in reichlich kochendem Salzwasser bissfest garen. Das Basilikum waschen, trocken schwenken, die Blättchen abzupfen und in Streifen schneiden.
▸ Die Artischockenherzen kurz abtropfen lassen und in Achtel schneiden. Mit den Basilikumstreifen und dem Zitronensaft, etwa 50 ml Artischocken-Olivenöl und dem Käse locker vermengen.
▸ Die Nudeln in ein Sieb abgießen und noch tropfnass mit der Artischockensauce in einer Schüssel locker vermengen. Mit Kräutersalz und Pfeffer würzen und sofort servieren. Dazu passt ein Tomatensalat.

Schafskäse mit Olivenjoghurt

Heute gibt's pikanten Schafskäse mit einer leckeren Joghurt-Oliven-Sauce.

Kalte Küche

🍽 Für 4 Portionen

🕐 Zubereitungszeit:
   20 Minuten

500 g Schafskäse (Feta)
½ Bund glatte Petersilie
2 Knoblauchzehen
200 g schwarze und grüne Oliven
100 g Vollmilchjoghurt
3 EL Olivenöl

Saft von ½ Zitrone
Salz, schwarzer Pfeffer

AUSSERDEM:
1 geschälte Zitrone, in halbe Scheiben geschnitten

▸ Den Schafskäse in dünne Scheiben schneiden und auf vier Tellern anrichten. Die Petersilie waschen, von den Stängeln zupfen und fein hacken. Die Knoblauchzehen abziehen und fein würfeln.
▸ Die Oliven entsteinen, klein schneiden und mit der Petersilie, den Knoblauchzehen, dem Joghurt, dem Olivenöl sowie dem

Zitronensaft verrühren. Mit Salz und Pfeffer würzen.
▶ Den Olivenjoghurt löffelweise über den Schafskäse geben. Mit

Zitronenscheibchen garnieren. Dazu passen Fladenbrot und gemischte Blattsalate.

Gratinierte Nudeln mit Mischgemüse

24. September

Erbsen und Karotten sind bei Kindern sehr beliebt, und wenn sie dann noch mit Nudeln auf den Tisch kommen, umso besser!

Kinder, Kinder

👥 Für 4 Portionen

🕐 Zubereitungszeit: 30 Minuten

📖 Die gekochten Nudeln stammen aus dem Rezept vom 22. September (s. Seite 234).

2 Eigelbe
5 EL zimmerwarme Gemüsebrühe
100 g flüssige Butter
Salz, schwarzer Pfeffer
½ TL getrockneter Thymian
½ TL Zitronensaft
500 g gekochte Nudeln

1 Glas Mischgemüse
(Erbsen und Karotten, etwa 300 g)

AUSSERDEM:
1 EL Butter für die Form
100 g frisch geriebener Käse Ihrer Wahl (z. B. Pecorino)

▶ Den Backofen auf 200 °C (Umluft 180 °C) vorheizen. Die Eigelbe mit Gemüsebrühe in einer hitzebeständigen Schüssel über einem heißen Wasserbad in 5 bis 8 Minuten cremig aufschlagen. Die Schüssel vom Topf nehmen und die Butter teelöffelweise unterschlagen. Die luftige Creme mit Salz, Pfeffer, Thymian und Zitronensaft würzen.

▶ Eine Auflaufform mit etwas Butter bestreichen und darin die Nudeln und das abgetropfte Mischgemüse locker miteinander vermischen.
▶ Den Käse mit der Eiercreme vermengen und flächendeckend auf dem Nudelgemüse verteilen. Die Form in den Ofen schieben und knapp 20 Minuten überbacken.

Gemüse-Knoblauch-Fondue

Fondue ist immer ein vortreffliches Gericht, wenn Sie mit Gästen essen wollen: Sie können alles vorbereiten und dann gemütlich mit Ihrem Besuch den Abend genießen.

1 kg Gemüse (Staudensellerie, Karotten, Zucchini, auch Champignons, Pfifferlinge, Fenchel, Paprika, Auberginen, Salatgurke oder Chinakohl)	100 ml Olivenöl
	100 g Sahne
	schwarzer Pfeffer aus der Mühle
8 Knoblauchzehen	
3 eingelegte Sardellen	AUSSERDEM:
½ Bund Basilikum	1 großes Baguette in Würfel geschnitten
	4 Fonduegabeln

▸ Den Sellerie waschen und quer in etwa 2 cm große Stücke schneiden. Die Karotten schälen, längs vierteln und quer in 2 cm große Stücke schneiden. Die Zucchini waschen, Stielenden entfernen, längs vierteln und passend zum anderen Gemüse schneiden.

▸ Die Knoblauchzehen schälen und fein hacken. Die Sardellen unter fließend kaltem Wasser spülen, mit Küchenpapier trocken tupfen und fein hacken. Das Basilikum waschen und trocken schwenken.

▸ Das Olivenöl in einem Topf erhitzen. Unter ständigem Rühren Knoblauch und Sardellen darin braten. Mit Sahne aufgießen, kurz aufkochen lassen und den Topf vom Herd ziehen.

▸ Die Sahnemischung in einen Fonduetopf gießen und auf einen Tischrechaud stellen und mit ein paar Drehungen aus der Pfeffermühle würzen. Gemüse, Kräuter und geschnittenes Baguette bereitstellen. Gemüsestücke einzeln auf Fonduegabeln spießen und Basilikumstängel wie »Besen« in den Topf tauchen. Dazu Oliven und eingelegte Artischocken reichen.

Schweinefilet aus dem Wok

Alles klein schneiden und kurz braten – das ist das Prinzip des Wok. Leckeres Ergebnis mit wenig Aufwand.

500 g festkochende Kartoffeln	schwarzer Pfeffer
Salz	5 EL Pflanzenöl
2 frische Rosmarinzweige	1 Msp. rosenscharfes Paprika-
4 Frühlingszwiebeln	pulver
4 Knoblauchzehen	1 TL getrockneter Thymian
300 g Schweinefilet	1 EL scharfer Dijon-Senf
(oder anderes Kurzbratfleisch)	5 cl Sherry

 Kochen Sie gleich 250 g Kartoffeln mehr für das Rezept vom 28. September (s. Seite 239).

▸ Die Kartoffeln waschen, schälen, in etwa 1 cm große Stücke schneiden und in wenig Salzwasser in etwa 20 Minuten garen. Rosmarinzweige waschen und einen davon zu den Kartoffeln geben. Den zweiten abzupfen.

▸ Die Frühlingszwiebeln putzen und klein hacken. Die Knoblauchzehen abziehen und klein würfeln. Das Schweinefilet in schmale Streifen schneiden. Mit Salz und Pfeffer würzen.

▸ Die Kartoffeln abgießen, gut abkühlen lassen und den Rosmarinzweig entfernen. Den Wok heiß werden lassen und darin die Hälfte des Pflanzenöls erhitzen. Die Kartoffelstücke von allen Seiten anbraten. Mit Salz, Pfeffer und Paprika würzen. Bei starker Hitze etwa 5 Minuten weiter braten.

▸ Die Kartoffeln aus dem Wok nehmen und auf einen Teller legen. Das restliche Pflanzenöl in den Wok gießen und darin Knoblauch und Frühlingszwiebeln andünsten. Fleischstreifen hinzufügen und unter schnellem Rühren 2 Minuten braten. Mit Rosmarin, Thymian und Paprika würzen.

▸ Den Senf mit Sherry verrühren und mit dem Wokinhalt vermischen. Kurz vor dem Servieren die Kartoffeln vorsichtig unterheben. Nochmals abschmecken und sofort servieren.

Hähnchenrouladen mit Quarkfüllung

Sie wollen sich und Ihrer Familie mal wieder etwas ganz Besonderes gönnen? Dann sind diese Hähnchenrouladen die richtige Wahl. Und die etwas größere Mühe lohnt sich garantiert!

2 Hähnchen von je etwa 800 g	150 g Weißbrot
Salz, weißer Pfeffer	2 EL Pflanzenöl
1 Ei, getrennt	1 EL Butter
150 g Quark (Magerstufe)	
50 g saure Sahne	
100 g Crème fraîche	AUSSERDEM:
½ Bund gemischte Kräuter	Küchengarn
(Oregano, Kerbel, Petersilie)	1 EL gehackte Petersilie

▸ Die Hähnchen häuten und längs halbieren. Von jeder Hähnchenhälfte die Knochen so entfernen, dass die Fleischhälften zusammenbleiben. Auf jeder Seite mit Salz und Pfeffer würzen.

▸ Den Backofen auf 200 °C (Umluft 180 °C) vorheizen. Das Eiweiß zu steifem Schnee schlagen. Den Quark in ein Tuch geben und fest auspressen. Anschließend mit saurer Sahne, Crème fraîche und dem Eigelb verrühren.

▸ Die Kräuter waschen, von den Stängeln zupfen und fein hacken. Das Weißbrot in kleine Stücke schneiden. Die Kräuter und die Brotstücke unter den Quark rühren und zuletzt das Eiweiß unterziehen. Mit Salz und Pfeffer würzen.

▸ Zwei Hähnchenhälften mit der Quarkmasse bestreichen und jeweils die passenden Hälften darauf legen. Mit Küchengarn fest zusammenbinden. Das Pflanzenöl in einem Bräter erhitzen und darin die gefüllten Hähnchen von allen Seiten anbraten.

▸ Die Butter hinzufügen, alles einige Minuten weiter braten und dann in den vorgeheizten Backofen schieben. Die Hähnchen in etwa 40 Minuten garen, wobei nach der Hälfte der Garzeit die Hitze auf etwa 160 °C reduziert werden sollte.

▸ Die fertigen Hähnchen aus dem Ofen nehmen und 5 bis 8 Minuten ruhen lassen. Dann quer in Scheiben aufschneiden und auf Tellern anrichten. Mit Petersilie bestreuen. Dazu passt Reis.

Chicorée-Lauch-Suppe mit Orangen

28. September

Das leichte Süppchen ist nicht nur gut für die Linie, es schmeckt auch sehr gut.

Suppentag

🏵 Für 4 Portionen

🕐 Zubereitungszeit:
    30 Minuten

🗒 Die gekochten Kartoffelstücke stammen aus dem Rezept vom 26. September (s. Seite 237).

300 g Chicorée	1 EL helle Sojasauce
200 g Lauch (nur das Weiße)	geschroteter bunter Pfeffer
1 EL Butter	½ Orange in Filets geschnitten
1 TL Stärkemehl	1 EL Orangensaft
4 EL fettreduzierte Milch	Kräutersalz

▶ Den Chicorée waschen, entstrunken und quer in feine Streifen schneiden; etwa 100 g beiseite legen. Den Lauch waschen und quer in feine Ringe schneiden.

▶ Die Butter in einem Topf erhitzen und darin Chicorée und Lauch 1 bis 2 Minuten andünsten. Mit 1 Liter Wasser aufgießen, aufkochen lassen und bei mittlerer Hitze etwa 10 Minuten garen.

▶ Stärkemehl mit Milch glatt rühren und in der Suppe aufkochen lassen. Dann die Suppe mit einem Mixstab fein pürieren und durch ein Haarsieb passieren. Erneut erhitzen, die Kartoffelstücke unterrühren und mit Sojasauce, buntem Pfeffer und Kräutersalz würzen.

▶ Die Orangenfilets auf vier große vorgewärmte Suppenschalen verteilen. Die Suppe mit Orangensaft abschmecken und in die Schalen füllen.

Überbackener Blumenkohl

🍴 Für 4 Portionen
🕐 Zubereitungszeit:
   30 Minuten

Das leckere Blumenkohlgemüse ist nicht nur für Vegetarier ein wahrer Genuss.

50 g Mandelblättchen	3 Eigelbe (Größe L)
8 Scheiben Cheddar	5 EL Brühe oder Wasser
1 kg Blumenkohl	weißer Pfeffer
Salz	1 TL Olivenöl

▸ Den Backofen auf 200 °C (180 °C Umluft) oder mit Grillstufe vorheizen. Die Mandelblättchen in einer beschichteten, heißen Pfanne unter Schwenken so lange rösten, bis sie duften. Herausnehmen und auf einen Teller legen.

▸ Den Cheddar sehr klein würfeln. Die Blumenkohlröschen klein und mundgerecht schneiden, gründlich waschen und in einem großen Topf in kochendem Salzwasser 1 Minute blanchieren. Aus dem Topf nehmen, kalt abbrausen und abtropfen lassen.

▸ Eine hitzebeständige Schüssel in den Topf mit dem heißen Wasser hängen und darin die Eigelbe mit Brühe oder Wasser kräftig zu einer cremigen Masse aufschlagen. Die Schüssel aus dem Topf nehmen, die Creme kurz kalt rühren und die Käsewürfel unterziehen. Alles mit Salz und Pfeffer abschmecken.

▸ Eine flache Auflaufform mit Olivenöl bepinseln. Das Gemüse darin verteilen, leicht salzen und pfeffern und mit der Käsecreme überziehen. In den vorgeheizten Backofen schieben und in etwa 8 Minuten gratinieren. Mit Mandelblättchen bestreuen. Dazu passt getoastetes Weißbrot.

Gefüllte Frikadellen auf Erdnussbrokkoli

Frikadellen sind wohl aller Kinder Leibgericht, und diese sind obendrein gesund, was wiederum die Mütter freut.

Kinder, Kinder

Für 4 Portionen

Zubereitungszeit: 20 Minuten

Garzeit: 20 Minuten

800 g mageres Rinderhackfleisch	eingelegt (etwa 250 g)
Salz, schwarzer Pfeffer	4 EL Sonnenblumenöl
1 TL getrockneter Thymian	500 g Brokkoli
1 Glas Fetawürfel, in Olivenöl	1 EL ungesalzene Erdnüsse

▸ Das Rinderhackfleisch mit Salz, Pfeffer und Thymian würzen. Die Hälfte der Fetawürfel aus dem Glas nehmen und mit einer Gabel zerkleinern oder zerdrücken.

▸ Das Hackfleisch in 4 Portionen teilen. Jede Fleischportion flach drücken, mit etwas zerkleinertem Feta belegen und diesen rundherum mit dem Hackfleisch umhüllen. Die gefüllten Frikadellen mit 1 EL Sonnenblumenöl bepinseln und bis zum Gebrauch in den Kühlschrank stellen.

▸ Den Brokkoli putzen, in Röschen teilen und waschen. Anschließend kurz in Salzwasser blanchieren, abgießen, kalt abbrausen und abtropfen lassen.

▸ 2 Esslöffel Sonnenblumenöl in einer Pfanne erhitzen und darin die Frikadellen auf beiden Seiten in 10 bis 12 Minuten braten; herausnehmen und auf vorgewärmte Teller verteilen.

▸ 2 Esslöffel Sonnenblumenöl in die Pfanne gießen und darin die Brokkoliröschen von allen Seiten braten. Mit Salz und Pfeffer würzen und die Erdnüsse unterheben. Das Gemüse rund um die Frikadellen verteilen. 1 bis 2 Esslöffel Olivenöl aus dem Feta-Glas darüber träufeln.

Oktober

Salat mit klassischem Joghurtdressing

Mischen Sie doch heute einfach mal einen bunten, knackigen, vitaminreichen Salat aus Gemüse und Salat der Saison oder/und verwerten Sie, was der Kühlschrank noch so bereithält. Dazu gibt's ein leckeres Dressing.

4 Stängel Dill	Saft von ½ Zitrone
1 Knoblauchzehe	1 Prise Zucker
250 g Naturjoghurt	Salz, weißer Pfeffer

▸ Den Dill waschen, trocken schwenken, von den Stängeln zupfen und fein hacken. Die Knoblauchzehe schälen und fein würfeln.

▸ Joghurt mit Zitronensaft und Zucker verrühren. Dill und Knoblauch unterziehen und mit Salz und Pfeffer würzen.

Speckpfannkuchen

Herzhafte Pfannkuchen schmecken der ganzen Familie und ganz besonders den Kindern. Und sie machen gar keine Mühe.

100 g Räucherspeck	**ZUM SERVIEREN:**
250 ml Milch	1 Glas Sahnemeerrettich
4 Eier	
Salz	
150 g Mehl	
50 g Butter	

▸ Den Räucherspeck in dünne Streifen schneiden.
▸ Mit einem elektrischen Handrührgerät Milch, Eier, Salz und 150 g Mehl zu einem glatten Teig rühren. In einer Pfanne etwas Butter erhitzen, ein Viertel

Speckstreifen anbraten und mit einer Kelle Teig begießen. Insgesamt vier Pfannkuchen backen.
▸ Die Pfannkuchen auf vier Teller legen und den Sahnemeerrettich separat dazu servieren.

Rehnüsschen mit Holunderspätzle

Holunderspätzle haben Ihre Gäste bestimmt noch nicht gekostet – dazu Rehnüsschen, und der Abend wird ein kulinarisches Fest.

FÜR DIE SPÄTZLE:
250 g Mehl
50 g Grieß
3 Eier
150 ml ungezuckerter Holundersaft (Reformhaus)
Salz
gemahlene Muskatnuss

8 Rehnüsschen à etwa 60 g
Pfeffer aus der Mühle
2 EL Pflanzenöl
150 ml Wildsauce (Fertigprodukt)
50 g Crème fraîche
2 EL Preiselbeeren
1–2 EL Butter

Zeit für Gäste
🍴 Für 4 Portionen
🕐 Zubereitungszeit:
   60 Minuten

🗓 Bereiten Sie gleich die doppelte Menge Holunderspätzle zu und frieren Sie die Hälfte ein für das Rezept vom 25. Oktober (s. Seite 261).

BEVOR DIE GÄSTE KOMMEN:
▸ Aus Mehl, Grieß, Eiern, 120 ml Holundersaft und 50 ml Wasser einen glatten Spätzleteig herstellen. Mit Salz und Muskatnuss würzen.
▸ Den Teig portionsweise durch eine Spätzlepresse in kochendes Salzwasser drücken. Mehrmals aufkochen lassen und die fertigen Spätzle mit einem Schaumlöffel in kaltes Wasser legen. Anschließend in einem Sieb abtropfen lassen.
▸ Die Rehnüsschen mit Salz und Pfeffer würzen. In einer Pfanne Pflanzenöl erhitzen und darin die Fleischstücke auf jeder Seite 2 Minuten braten. Herausnehmen und warm stellen.

▸ Die Wildsauce in den Bratensatz gießen und aufkochen. Mit Crème fraîche und Preiselbeeren verfeinern. Die Sauce bei geringer Hitze warm halten.

WENN DIE GÄSTE DA SIND:
▸ In einer größeren Pfanne die Butter heiß schäumend erhitzen und darin die Spätzle durchschwenken. Mit 2–3 Esslöffeln Holundersaft beträufeln und mit Salz und Pfeffer würzen.
▸ Die Holunderspätzle auf vier Tellern verteilen. Die Rehnüsschen dazu anrichten und mit Sauce überziehen.

TIPP
Die Holundernudeln werden beim Schwenken mit der Butter leicht blass lila. Damit sie wieder eine kräftige Farbe bekommen, wird zuletzt noch etwas Holundersaft darüber geträufelt.

Sauerbraten

📖 Bereiten Sie gleich die doppelte Menge Sauerbraten zu und frieren Sie das in Scheiben geschnittene Fleisch mit der Sauce ein für das Rezept vom 6. November (s. Seite 272)

Ein Sauerbraten braucht Zeit, deshalb müssen Sie auch schon am Vortag mit den Vorbereitungen beginnen. Aber die Mühe lohnt sich!

FÜR DIE BEIZE:

1 Bund Suppengrün
(Lauch, Karotte, Sellerie)
2 Zwiebeln
einige Gewürznelken
1 TL Pfefferkörner
1 TL Wacholderbeeren
etwas abgeriebene Zitronenschale
1 Lorbeerblatt
¼ l Rotwein
⅛ l Rotweinessig

FÜR DEN BRATEN:

1 ½ kg Rindfleisch (Bug)
½ Bund Suppengrün
50 g geräucherter Speck
5 EL Pflanzenöl
Salz, schwarzer Pfeffer
½ Saucenlebkuchen
1 Prise Zucker
100 g saure Sahne

AM VORTAG:

▸ Das Suppengrün putzen, waschen und in grobe Stücke schneiden. Die Zwiebeln ungeschält klein schneiden. Mit Suppengrün, Gewürzen, Rotwein und Rotweinessig in einen Topf geben. Mit etwa ¾ l Wasser aufgießen und aufkochen lassen. Den Sud beiseite ziehen und erkalten lassen. Das Fleisch in einen Behälter legen, mit kaltem Sud begießen, luftdicht verschließen und mindestens 1 Tag in den Kühlschrank stellen.

AM SONNTAG:

▸ Das Fleisch aus der Beize nehmen und trocken tupfen. Den Sud durch ein Sieb passieren und bis zum Gebrauch beiseite stellen. Das Suppengrün putzen, waschen und in gleich große Stücke schneiden. Den Speck fein würfeln. Das Pflanzenöl in einem breiten Topf erhitzen. Das Fleisch mit Salz und Pfeffer würzen und von allen Seiten anbraten. Das Gemüse und die Speckwürfel einstreuen und mit der Beizflüssigkeit aufgießen. Ganz wichtig, das Fleisch muss bedeckt sein, wenn nötig, Wasser zugießen. Den Saucenlebkuchen einbröseln und den Topf mit einem Deckel verschließen. Das

Fleisch bei mittlerer Hitze etwa 1 ½ Stunden schmoren lassen.

▶ Das Fleisch aus der Sauce nehmen, in Alufolie wickeln und warm stellen. Die Sauce durch ein Sieb passieren und erneut zum Kochen aufstellen. Die Sauce etwa 10 Minuten leise kochen lassen. Mit Zucker, Salz und Pfeffer ab-schmecken. Kurz vor dem Servieren mit saurer Sahne verfeinern. Das Fleisch aus der Folie nehmen und in Scheiben schneiden. Den ausgetretenen Bratensaft in die Sauce rühren.

▶ Dazu passen Kartoffelklöße; dafür einfach Kloßteig aus der Kühltheke verwenden.

Maiscremesuppe mit Tacochips

5. Oktober

Suppentag

Heute gibt es die Maiscremesuppe vom 18. September (s. Rezept Seite 230) – einfach auftauen und im Topf erwärmen. Dazu Tacochips zum Dippen reichen.

Peperonata mit Seezungenstreifen

5. Oktober

Dieses leichte Fischgericht ist flott zubereitet und garantiert noch flotter verzehrt.

Schnellgericht
🍴 Für 4 Portionen
🕐 Zubereitungszeit: 30 Minuten

1 Zwiebel	1 TL Zitronensaft
2 Knoblauchzehen	Salz, schwarzer Pfeffer
4 Fleischtomaten	2 EL Olivenöl
4 rote Paprikaschoten	100 ml Gemüsebrühe
½ Bund glatte Petersilie	50 g Pinienkerne
500 g Seezungenfilets	

▶ Die Zwiebel und die Knoblauchzehen schälen und fein würfeln. Die Fleischtomaten blanchieren, häuten, entkernen und in kleine Stücke schneiden. Die Paprikaschoten waschen, entkernen und in etwa 1 cm große Stücke schneiden.

▶ Die Petersilie waschen, von den Stängeln zupfen und fein hacken. Die Seezungenfilets waschen, trocken tupfen und in Streifen schneiden. Mit Zitronensaft beträufeln und mit Salz und Pfeffer würzen.

▶ 1 Esslöffel Olivenöl in einem Topf erhitzen und darin die Zwiebel- und Knoblauchwürfel andünsten. Die Paprikastücke hinzufügen, alles etwa 3 Minuten

🔲 Von dem Gemüse die doppelte Menge zubereiten, die Hälfte mit Folie abdecken und im Kühlschrank aufbewahren für das Rezept vom 8. Oktober (s. Seite 248).

TIPP
Statt Seezunge können Sie auch ein anderes Fischfilet Ihrer Wahl verwenden.

braten und mit Gemüsebrühe beträufeln. Mit Salz und Pfeffer würzen und zuletzt die Tomatenstücke einrühren. Bei mittlerer Hitze etwa 10 Minuten garen.

▸ 1 Esslöffel Olivenöl in einer Pfanne erhitzen und darin die Fischstreifen von allen Seiten 2 Minuten braten. Die Petersilie an das Gemüse geben, nochmals abschmecken und auf Teller verteilen. Mit Seezungenstreifen belegen und mit Pinienkernen bestreuen.

---

7. Oktober

Pasta, basta!

Nudeln alla bolognese

Die fertige Bologneser Sauce, Rezept vom 1. September (s. Seite 220), einfach auftauen, erwärmen, nach Bedarf etwas nachwürzen und mit Sahne verfeinern. Dazu Nudeln Ihrer Wahl kochen und servieren.

---

8. Oktober

Kalte Küche

Peperonata

Das fertige Peperonata-Gemüse, Rezept vom 6. Oktober (s. Seite 247), aus dem Kühlschrank nehmen, mit 2 Esslöffeln Balsamico-Essig und frisch gehackten Kräutern Ihrer Wahl (Petersilie, Oregano, Basilikum, Kerbel) verfeinern und mit ofenfrischem Baguette servieren. Dazu können Sie weitere Kühlschranküberbleibsel servieren, von Käse bis Schinken, ganz wie Sie mögen.

Waldorfsalat mit Putenschnitzel

9. Oktober

Ein feiner Selleriesalat und dazu ein schönes Putenschnitzel – was will man mehr!

Schnellgericht

🍽 Für 4 Portionen

🕐 Zubereitungszeit:
30 Minuten

500 g Sellerieknolle	Salz, weißer Pfeffer
2 große, säuerliche Äpfel	4 Putenschnitzel à etwa 150 g
(z. B. Boskop)	2 EL Pflanzenöl
1 TL Zitronensaft	
50 g Mayonnaise	FÜR DIE GARNITUR:
250 g Joghurt	4 große Salatblätter
2 Orangen	einige Walnusshälften
50 g fein gehackte Walnüsse	

▸ Die Sellerieknolle und die Äpfel schälen, in kleine Würfel schneiden und mit Zitronensaft beträufeln.

▸ Mayonnaise mit Joghurt verrühren und die vorbereiteten Zutaten unterziehen. Die Orangen schälen, eine in kleine Würfel und die zweite in Filets schneiden.

▸ Die Orangenwürfel und die gehackten Walnüsse unter den Salat mischen. Nach Belieben mit Madeira abschmecken und mit Salz und Pfeffer würzen.

▸ Die Salatblätter waschen, trocken schwenken und je eines auf einen Teller legen. Den Salat darauf verteilen, mit Walnusshälften und mit Orangenfilets garnieren.

▸ Die Putenschnitzel mit Salz und Pfeffer würzen und in heißem Pflanzenöl auf beiden Seiten 8 bis 10 Minuten braten.

Rinderrouladen mit Kartoffelpüree

Ein klassisches Gericht der deutschen Küche – perfekt, um Gäste zu bewirten, und gar nicht so aufwendig in der Zubereitung.

Zeit für Gäste

🍴 Für 4 Portionen

🕐 Zubereitungszeit:
   30 Minuten

🕐 Garzeit: 1 ¼ Stunden

📖 Kochen Sie gleich die doppelte Menge Rinderrouladen, die Hälfte brauchen Sie für das Rezept am 29. Oktober (s. Seite 265). Auch von den Kartoffeln können Sie gleich doppelt so viel kochen, von der einen Hälfte machen Sie am 12. Oktober (s. Seite 251) Bratkartoffeln.

TIPP

Vor dem Servieren immer die Rouladenspieße entfernen, so laufen Kinder nicht Gefahr, sich wehzutun und Erwachsene rutschen beim Entfernen der Nadeln nicht mit dem Messer ab.

½ Bund Suppengrün
(Lauch, Karotten, Sellerie)
1 Zwiebel
4 Rinderrouladen à etwa 200 g
Salz, schwarzer Pfeffer
1 TL scharfer Senf
8 dünne Scheiben Räucherspeck
2 Gewürzgurken
2 EL Mehl
4 EL Pflanzenöl
1 EL Tomatenmark
1 Lorbeerblatt

2 Gewürznelken
5 Wacholderbeeren
2 EL Essiggurkensaft
750 ml Fleisch- oder Gemüsebrühe
800 g Kartoffeln
100 ml Milch
1 Msp. Muskatnuss
200 g Sahne

AUSSERDEM:
4 Rouladennadeln

BEVOR DIE GÄSTE KOMMEN:

▸ Das Suppengrün putzen, waschen und in kleine Stücke schneiden. Die Zwiebel schälen und grob würfeln. Die Rinderrouladen auf beiden Seiten mit Salz und Pfeffer würzen und auf einer

Arbeitsfläche auslegen und mit Senf bestreichen. Je zwei Speckscheiben auf eine Fleischscheibe legen. Die Gewürzgurken längs in dünne Streifen schneiden und darauf legen.

▸ Jede Fleischscheibe auf beiden Seiten etwas einschlagen und aufrollen. Die Rouladen mit je einem Spieß fixieren und anschließend in Mehl wenden. In einem breiten Topf das Pflanzenöl erhitzen und darin die Rouladen von allen Seiten anbraten; herausnehmen. Das Gemüse in den Bratensatz geben und mit Tomatenmark durchrösten. Leicht mit Mehl bestäuben und die Gewürze einrühren. Mit Brühe aufgießen, aufkochen und die Rouladen einlegen.

▸ Den Topf mit einem Deckel verschließen und die Rouladen bei mittlerer Temperatur etwa 1 Stunde schmoren.

▸ In der Zwischenzeit die Kartoffeln waschen und in Salzwasser, je nach Größe, etwa 30 Minuten kochen. Dann abgießen, kurz abkühlen lassen, schälen und mit Milch pürieren. Mit Salz, Pfeffer und Muskatnuss würzen. Den Kartoffelbrei im verschlossenen Topf warm halten.

WENN DIE GÄSTE DA SIND:
▸ Die fertigen Rouladen aus dem Topf nehmen, die Fleischnadeln entfernen und warm halten. Die Sauce durch ein Sieb passieren und etwa 10 Minuten einkochen lassen. Mit Sahne verfeinern und nach Geschmack nachwürzen.

Quarkstrudel

11. Oktober

Lazy Weekend

Heute gibt es den aufgetauten Quarkstrudel vom 20. September (s. Seite 232) zum Nachmittagskaffee. Und vorher können Sie bei einem gemütlichen Brunch mit Spiegeleiern oder Rührei, Schinken, Käse und verschiedenen Brotsorten verwerten, was Ihr Kühlschrank noch so bereithält.

Bratkartoffeln mit gemischtem Salat

12. Oktober

Schnellgericht

Die fertigen Kartoffeln, Rezept vom 10. Oktober (s. Seite 250), in Scheiben schneiden und mit Zwiebelstreifen sowie 100 g Schinkenwürfeln in 4 Esslöffeln Pflanzenöl 10 bis 15 Minuten kräftig braten. Mit Salz, Pfeffer und rosenscharfem sowie edelsüßem Paprikapulver würzen. Den Salat aus Kühlschranküberbleibseln wie Karotten, Gurken, Kohlrabi, Eisbergsalat und Tomaten zusammenstellen. Aus Olivenöl, Sherryessig und gehackten Kräutern (TK) eine Salatsauce rühren.

Wirsinggemüse mit Kassler

13. Oktober

Schnellgericht

Das fertige Wirsinggemüse, Rezept vom 21. September (s. Seite 233), einfach auftauen und erwärmen. Je nach Kühlschrankinhalt oder Einkauf 4 kleine Kasseler oder Würstchen auf das Gemüse zum Erwärmen legen. Dazu schmecken frische Brötchen und Senf.

Spaghetti mit Auberginen

Pasta, basta!

🍽 Für 4 Portionen

🕐 Zubereitungszeit: 20 Minuten

🕐 Garzeit: 20 Minuten

📖 Kochen Sie gleich die doppelte Menge Nudeln, von der Hälfte können Sie für das Rezept am 15. Oktober (s. Seite 253) einen Nudelsalat machen.

Spaghetti alle melanzane – klingt nach Bella Italia und schmeckt auch so; bei uns heißt es »Spaghetti mit Auberginen« – und schmeckt genauso gut.

500 g Auberginen	4 Knoblauchzehen
Salz	500 g Spaghetti
750 g geschälte Tomaten im Saft (Dose)	100 ml Olivenöl
½ Bund Basilikum	schwarzer Pfeffer

▸ Auberginen waschen, vierteln und dabei die Stielenden entfernen. Die Auberginenviertel in Scheibchen schneiden und 15 Minuten in kaltes Salzwasser legen. Anschließend auf Küchenpapier zum Trocknen geben.

▸ Die Tomaten kleiner schneiden und wieder zurück in den Saft geben. Das Basilikum waschen, trocken schwenken, die Blättchen abzupfen und in Streifen schneiden. Die Knoblauchzehen schälen und fein würfeln.

▸ Die Spaghetti in reichlich kochendem Salzwasser bissfest garen. Parallel dazu die Auberginenscheibchen auf beiden Seiten in der Hälfte Olivenöl knusprig braten; herausnehmen und zum Entfetten auf Küchenpapier legen. Mit Salz und Pfeffer würzen.

▸ Das restliche Olivenöl erhitzen und darin Knoblauchwürfel und Tomatenstücke andünsten. Mit Salz und Pfeffer würzen und das Basilikum einrühren.

▸ Die Spaghetti in ein Sieb abgießen, abtropfen lassen und auf vier tiefe Teller verteilen. Mit Tomatensauce überziehen und darauf die Auberginenstücke geben.

Nudelsalat mit Garnelen

15. Oktober

Kalte Küche

Ein Dressing aus 150 g Naturjoghurt, Saft von ½ Zitrone, 1 EL gehackten Kräutern (TK oder frisch), Salz, Pfeffer und etwas Currypulver herstellen. Mit den gekochten Nudeln vom Vortag (Rezept
s. Seite 252), 1 gewürfelten Salatgurke, 2 in Würfel geschnittenen
Paprikaschoten und 200 g Cocktailgarnelen locker vermengen.
Dazu schmecken Weißbrot und getrocknete, in Olivenöl eingelegte
Tomaten.

Kokoszucchini mit Lachs

16. Oktober

*Sie haben etwas zu feiern? Dann verwöhnen Sie sich doch mal so
richtig mit diesem köstlichen Fischgericht, das auch noch ganz fix
zubereitet ist.*

Party, Party!
👥 Für 4 Portionen
🕐 Zubereitungszeit:
   30 Minuten

📖 Kochen Sie vom Reis
für die Beilage gleich die
doppelte Menge (500 g),
die Hälfte brauchen Sie für
das Rezept vom 17. Okto-
ber (s. Seite 254).

200 g enthäutetes Lachsfilet (auch TK)	½ Stange Lauch (nur das Weiße)
1 EL helle Sojasauce	1 EL Rapsöl
500 g Zucchini	¼ TL Currypulver
1 große Karotte	Salz, schwarzer Pfeffer
	150 ml ungesüßte Kokosmilch

▶ Das Lachsfilet in kleine, mundgerechte Stückchen schneiden und mit Sojasauce beträufeln. Die Zucchini waschen und Stielenden entfernen. Dann längs vierteln und quer in Scheibchen schneiden.

▶ Die Karotte schälen und in Stifte schneiden. Den Lauch längs halbieren, zwischen den Blattschichten waschen und quer in Streifen schneiden.

▶ Den Wok (oder beschichtete Pfanne) heiß werden lassen und darin das Rapsöl erhitzen. Unter ständigem Rühren Zucchini- und Karottenstücke sowie die Lauchstreifen andünsten. Mit Currypulver, Salz und Pfeffer würzen.

▶ Den Wok- oder Pfanneninhalt mit Kokosmilch aufgießen und einmal aufkochen lassen. Die Hitze reduzieren und die Lachsstücke unterziehen. Nochmals abschmecken und den Lachs 2 bis 3 Minuten garen. Dazu passt Reis.

Zürcher Geschnetzeltes

Schnellgericht

🏛 Für 4 Portionen

🕐 Zubereitungszeit:
    30 Minuten

🗒 Der gekochte Reis
stammt aus dem Rezept
vom 16. Oktober (s. Seite
253).

*Flotte Hausmannskost für die ganze Familie, dafür müssen Sie gar
nicht lange in der Küche stehen.*

500 g Kalbsschnitzel	Salz, schwarzer Pfeffer
200 g Champignons	500 g gekochter Reis
1 Zwiebel	100 ml trockener Weißwein
½ Bund Petersilie	200 g Sahne
3 EL Pflanzenöl	

▸ Die Kalbsschnitzel in schmale
Streifen oder gleichmäßige Stückchen schneiden. Die Champignons putzen und je nach Größe
halbieren oder vierteln. Die Zwiebel schälen und klein würfeln.
▸ Die Petersilie waschen, trocken
schwenken, die Blättchen abzupfen und fein hacken. 2 Esslöffel
Pflanzenöl in einer größeren
Pfanne erhitzen und darin die
Fleischstreifen von allen Seiten
in 2 bis 3 Minuten scharf braten.
Dabei mit Salz und Pfeffer würzen. Anschließend herausnehmen
und auf einen Teller legen.
▸ Das restliche Pflanzenöl in den
Bratensatz gießen und darin die
Zwiebelwürfel andünsten. Die
Champignons hinzufügen und so
lange dünsten, bis der Pilzsaft
verkocht ist. Parallel dazu den
Reis in etwas Butter erhitzen und
mit Salz und Pfeffer würzen.
▸ Den Pfanneninhalt mit Weißwein ablöschen, Sahne zugießen
und den ausgetretenen Bratensaft
der Fleischstreifen unterziehen.
Die Sauce abschmecken, Petersilie und Fleischstreifen untermengen. Sofort servieren. Dazu
passen auch Kartoffelrösti oder
Kroketten aus dem Tiefkühlfach.

Kohlrouladen mit Kräuterpüree

18. Oktober

Das ist Wohlfühlküche pur, dafür steht man doch gern mal etwas länger in der Küche, oder? Und wenn Sie's lieber kalorienärmer mögen, lassen Sie die Speckscheiben einfach weg.

Sonntagsessen

🧑‍🌾 Für 4 Portionen

🕐 Zubereitungszeit:
   1 ¼ Stunden

1 kleiner Weißkohlkopf
Salz
2 Brötchen vom Vortag
⅛ l heiße Milch
1 kleine Zwiebel
1 Knoblauchzehe
1 EL Butter
1 EL gehackte Petersilie
schwarzer Pfeffer
500 g gemischtes Hackfleisch
2 Eier

1 Prise getrockneter Majoran
8 dünne Scheiben Räucherspeck
3 EL Pflanzenöl
250 ml Fleisch- oder Gemüsebrühe
800 g Kartoffeln
300 g Sahne
1 EL zimmerwarme Butter
1 EL gemischte Kräuter (TK)
100 ml Bratensauce
(auch Fertigprodukt)

🔖 Kochen Sie gleich die doppelte Menge Kohlrouladen, die Hälfte können Sie in dem Rezept vom 3. November (s. Seite 270) weiterverwenden.

TIPP

Statt einfachem Kartoffelpüree können Sie auch Erbsen-Kartoffelbrei mit Senf machen. Dazu unter den fertigen Kartoffelbrei einfach 200 g erwärmte Erbsen (TK) und 1 Teelöffel Kräutersenf unterziehen.

▸ Den Weißkohlkopf putzen, den Strunk entfernen und den Kohl in kochendes Salzwasser legen. Die abfallenden Blätter herausnehmen und auf ein trockenes Küchentuch legen. Die Brötchen in Scheiben schneiden und mit heißer Milch begießen.

▸ Die Zwiebel und die Knoblauchzehe schälen und fein würfeln. In heißer Butter und mit der Petersilie einige Minuten andünsten. Die Pfanne vom Herd ziehen und alles mit Salz und Pfeffer würzen.
▸ Die Brötchen und das Zwiebel-Knoblauch-Gemisch mit Hack-

fleisch und den Eiern vermengen. Mit Salz, Pfeffer und Majoran abschmecken. Auf 8 Kohlblättern jeweils 2 bis 3 Esslöffel Fleischmasse, je nach Größe, auf die Mitte geben, seitlich einschlagen und aufrollen. Jedes Kohlblatt mit einer Scheibe Speck umwickeln.

▸ In einem breiten Topf das Pflanzenöl erhitzen und darin die Kohlrouladen von allen Seiten anbraten. Mit Brühe aufgießen und nach dem ersten Aufkochen die Hitze zurückdrehen. Den Topf mit einem Deckel verschließen und die Kohlrouladen in etwa 30 Minuten garen.

▸ Parallel dazu die Kartoffeln waschen und in Salzwasser, je nach Größe, etwa 30 Minuten garen. Die gegarten Kartoffeln kurz abkühlen lassen, schälen und mit 100 g Sahne sowie mit Butter pürieren. Mit Salz, Pfeffer und Kräutern würzen.

▸ Die fertigen Kohlrouladen aus dem Topf nehmen und warm stellen. Die Sauce durch ein Sieb passieren und mit Sahne sowie mit Bratensauce etwa 10 Minuten verkochen. Nochmals abschmecken und die Kohlrouladen in die Sauce geben.

19. Oktober

Gebratene chinesische Nudeln

Schnellgericht
 Für 4 Portionen
🕐 Zubereitungszeit:
   30 Minuten

Heute gibt's die Nudeln mal auf chinesische Art – schmeckt noch viel besser als beim Imbiss um die Ecke.

250 g chinesische Eiernudeln	500 g Weißkohl
Salz	4 EL Erdnussöl
250 g Schweinesteaks	200 g geschälte Garnelen
1 Zwiebel	schwarzer Pfeffer
2 Knoblauchzehen	2 EL dunkle Sojasauce
4 Frühlingszwiebeln	2 EL helle Sojasauce
1 frische rote Chilischote	2 Tropfen chinesisches Sesamöl
1 Stange Bleichsellerie	

▸ Die Nudeln nach Packungsaufschrift in kochendem Salzwasser bissfest garen. Inzwischen das Schweinefleisch klein würfeln.

▸ Die Zwiebel und die Knoblauchzehen schälen und fein würfeln. Die Frühlingszwiebeln putzen und fein hacken. Die Chilischote säubern, entkernen und klein würfeln.

▸ Die Nudeln in ein Sieb gießen, mit kaltem Wasser abschrecken und gründlich abtropfen lassen. Den Bleichsellerie und den Kohl waschen und in kleine Stücke schneiden.

▶ Den Wok heiß werden lassen, das Erdnussöl erhitzen und darin Zwiebel-, Knoblauch-, Frühlingszwiebel- und Chiliwürfel andünsten. Garnelen und Fleisch einstreuen und unter Rühren kräftig anbraten.

▶ Bleichsellerie und Kohl hinzufügen. Alles mit Salz, Pfeffer und Sojasauce würzen und mit 4 Esslöffeln Wasser beträufeln. Die Nudeln vorsichtig zum Erwärmen unterheben und etwa 5 Minuten weiterbraten. Kurz vor dem Servieren mit Sesamöl »vollenden«.

Gemüse-Semmel-Pflänzchen

20. Oktober

Dieses Gericht ist wunderbar dazu geeignet, Ihre Kühlschranküberbleibsel weiterzuverwerten. Es schmeckt auch sehr gut, wenn Sie nur eine Gemüsesorte verwenden.

Schnellgericht

🕯 Für 4 Portionen

🕐 Zubereitungszeit: 30 Minuten

---

300 g Brötchen vom Vortag
200 ml heiße Milch
½ Bund Petersilie
1 Zwiebel
2 Knoblauchzehen
500 g Gemüseüberbleibsel
(Karotten und Paprikaschoten

oder Zucchini, Lauch und Gemüsemais)
80 g Butter
2 Eier
1–2 EL Mehl
Salz, schwarzer Pfeffer

▶ Die Brötchen in gleich große Würfel schneiden und mit heißer Milch begießen. Die Petersilie waschen, trocken schwenken, von den Stielen zupfen und fein hacken.
▶ Die Zwiebel und die Knoblauchzehen schälen und fein hacken. Die Karotte schälen und klein würfeln. Die Paprikaschote waschen, entkernen und in ½ cm kleine Würfel schneiden.
▶ In einer Pfanne 20 g Butter erhitzen. Zwiebel-, Knoblauch-, Karotten- und Paprikawürfel darin andünsten. Petersilie beimengen und die Pfanne vom Herd ziehen;

kurz abkühlen lassen.
▶ Die Brotwürfel mit dem Pfanneninhalt, den Eiern und 1–2 Esslöffeln Mehl gut verkneten. Mit Salz und Pfeffer würzen. Aus dem Teig etwa 12 flache Pflänzchen formen.
▶ Die Butter portionsweise in einer größeren Pfanne erhitzen und darin die Pflänzchen in etwa 10 Minuten auf beiden Seiten goldbraun braten. Dazu passt eine Tomatensauce oder eine kalte Joghurtsauce mit Kräutern und ein grüner Blattsalat.

📇 Bereiten Sie gleich die doppelte Menge zu und frieren Sie die Hälfte der rohen Semmelpflänzchen ein, für das Rezept vom 12. November (s. Seite 276).

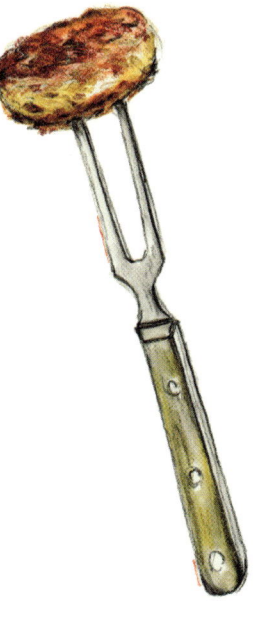

Fusilli-Auflauf

Pasta, basta!

🌿 Für 4 Portionen

🕐 Zubereitungszeit:
30 Minuten

🕐 Garzeit: 30 Minuten

📖 Kochen Sie gleich die doppelte Menge Nudeln, die Hälfte brauche Sie für das Rezept vom 23. Oktober (s. Seite 259).

Ein schmackhafter Nudelauflauf, heiß dampfend aus dem Ofen, erfreut jeden Pasta-Freund.

500 g Fusilli	schwarzer Pfeffer
Salz	1 Prise Chilipulver
800 g geschälte Tomaten im Saft	100 g geriebener Parmesan
(Dose)	2 EL Pinienkerne
½ Bund Basilikum	2 EL Butterflöckchen
3 EL Olivenöl	

▸ Die Fusilli in reichlich kochendem Salzwasser in etwa 10 Minuten (vor)garen bzw. sehr bissfest kochen. Die Tomaten klein schneiden und wieder zurück in den Tomatensaft legen. Das Basilikum waschen, trocken schwenken und ⅔ der Blättchen in Streifen schneiden; die restlichen für die Garnitur beiseite legen.

▸ Den Backofen auf 200 °C (Umluft 180 °C) vorheizen und eine Auflaufform mit 1 Esslöffel Olivenöl ausstreichen. Die Fusilli abgießen und mit dem restlichen Olivenöl beträufeln.

▸ Die Fusilli mit Basilikumstreifen und den Tomaten mit -saft in der Auflaufform locker vermengen. Mit Salz, Pfeffer und Chilipulver würzen. Parmesan und Pinienkerne darüber streuen und mit Butterflöckchen belegen. Den Nudelauflauf im vorgeheizten Backofen etwa 15 Minuten überbacken.

Amerikanisches Maisbrot

22. Oktober

Kinder backen auch gern mal ihr eigenes Brot – bei diesem amerikanischen Maisbrot kein Problem. Es ist unkompliziert in der Zubereitung, und der süßliche Geschmack kommt bei Kindern immer gut an.

Kinder, Kinder

🍴 Für 1 Kastenform

🕐 Zubereitungszeit:
   20 Minuten

🕐 Backzeit: 40 Minuten

🕐 Abkühlzeit: 2 Stunden

FÜR DAS MAISBROT:
250 g Weizenvollkornmehl
100 g Buchweizenmehl
400 g Maisgrieß (Polenta)
1 TL Vollmeersalz
1 Päckchen Backpulver
½ l fettreduzierte Milch

50 g zimmerwarme Butter
50 g Honig
2 Eier

FÜR DIE FORM:
Butter und Mehl

TIPP
Das restliche Brot in Scheiben schneiden, einfrieren und bei Bedarf einfach in den Toaster stecken.

▸ Den Backofen auf 200 °C (Umluft 180°C) vorheizen und eine Kastenform mit Butter ausstreichen und mit Mehl ausklopfen. Weizenvollkornmehl, Buchweizenmehl, Maisgrieß, Vollmeersalz und Backpulver miteinander versieben.

▸ Milch mit Butter, Honig und Eiern verrühren und mit dem Mehlgemisch vermengen. Den flüssigen Teig in die Kastenform geben und auf die unterste Schiene im Backofen stellen. Die Backzeit beträgt etwa 40 Minuten.

▸ Das fertig gebackene Maisbrot auf ein Kuchengitter stürzen und auskühlen lassen. Dazu passt Herzhaftes und Süßes: Butter, Honig, Erdnussbutter, Marmeladen und Nutella oder ein pikanter Aufschnitt.

Nudeln mit Kräutertofu

23. Oktober

Pasta, basta!

Heute werden die vorgekochten Nudeln, Rezept vom 21. Oktober (s. Seite 258), weiterverarbeitet. Dazu 1 Zwiebel und 150 g Kräutertofu in Würfel schneiden und in 1 Esslöffel Butter anbraten. Die Nudeln hinzufügen und alles kräftig durchbraten. Mit zwei verquirlten Eiern übergießen, kurz stocken lassen und mit einem Holzspatel vorsichtig vermengen. Mit 2 Esslöffeln gehackten Walnüssen bestreuen. Am besten schmeckt es direkt aus der Pfanne!

Überbackene Crêpes-Torte

Eine pikante Torte aus Crêpes und Gemüse – Ihre Gäste werden staunen, und Sie werden Komplimente ernten.

Zeit für Gäste

🍴 Für 4 Portionen

🕐 Zubereitungszeit:
  60 Minuten

📋 Bereiten Sie gleich die doppelte Menge des Rezeptes zu. Die Crepes mit gedünstetem Gemüse belegen, aufrollen und in eine Form dicht nebeneinander legen. Mit Tomatensauce begießen, mit Folie abdecken und die Form einfrieren – für das Rezept vom 19. November (s. Seite 281).

FÜR DIE CRÊPES:
200 g Mehl
¼ l Milch
Salz
3 Eier
2 EL Butter

FÜR DIE FÜLLUNG:
800 g Gemüse (gut geeignet: Karotten, Lauch, Zucchini, auch: Brokkoli, Bohnen, Erbsen, Blumenkohl, Auberginen)
1 Zwiebel
½ Bund glatte Petersilie
4 EL Pflanzenöl

Salz
schwarzer Pfeffer aus der Mühle
200 g Sahne
100 g geriebener Käse
(z. B. Bergkäse oder Appenzeller)
1 EL Butterflöckchen

FÜR DIE SAUCE:
400 g geschälte Tomaten im Saft (Dose)
100 g Kräuter-Crème-fraîche

AUSSERDEM:
Butter für die Form

▶ Aus Mehl, Milch, Salz und Eiern einen glatten Crêpesteig rühren. Portionsweise Butter erhitzen und darin 6 Crêpes backen. Diese einzeln auf einer Arbeitsfläche auslegen.

▶ Die Karotten schälen und klein würfeln. Den Lauch längs halbieren, zwischen den Blattschichten waschen und quer in Streifen schneiden. Zucchini waschen, Stielenden entfernen, längs vierteln und quer in Scheibchen schneiden.

▶ Die Zwiebel schälen und fein würfeln. Die Petersilie waschen, trocken schütteln, von den Stielen zupfen und fein hacken.

▶ Den Backofen auf 180 °C (Umluft 160 °C) vorheizen und eine Auflaufform mit Butter ausfetten.

Das Pflanzenöl in einer größeren Pfanne erhitzen und darin die Zwiebel- und Gemüsewürfel andünsten.

▶ Den Pfanneninhalt mit Salz und Pfeffer würzen. Mit Sahne aufgießen und 2 Minuten dünsten lassen; die Pfanne beiseite ziehen und Petersilie unterrühren.

▶ Mit einem Crêpe beginnend und abschließend, Gemüse und Crêpes abwechselnd in die Form schichten. Die Oberfläche mit geriebenem Käse bestreuen und mit Butterflöckchen belegen. Im Ofen in etwa 15 Minuten überbacken.

▶ Inzwischen die geschälten Tomaten klein schneiden und mit dem Saft in einem Topf aufkochen. Die Crème fraîche einrühren und alles mit Salz und

Pfeffer würzen. In eine Sauciere füllen und separat dazu stellen. Die Crêpes-Torte im Ganzen auf den Tisch stellen und in Kuchenstücke teilen. Dazu passt ein leichter Salat aus Kopfsalat oder Feldsalat mit einer Vinaigrette.

Holunderspätzle mit Schweinemedaillons 25. Oktober

Lazy Weekend

Heute werden die tiefgefrorenen Holunderspätzle, Rezept vom 3. Oktober (s. Seite 245), aufgetaut und in der Pfanne in heiß schäumender Butter mit 50 g Mandelblättchen geschwenkt. Dazu gibt es Medaillons vom Schweinefilet, die kurz gebraten werden. Die gebratenen Fleischstücke aus der Pfanne nehmen und den Bratensatz mit 100 ml Weißwein ablöschen und mit 100 g Sahne aufgießen. Einige Minuten einkochen lassen – und fertig ist die Sauce.

Überbackener Wirsing

Heute gibt es einen köstlichen Gemüseauflauf mit Wirsing und Walnüssen – ein Gedicht!

Schnellgericht

🍴 Für 4 Portionen

🕐 Zubereitungzeit:
   30 Minuten

🕐 Garzeit: 30 Minuten

📇 Bereiten Sie gleich die doppelte Menge des Auflaufs zu und frieren Sie die eine Form für das Rezept vom 24. November (s. Seite 284) ein.

1 kg Wirsing	1 Bund Petersilie
Salz	100 g fein gehackte Walnüsse
1 Zwiebel (50 g)	100 g geriebener Käse
1 EL Olivenöl	(z. B. Parmesan, Gouda)
½ l Gemüsebrühe	150 g Crème fraîche
Sesamsalz (Gomasio)	
schwarzer Pfeffer	**AUSSERDEM:**
½ TL Currypulver	Butter für die Form

▸ Den Wirsing putzen, in Blätter teilen, waschen und in etwa 1 cm breite Streifen schneiden. In kochendem Salzwasser 1 Minute aufkochen, abgießen und mit kaltem Wasser abschrecken. Den Backofen auf 200 °C (Umluft 180 °C) vorheizen und eine Auflaufform mit Butter ausfetten.
▸ Die Zwiebel schälen, fein würfeln und in Olivenöl andünsten. Mit Gemüsebrühe aufgießen, auf-

kochen lassen und mit Sesamsalz, Pfeffer und 1 Msp. Currypulver würzen. Die Petersilie waschen, trocken schwenken und die Blättchen fein hacken. Die Walnüsse in einer beschichteten heißen Pfanne so lange rösten, bis sie duften; auf einen Teller geben.
▸ Wirsingstreifen mit Petersilie, Walnüssen und 50 g Käse in die Form schichten. Dabei jede Lage mit Sesamsalz, Pfeffer und Currypulver würzen. Die leicht abgekühlte Gemüsebrühe mit Crème fraîche und 50 g Käse verquirlen und über das Gemüse gießen.
▸ Den Auflauf in den vorgeheizten Backofen schieben und etwa 30 Minuten überbacken.

Ingwerreis mit Petersilienwurzeln

27. Oktober

Sie wollen heute mal auf Ihre Linie achten und es sich trotzdem schmecken lassen? Dann ist dieses Gericht genau das Richtige. Und wenn Sie wollen, können Sie den Ingwerreis noch mit Garnelen, Hackfleisch oder klein geschnittenen Fischfilets variieren.

Schnellgericht

🌾 Für 4 Portionen

🕐 Zubereitungszeit: 20 Minuten

🕐 Garzeit: 30 Minuten

---

100 g frischer Ingwer
100 g Petersilienwurzeln mit Blättern
250 g grüne und rote Paprikaschoten
2 EL Olivenöl
250 g Langkornreis

Salz, schwarzer Pfeffer
1 Prise Chilipulver
1 l Gemüsebrühe

ZUM GARNIEREN:
2 Kästchen Kresse

▶ Ingwer und Petersilienwurzeln schälen und fein würfeln. Die Petersilienblättchen waschen und klein hacken. Die Paprikaschoten waschen, entkernen und in kleinere Würfel schneiden.

▶ Den Backofen auf 200 °C (Umluft 180 °C) vorheizen. In einem Bräter das Olivenöl erhitzen und darin die Ingwer-, Petersilienwurzel- und Paprikaschotenwürfel andünsten. Reis einstreuen, unter Rühren einige Minuten braten und alles mit Salz, Pfeffer und Chilipulver würzen.

▶ Den Bräterinhalt mit Gemüsebrühe aufgießen und aufkochen lassen. Dann den Bräter in den vorgeheizten Backofen stellen und den Ingwerreis in etwa 30 Minuten garen. Mit klein geschnittener Kresse servieren. Dazu passen ein bunt gemischter Salat und verschiedene Schinkensorten.

Knoblauch-Vollkornpizza

Diese Pizza ist ein echter Partyknüller – und ein wahres Fest für Knoblauchfreunde!

Party, Party!

🍽 Für 4 Portionen

🕐 Zubereitungszeit:
  30 Minuten

🕐 Ruhezeit: 30 Minuten

🕐 Garzeit: 30 Minuten

📋 Bereiten Sie gleich die doppelte Menge Pizza zu und frieren Sie die Hälfte, in Stücke geschnitten, für das Rezept vom 26. November (s. Seite 286) ein.

400 g Weizenvollkornmehl
1 Päckchen Trockenhefe
200 ml lauwarmes Wasser
800 g geschälte Tomaten im Saft (Dose)
½ Bund Basilikum
10 Knoblauchzehen
½ TL Salz

1 EL getrocknete italienische Kräutermischung
50 g frisch geriebener Parmesan
1 EL Olivenöl
schwarzer Pfeffer

FÜR DIE ARBEITSFLÄCHE:
Mehl

▸ Weizenvollkornmehl mit Trockenhefe und Wasser nur verrühren. Mit einem Tuch abdecken und etwa 15 Minuten ruhen lassen.

▸ In der Zwischenzeit die Tomaten kleiner schneiden und wieder zurück in den Saft legen. Das Basilikum waschen, trocken schwenken, die Blättchen abzupfen und fein hacken. Die Knoblauchzehen schälen und fein würfeln.

▸ Den Vorteig mit Salz und den getrockneten Kräutern würzen und zu einem glatten, geschmeidigen Teig verarbeiten. Zu einem Kloß formen, mit einem Tuch abdecken und nochmals 15 Minuten ruhen lassen.

▸ Tomaten und -saft mit Knoblauch, Basilikum und Parmesan verrühren. Den Backofen auf 220 °C (Umluft 200 °C) vorheizen und ein Backblech mit Olivenöl bepinseln.

▸ Den Teig auf einer bemehlten Arbeitsfläche kneten und passend zum Backblech ausrollen. Das Backblech mit dem Teig auskleiden und dabei die Teigränder etwas hochziehen. Die gesamte Teigfläche mit der Tomatenmischung überziehen und mit Salz und Pfeffer würzen. Die Pizza auf der mittleren Schiene etwa 25 Minuten backen lassen. Dazu schmecken gemischte Oliven und getrocknete Tomaten, in Olivenöl eingelegt.

Rinderrouladen mit Kartoffelplätzchen

29. Oktober

Die fertigen Rinderouladen, Rezept vom 10. Oktober (s. Seite 250), auftauen und bei kleiner Hitze und geschlossenem Topf in etwa 20 Minuten erwärmen. Dazu Kartoffelplätzchen oder -kroketten aus der Tiefkühltruhe servieren.

Schnellgericht

Lammgeschnetzeltes mit Aprikosen

30. Oktober

Die Schnetzelpfanne orientalischer Art schmeckt sehr würzig und bringt einen Hauch Exotik in Ihren Alltag.

Schnellgericht
🍴 Für 4 Portionen
🕐 Zubereitungszeit: 30 Minuten

500 g aromatische Aprikosen (oder eingelegt aus der Dose)	1 Prise Kurkuma
2 Frühlingszwiebeln	1 Prise gemahlene Nelken
500 g Lammfleisch (von der Keule)	1 Prise rosenscharfes Paprika-pulver
Kräutersalz	3 EL Rapsöl
schwarzer Pfeffer	⅛ l Gemüsebrühe (Instant)
	2 EL Kräuter-Crème-fraîche

▶ Die Aprikosen waschen, kreuzweise einritzen, in kochendem Wasser kurz blanchieren und mit kaltem Wasser abschrecken. Häuten, halbieren, entsteinen und das Fruchtfleisch in Spalten schneiden.
▶ Die Frühlingszwiebeln putzen und in feine Ringe schneiden. Das Fleisch in schmale Streifen schneiden und mit Kräutersalz, Pfeffer, Kurkuma, Nelken sowie mit Paprikapulver würzen.
▶ Das Rapsöl in einer Pfanne erhitzen und darin die Fleischstreifen von allen Seiten in etwa 5 Minuten scharf anbraten. Herausnehmen, auf einen Teller legen und mit Alufolie abdecken.
▶ Die Frühlingszwiebel in den Bratensatz geben und sofort mit Gemüsebrühe ablöschen. Etwa 3 Minuten einkochen lassen und dann mit Kräuter-Crème-fraîche verfeinern. Die Aprikosen hinzufügen und kurz schwenken.
▶ Den Pfanneninhalt mit den Fleischstreifen und dem entstandenen Bratensaft vermischen und auf vier Teller verteilen. Dazu passt Reis oder Kartoffelpüree.

Kürbisspaghetti mit Lachs

Party, Party!

🍴 Für 4 Portionen

🕐 Zubereitungzeit:
   50 Minuten

Endlich Halloween, Zeit für eine Party, und natürlich hat heute der Kürbis seinen großen Auftritt.

TIPP

Sie können auch die rohen Kürbishälften mit etwas Olivenöl beträufeln, sie in Alufolie wickeln und knapp 30 Minuten im vorgeheizten Backofen garen.

1 ½ kg Spaghettikürbis (1 ganzer)	2 EL Olivenöl
Salz	100 ml trockener Weißwein
300 g Lachsfilet ohne Haut	200 g Sahne
Saft von ½ Zitrone	1 EL gehackter Dill
schwarzer Pfeffer	

▸ Den Spaghettikürbis längs halbieren und die Kerne entfernen. Die Kürbishälften mit den Schnittflächen nach oben in kochendes Salzwasser legen und bei mittlerer Hitze in 25 bis 30 Minuten garen.

▸ In der Zwischenzeit das Lachsfilet in kleine Stücke schneiden und mit Zitronensaft beträufeln. Mit Salz und Pfeffer würzen und in heißem Olivenöl von allen Seiten braten.

▸ Die Lachsstücke herausnehmen und auf einen Teller legen. Den Bratensatz mit Weißwein ablöschen und mit Sahne aufgießen. Etwas einkochen lassen und mit Salz und Pfeffer würzen.

▸ Sobald das Kürbisfruchtfleisch in spaghetti-ähnliche Fasern zerfällt, diese mit einer Gabel herauslösen und auf Teller verteilen. Die Lachsstücke mit dem Dill in die Sahnesauce rühren, kurz erhitzen und damit löffelweise die Kürbisspaghetti überziehen.

Kürbiskuchen Pumpkin Pie

300 g Mehl
Salz
1 Prise Zucker
4 Eier
100 g kalte Butterstückchen
600 g Kürbisfleisch, in ½ cm
große Würfel geschnitten
1 Eiweiß
200 g brauner Zucker

gemahlener Ingwer
gemahlene Muskatnuss
gemahlener Zimt
200 g Sahne
100 g Crème fraîche

FÜR DIE FORM:
Butter

Party, Party!
🔭 Für 1 Springform mit
26 cm Durchmesser
🕐 Zubereitungszeit:
90 Minuten

📋 Bereiten Sie gleich zwei
Kürbiskuchen zu und frieren Sie den zweiten ein, für
das Rezept vom 21. November (s. Seite 282).

▸ Aus Mehl, Salz, Zucker, 2 Eiern und Butter einen Mürbeteig kneten. Zu einem Kloß formen, in Folie wickeln und in den Kühlschrank legen.

▸ In der Zwischenzeit die Kürbiswürfel in ⅛ l kochendes Wasser geben und in etwa 15 Minuten gar köcheln lassen.

▸ Den Topfinhalt in ein Sieb gießen und das Kürbisfleisch gründlich abtropfen lassen. Eine Springform mit Butter ausstreichen. ⅔ des Mürbteiges durchkneten, ausrollen und die Springform damit auskleiden.

▸ Das Eiweiß steif schlagen und den Teig damit bepinseln. Die Form etwa 15 Minuten ins Tiefkühlfach stellen. Den restlichen Teig zu einem Kreis ausrollen.

▸ Das Kürbisfleisch mit Zucker, Gewürzen, 2 Eiern, Sahne und Crème fraîche vermengen. Die

Springform aus dem TK-Fach nehmen und die Kürbismasse einfüllen. Mit dem Teigdeckel abschließen und mit einer Gabel Löcher in den Teig stechen.

▸ Den Kürbiskuchen auf die mittlere Schiene in den vorgeheizten Backofen bei 200 °C stellen und etwa 1 Stunde backen.

November

Rahmspinat mit Pellkartoffeln

1. November

Lazy Weekend

🗒 Kochen Sie gleich die doppelte Menge Kartoffeln, die Hälfte brauchen Sie für das Rezept vom 3. November (s. unten).

Gestern zu lang gefeiert? Dann tauen Sie doch einfach Rahmspinat auf und servieren dazu 500 g Pellkartoffeln und Spiegeleier. Vielleicht ist ja auch noch von den vergangenen Tagen etwas übrig. Dazu gibt's gemischtes Brot.

Leichte Gemüsesuppe

2. November

Suppentag

1 ½ Liter Gemüsebrühe (Instant) kochen und als Einlage Streifen von Karotten, Paprika, Chinakohl, Lauch oder frischem saisonalem Gemüse verwenden.

Kohlrouladen mit Bratkartoffeln

3. November

Schnellgericht

Die gekochten Kartoffeln, Rezept vom 1. November (s. oben), schälen, in Scheibchen schneiden und in der Pfanne mit Pflanzenöl braten. Dazu gibt es die aufgetauten Kohlrouladen vom 18. Oktober (Rezept s. Seite 255).

Tagliatelle mit Hirschsauce

Die Pasta präsentiert sich heute mal in ganz edler Begleitung – mit einer Hirschsauce.

Pasta, basta!

🌿 Für 4 Portionen

🕐 Zubereitungszeit:
   20 Minuten

🕐 Garzeit: 30 Minuten

300 g mageres Hirschfleisch (auch TK)	250 g geschälte Tomaten im Saft (Dose)
1 Zwiebel	Salz, schwarzer Pfeffer
2 Knoblauchzehen	1 TL Fenchelsamen
1 mittelgroße Karotte	⅛ l trockener Rotwein
100 g Knollensellerie	⅛ l Wildfond (Fertigprodukt)
1 Zweig Rosmarin	500 g Tagliatelle
1 TL Olivenöl	½ Bund Petersilie
1 EL Tomatenmark	

▸ Das Hirschfleisch klein schneiden und hacken. Die Zwiebel und die Knoblauchzehen schälen und fein würfeln. Die Karotte und den Knollensellerie schälen und fein würfeln. Den Rosmarin waschen, trocken schwenken, die Nadeln abzupfen und fein hacken.

▸ In einer beschichteten hohen Pfanne das Olivenöl erhitzen und darin die Zwiebel- und Knoblauchwürfel andünsten. Fleisch, Karotten- und Selleriewürfel hinzufügen und 2 Minuten braten.

▸ Den Pfanneninhalt mit Tomatenmark leicht rösten und die Tomaten mit etwas Saft einrühren.

Mit Salz, Pfeffer und Fenchelsamen würzen und mit Rotwein sowie mit Wildfond aufgießen. Das Ganze bei geringer Hitze in etwa 20 Minuten schmoren lassen. Rosmarin unterrühren.

▸ Parallel dazu die Tagliatelle in reichlich siedendem Salzwasser bissfest garen. In der Zwischenzeit die Petersilie waschen, trocken schwenken, die Blättchen abzupfen und fein hacken.

▸ Die Tagliatelle in ein Sieb abgießen und auf Teller verteilen. Die Sauce nochmals abschmecken und über die Nudeln geben. Mit Petersilie bestreuen.

Kürbismus mit Schinkengriffeln

Der Kürbis hat Saison, das sollten Sie nutzen. Es gibt so viele leckere Kürbisgerichte, zum Beispiel dieses Kürbismus.

500 g Kürbisfruchtfleisch ohne Schale und Kerne
1 EL Olivenöl
Kräutersalz
12 hauchdünn geschnittene Parmaschinkenscheiben
12 Grissini

50 g Kräuter-Crème-fraîche
4 große Salatblätter
edelsüßes und rosenscharfes Paprikapulver

AUSSERDEM:
Alufolie

▸ Das Kürbisfruchtfleisch auf Alufolie legen, mit Olivenöl beträufeln und mit Kräutersalz

bestreuen. Fest verschließen, auf ein Backblech legen und auf der mittleren Schiene im vorgeheizten Backofen bei 200 °C etwa 40 Minuten garen.

▸ Kurz vor Ende der Garzeit je eine Scheibe Schinken um ein Grissini wickeln.

▸ Das gegarte Kürbisfruchtfleisch im Küchenmixer mit Crème fraîche pürieren. Je ein großes Salatblatt auf einen Teller legen und darauf Kürbismus geben. Mit den beiden Sorten Paprikapulver bestäuben. Je drei Schinkengriffel an die Tellerränder legen. Dazu passen gemischte Oliven, verschiedene Brotsorten und Karottensalat.

Sauerbraten mit Rotkohl und Klößen

Den fertigen Sauerbraten, Rezept vom 4. Oktober (s. Seite 246), erwärmen und die Sauce eventuell nachwürzen. Dazu gibt es fertigen, erwärmten Rotkohl aus dem Glas und Kartoffelklöße aus fertigem Kloßteig (Kühltheke). Guten Appetit!

Kartoffel-Kürbis-Suppe mit Mais

7. November

Heute gibt's den Kürbis mal als Suppe. Kartoffeln und Mais passen geschmacklich hervorragend dazu.

1 große Zwiebel	Salz, schwarzer Pfeffer
500 g Kürbisfruchtfleisch ohne Schale	1 Prise gemahlene Nelken
500 g Kartoffeln	1 Prise geriebene Muskatnuss
2 EL Butter	100 ml trockener Weißwein
1 kräftige Prise gemahlene Muskatblüte (Macis)	1 ¼ l Gemüsebrühe
1 EL brauner Zucker	100 g Crème fraîche
	100 g Maiskörner

▸ Die Zwiebel schälen und fein würfeln. Das Kürbisfleisch in etwa ½ cm große Würfel schneiden. Die Kartoffeln schälen und passend zum Kürbis schneiden.
▸ Die Butter in einem Topf erhitzen und darin die Zwiebelwürfel, Kürbis- und Kartoffelstücke unter Rühren andünsten. Mit Muskatblüte, Zucker, Salz, Pfeffer, Nelken und Muskatnuss würzen.

▸ Sobald der Zucker geschmolzen ist, den Topfinhalt mit Weißwein ablöschen und mit Gemüsebrühe aufkochen. Die Suppe bei geringer Hitze etwa 20 Minuten garen und zuletzt mit dem Pürierstab grob oder fein pürieren.
▸ Die Suppe mit Crème fraîche verfeinern und die Maiskörner unterheben.

Suppentag
🍴 Für 4 Portionen
🕐 Zubereitungszeit: 40 Minuten

📋 Bereiten Sie gleich die doppelte Menge zu und frieren Sie die Hälfte ein, für das Rezept vom 2. Dezember (s. Seite 292).

TIPP
Wenn Sie die Suppe besonders schön servieren wollen, schneiden Sie von einem Kürbis den Deckel ab, höhlen Sie ihn aus (das Kürbisfleisch für die Suppe verwenden) und füllen Sie die fertige Suppe in den Kürbis. Sieht toll aus!

Gans mit Maronen-Apfel-Füllung

8. November

Diese Woche ist Martinstag, aber während der Woche ist keine Zeit für einen aufwendigen Gänsebraten. Deshalb gibt es die Gans als Sonntagsessen.

500 g Maronen	100 ml Hühnerbrühe (Glas)
500 g säuerliche Äpfel (Boskop)	1 küchenfertige Gans von etwa 4 kg
Saft von ½ Zitrone	weißer Pfeffer
2 EL Butter	4 frische Beifußzweige
1 EL Zucker	150 ml helles Bier
Salz	

Sonntagsessen
🍴 Für 6 Portionen
🕐 Zubereitungszeit: 3 ½ Stunden

📋 Was vom Gänsebraten übrig bleibt, können Sie für das Rezept vom 9. November (s. Seite 275) verwenden.

▶ Die Maronen auf den Oberflächen kreuzweise einschneiden
und auf einem Backblech im vorgeheizten Backofen bei 200 °C
etwa 15 Minuten garen. Sobald
sich die Schalen verformen, die
Maronen herausnehmen, schälen
und halbieren oder vierteln.

▶ Die Äpfel schälen, vierteln,
entkernen und in Scheibchen
schneiden; mit Zitronensaft beträufeln. Die Butter in einem Topf
heiß schäumend erhitzen und
darin die Apfelscheiben und die
Maronen schwenken. Alles mit
Zucker und Salz bestreuen und
unter Rühren die Hühnerbrühe
eingießen. Bei mittlerer Hitze gut
5 Minuten offen kochen lassen;
den Topf beiseite ziehen.

▶ Die Gans unter fließend kaltem
Wasser innen und außen waschen
und mit einem Tuch gründlich

trocken reiben. Innen und außen
salzen und pfeffern. Den Beifuss
waschen, trocken schwenken
und in den Bauchraum stecken.
Die Maronen-Apfel-Mischung
löffelweise in den Bauch geben
und diesen mit Metall- oder Holz-
spießchen verschließen.

▶ Die Gans mit der Brustseite
nach unten in einen entsprechenden Bräter setzen und mit ¾ l kochend heißem Wasser begießen.
Den Bräter auf die unterste Schiene in den vorgeheizten Backofen
schieben und die Gans insgesamt
knapp 3 Stunden braten lassen.

▶ Die Gans nach 1 Stunde wenden und dabei mit einer Gabel
die Haut mehrfach einstechen,
sodass das Fett besser austreten
kann. Nach etwa 2 ¾ Stunden die
Gans aus dem Bräter nehmen,
rundherum mit Bier bepinseln
und für 10 bis 15 Minuten auf ein
Backgitter oder -blech zum Bräunen geben.

▶ Den Bratenfond aufkochen,
Topf beiseite ziehen und mehrmals zum Entfetten Küchenpapier
auf die Saucenoberfläche legen.
Die Sauce insgesamt knapp 15 Minuten heftig einkochen lassen.
Nach Bedarf nachwürzen.

▶ Die gebräunte Gans aus dem
Backofen nehmen, auf ein Schnei-
debrett legen, mit Alufolie bedecken und 10 Minuten ruhen
lassen. In Portionsteile schneiden
und anrichten. Die Füllung sowie
die Sauce separat reichen. Dazu
passen Kartoffelklöße und Rotkohl.

Herbstlicher Salat mit Kürbiskernöl

9. November

In diesen leckeren herbstlichen Salat – natürlich wieder mit Kürbis – können Sie das übrig gebliebene Gänsefleisch schnippeln.

Kalte Küche

👥 Für 4 Portionen

🕐 Zubereitungszeit:
   20 Minuten

1 Radicchio	200 g süß-sauer eingelegte
200 g Feldsalat	Kürbisstücke (Glas)
1 rote Zwiebel	6 EL Kürbiskernöl
½ Bund gemischte Kräuter	3 EL Rotweinessig
250 g aromatische Tomaten	Salz, schwarzer Pfeffer
übrig gebliebener Gänsebraten	2 EL gehackte Walnüsse

🗒 Das fertige Gänse-fleisch stammt aus dem Rezept vom 8. November (s. Seite 273).

▸ Die Blattsalate putzen und klein zupfen. Die Zwiebel schälen und in feinste Streifen schneiden. Die Kräuter waschen, die Blättchen abzupfen und grob hacken.
▸ Die Tomaten waschen und in Achtel schneiden. Das Gänse-fleisch in Streifen schneiden.

▸ Die vorbereiteten Zutaten mit den Kürbisstücken locker vermengen. Den Salat mit Kür-biskernöl und Rotweinessig anmachen. Mit Salz und Pfeffer würzen und mit Walnüssen be-streuen.

Holländische Kaastruffels

10. November

Das etwas andere Käsebrot: Bei dieser pikanten Leckerei kommt zur Abwechslung mal das Brot auf den Käse und nicht umgekehrt.

Schnellgericht

👥 Für 4 Portionen

🕐 Zubereitungszeit:
   10 Minuten

🕐 Kühlzeit: 2 Stunden

100 g zimmerwarme Butter	einige Spritzer Worcestershire
100 g geriebener Käse (Gouda)	Sauce
1 Prise Cayennepfeffer	6 Scheiben Pumpernickel,
Salz, weißer Pfeffer	zerbröselt
edelsüßes und rosenscharfes	8 schöne Kopfsalatherzblätter
Paprikapulver	

▸ Butter und Käse cremig rühren, mit den Gewürzen abschmecken. Mit Folie abdecken und 2 Stunden in den Kühlschrank stellen.
▸ Mit zwei Kaffeelöffeln, die immer wieder in heißes Wasser getaucht werden, aus der Butter-

Käse-Masse acht Portionen aus-stechen und zu Kugeln formen. Diese in Pumpernickelbrösel wenden und je eine Kugel auf ein Salatblatt geben.
▸ Dazu verschiedene Brotsorten und gemischten Salat servieren.

Zwiebelkuchen

Zeit für Gäste

🍴 Für 1 Springform von
  26 cm Durchmesser
🕐 Zubereitungszeit:
  30 Minuten
🕐 Ruhezeit: 60 Minuten
🕐 Backzeit: 40 Minuten

🗄 Backen Sie gleich
2 Zwiebelkuchen und frieren Sie den einen, in Portionsstücke geschnitten, ein, für das Rezept vom 10. Dezember (s. Seite 298).

Bis die Gäste da sind, haben Sie alles vorbereitet und der Zwiebelkuchen gart allein im Ofen. Dazu ein Federweißer, und es wird ein sehr gelungener Abend!

250 g Mehl	je 1 Prise edelsüßes und rosenscharfes Paprikapulver
150 g weiche Butter	1 TL Kümmel
1 Ei	150 g Kräuter-Crème-fraîche
Salz	2 Eier
FÜR DEN BELAG:	
1 kg Zwiebeln	AUSSERDEM:
50 g Butter	Butter für die Springform
Salz, schwarzer Pfeffer	Mehl für die Arbeitsfläche

▸ Aus Mehl, Butter, Ei und einer Prise Salz einen geschmeidigen Teig kneten. Zu einem Kloß formen, in Folie hüllen und 1 Stunde ruhen lassen.
▸ Inzwischen die Zwiebeln schälen, fein würfeln und in heißer Butter bei mittlerer Hitze hell dünsten. Zwischendurch mit etwas Wasser beträufeln und dabei mit Salz, Pfeffer, den beiden Paprikasorten sowie dem Kümmel würzen.

▸ Die Zwiebeln kurz abkühlen lassen und mit Crème fraîche sowie den Eiern vermengen. Eine Springform mit Butter ausfetten.
▸ Den Teig auf einer bemehlten Arbeitsfläche ausrollen, die Springform damit belegen und einen Rand hochziehen. Mit einer Gabel mehrmals einstechen und die Zwiebelmasse auf dem Teigboden verteilen. Im vorgeheizten Backofen bei 220 °C etwa 40 Minuten goldgelb backen. Dazu passt Feldsalat.

Gratinierte Gemüse-Semmelpflänzchen

Schnellgericht

Die eingefrorenen Gemüse-Semmelpflänzchen, Rezept vom 20. Oktober (s. Seite 257), auftauen und in der Pfanne in heiß schäumender Butter von beiden Seiten knusprig braten. Nach Belieben die gebratenen Semmelpflänzchen mit Käse belegen und kurz im Backofen gratinieren. Dazu passt Karottensalat.

Schokoladenkuchen

13. November

Welcher Kuchen gehört wohl auf jeden Fall zu einem Kindergeburts-tag? Na klar, ein Schokoladenkuchen. Von diesem werden die Kinder gar nicht genug bekommen können.

Kinder, Kinder

🏛 Für 1 Springform,
  26 cm Durchmesser
🕐 Zubereitungszeit:
  10 Minuten
🕐 Garzeit: 40 Minuten

4 Eier, getrennt	1 EL Speisestärke
150 g Zucker	1 EL Puderzucker
150 g gemahlene Mandeln	
150 g zerlassene Butter	FÜR DIE FORM:
150 g geschmolzene Vollmilch-schokolade	Butter

▸ Das Eiweiß zu steifem Schnee schlagen. Eigelbe mit Zucker schaumig rühren und die Man-deln unterrühren.
▸ Nach und nach Butter und die Schokolade einrühren. Eischnee auf die Rührmasse setzen, mit Speisestärke übersieben und nun behutsam alles vermischen.
▸ Eine Springform mit Butter ausfetten und den Teig einfüllen. Im vorgeheizten Backofen bei 180 °C (Umluft 160 °C) auf der mittleren Schiene in etwa 40 Mi-nuten backen.
▸ Den Schokoladenkuchen in der Form abkühlen lassen, dann den Rand der Form entfernen und den Kuchen mit Puderzucker bestäuben.

Fettuccine mit Venusmuscheln

14. November

Dieses erlesene Pastagericht können Sie auch als Fettuccine alle von-gole servieren, dann wirkt es gleich noch edler und authentischer.

Pasta, basta!

🏛 Für 4 Portionen
🕐 Zubereitungszeit:
  30 Minuten

🗒 Kochen Sie gleich die doppelte Menge Nudeln, für das Rezept vom 16. No-vember (s. Seite 279).

500 g Fettuccine	300 g Sahne
Salz	einige Safranfäden
2 kleine Zwiebeln	grob geschroteter schwarzer
1 EL Butter	Pfeffer
1 Msp. gemahlener Safran	250 g aufgetaute, ausgelöste
100 ml Prosecco	Venusmuscheln (TK)

▸ Die Fettuccine in siedendem Salzwasser bissfest garen.
▸ Die Zwiebeln schälen und fein würfeln. Die Butter heiß schäu-mend erhitzen und darin die Zwiebelwürfel glasig dünsten.
▸ Safran einrühren und den Pfanneninhalt mit Prosecco ab-

TIPP
Die Muscheln dürfen nur kurz erwärmt werden, sonst werden sie hart.

löschen. Die Sahne zugießen, alles aufkochen lassen und die Safranfäden einlegen. Die Safransauce mit Salz und Pfeffer würzen.

▸ Die Nudeln in ein Sieb abgießen und noch tropfnass mit den Venusmuscheln unter die Safransauce mischen. Auf Teller verteilen und sofort genießen.

15. November

Lazy Weekend
🍴 Für 4 Portionen
🕐 Zubereitungszeit: 60 Minuten

Palatschinken Café Gundel

Nach einem eher herzhaften späten Frühstück können Sie am Abend auch mal einen süßen Leckerbissen genießen.

250 g Mehl	50 g Puderzucker
3 Eier	
300 ml Milch	ZUM BACKEN:
1 EL Zucker	Butter
1 Prise Salz	
200 g Kastanienpüree (Dose)	ZUM SERVIEREN:
2 Eigelbe	Schokoladensauce (Fertigprodukt)
150 g Sahne	
100 g Biskuitbrösel	NACH BELIEBEN:
(Löffelbiskuits, zermahlen)	4 EL Rum

▸ Aus Mehl, Eiern, Milch, Zucker und Salz einen glatten Pfannkuchenteig rühren. In reichlich Butter 16 dünne Palatschinken backen und auf einer Arbeitsfläche einzeln auslegen.

▸ Das Kastanienpüree mit Eigelben, Sahne, Biskuitbröseln und Puderzucker cremig rühren. Damit die Palatschinken gleichmäßig bestreichen und diese dann einzeln aufrollen.

▸ Die gefüllten Rollen in eine gebutterte Auflaufform dicht nebeneinander legen und mit Butterflöckchen belegen. Die Form auf die mittlere Schiene in den vorgeheizten Backofen stellen und bei 200 °C (Umluft 180 °C) etwa 15 Minuten überbacken. Je vier Stück auf einen Teller legen, mit Schokoladensauce begießen und nach Belieben mit Rum flambieren.

Geschnetzeltes aus dem Wok

16. November

Schnitzelstreifen und Nudeln aus dem Wok – ein flottes und leckeres Gericht.

Schnellgericht
🍴 Für 4 Portionen
🕐 Zubereitungszeit:
   30 Minuten

📋 Die gekochten Nudeln stammen aus dem Rezept vom 14. November (s. Seite 277)

300 g Schweine- oder Kalbs-schnitzel	4 EL Erdnussöl oder Pflanzenöl
Pfeffer aus der Mühle	Salz
2 EL Puderzucker	3 EL Sherry oder Weißwein
300 g Gemüse (z.B. Karotten, Lauch, Zucchini)	500 g gekochte Nudeln
2 Knoblauchzehen	2 EL Mangochutney
	2 EL Crème fraîche

▶ Die Schnitzel in schmale Streifen schneiden. Mit Pfeffer würzen und mit Puderzucker vermengen.
▶ Das Gemüse waschen, teils schälen und in streichholzgroße Stifte schneiden. Die Knoblauchzehen schälen und fein würfeln.
▶ Den Wok oder eine große Pfanne auf dem Herd heiß werden lassen und 2 Esslöffel Erdnussöl darin erhitzen. Die Fleischstreifen darin von allen Seiten braten, auf einen Teller legen und salzen.
▶ 2 Esslöffel Pflanzenöl in den Bratensatz gießen. Knoblauch und Gemüsestreifen etwa 3 Minuten pfannenrühren. Mit Sherry beträufeln und mehrmals durchschwenken. Salzen und pfeffern.
▶ Die Nudeln zum Erwärmen locker unterheben. Nochmals abschmecken und kurz vor dem Servieren die Fleischstreifen mit dem entstandenen Bratensaft unterheben.
▶ Das Mangochutney mit Crème fraîche verrühren, mit dem Wokinhalt mischen und servieren.

Gefüllte Kartoffelklöße

17. November

Kartoffelklöße mit Hackfleisch gefüllt sind wider Erwarten einfach und schnell zubereitet und außerdem lecker und nahrhaft.

Schnellgericht
🍴 Für 4 Portionen
🕐 Zubereitungszeit:
   30 Minuten

📋 Bereiten Sie die doppelte Menge Klöße zu, und frieren Sie die Hälfte davon roh ein, Rezept vom 7. Dezember (s. Seite 296).

1 kleine Zwiebel	500 g Tomaten
2 EL Pflanzenöl	1 Knoblauchzehe
250 g gemischtes Hackfleisch	3 EL Olivenöl
Salz, schwarzer Pfeffer	1 TL getrockneter Majoran
1 Packung Kartoffelkloßteig (Fertigprodukt, Kühltheke)	200 g Sahne

> Die Zwiebel schälen und fein würfeln. In einer Pfanne das Pflanzenöl erhitzen und darin die Zwiebelwürfel glasig dünsten. Das Hackfleisch hinzufügen und unter Rühren krümelig braten. Mit Salz und Pfeffer würzen; die Pfanne beiseite ziehen.

> Aus dem Kloßteig acht Klöße formen und jeweils mit etwas Hackfleisch füllen.

> Die Klöße in siedendes Salzwasser legen und in etwa 15 Minuten gar ziehen lassen. Inzwischen die Tomaten kreuzweise einritzen und in kochendes Wasser legen. Sobald sich die Häute lösen, die Tomaten herausnehmen, kalt abbrausen und häuten.

Die Tomaten in Viertel schneiden, die Kerne herauslösen und das Fruchtfleisch klein würfeln.

> Die Knoblauchzehe abziehen und fein hacken. In einer Pfanne das Olivenöl erhitzen und darin Knoblauch- und Tomatenwürfel glasig dünsten. Mit Salz, Pfeffer und Majoran würzen. Den Pfanneninhalt mit Sahne aufgießen und etwa 5 Minuten leise kochen lassen.

> Die Klöße mit einem Schaumlöffel aus dem Kochwasser nehmen, abtropfen lassen und auf Teller verteilen. Die Sauce nochmals abschmecken und mit einem Löffel rund um und auf die Klöße träufeln.

18. November

Käseplätzchen

Frisches, knuspriges Fingerfood zum Dippen kommt auf Partys immer gut an.

Party, Party!

🍴 Für 1 Backblech (40 Stück)

🕐 Zubereitungszeit: 15 Minuten

🕐 Kühlzeit: 30 Minuten

🕐 Backzeit: 15 Minuten

TIPP

Die Käseplätzchen vollständig abkühlen lassen und in einer Vorratsdose aufbewahren.

150 g Weizenvollkornmehl	FÜR DIE ARBEITSFLÄCHE:
150 g fein geriebener Gouda	Mehl
150 g zimmerwarme Butter	
2 Eigelbe	FÜR DAS BACKBLECH:
1 Msp. Currypulver	Backpapier
	ZUM BESTREUEN:
	Kümmel

> Mehl mit Käse, Butterflöckchen, 1 Eigelb und 1 Messerspitze Currypulver kräftig verkneten. Zu einem Kloß formen, in Klarsichtfolie einwickeln und für 30 Minu-

ten in den Kühlschrank stellen.

> Den Teigkloß auf einer bemehlten Arbeitsfläche mehrmals durchkneten und etwa 3 mm dick ausrollen. Den Backofen auf

180 °C (Umluft 160 °C) vorheizen und ein Backblech mit Backpapier auslegen.

▸ Aus dem Teig je nach Belieben Monde, Sterne oder Kreise ausstechen und auf das Backblech legen. Das Eigelb mit 2 Esslöffeln Wasser verquirlen, die Plätzchen damit bestreichen und mit Kümmel bestreuen. Das Backblech auf die mittlere Schiene in den vorgeheizten Backofen schieben und die Käseplätzchen knapp 15 Minuten goldgelb backen.

Grüner Olivendip mit Joghurt

250 g grüne Oliven	250 g Naturjoghurt (Magerstufe)
1 Knoblauchzehe	Vollmeersalz
1 frischer Thymianzweig	schwarzer Pfeffer

▸ Die Oliven entsteinen. Die Knoblauchzehe schälen und grob zerkleinern. Den Thymian waschen, trocken schwenken und von den Stielen zupfen.

▸ Alle vorbereiteten Zutaten mit Joghurt im Küchenmixer oder mit dem Mixstab pürieren. Mit Salz und Pfeffer würzen. In vier Portionsschalen füllen und zum Dippen bereitstellen.

Party, Party!
🔭 Für 4 Portionen
🕐 Zubereitungszeit:
  10 Minuten

Gemüse-Crêpes mit Tomatensauce

19. November

Schnellgericht

Die eingefrorenen Gemüse-Crêpes mit Tomatensauce, Rezept vom 24. Oktober (s. Seite 260), aus dem Tiefkühlfach nehmen und in der Form im vorgeheizten Backofen bei 140 °C (Umluft 120 °C) etwa 30 Minuten langsam erwärmen. Nach Belieben mit Käse überbacken, dabei dann die Temperatur auf 200 °C (Oberhitze) oder Grillstufe erhöhen.

Fischfilets in Gemüsesahne

Schnellgericht
🎎 Für 4 Portionen
🕐 Zubereitungszeit:
   20 Minuten
🕐 Garzeit: 30 Minuten

📖 Kochen Sie für die Beilage gleich die doppelte Menge Wildreis, die Hälfte können Sie für das Rezept vom 24. November (s. Seite 284) verwenden.

Ein feiner Fischauflauf, für den Sie gar nicht lange in der Küche stehen müssen.

½ Bund Suppengrün
(Lauch, Sellerie, Karotte)
1 TL Olivenöl
500 g Fischfilet
(TK, z. B. Rotbarsch, Seelachs)

Saft von ½ Zitrone
Salz, schwarzer Pfeffer
200 g Sahne
1 TL gemischte Kräuter (TK)

▸ Das Suppengrün putzen, teils schälen und in gleichmäßige Streifen schneiden. Eine Auflaufform mit Olivenöl ausstreichen und den Backofen auf 180 °C (Umluft 160 °C) vorheizen.
▸ Die Hälfte der Gemüsestreifen auf dem Boden der Form verteilen. Die Fischfilets mit Zitronensaft beträufeln, mit Salz und Pfeffer würzen und auf die Gemüsestreifen legen. Die restlichen Gemüsestreifen darüber streuen.
▸ Die Sahne mit Kräutern verrühren und über das Fischgemüse gießen. Die Form in den Backofen schieben; die Garzeit beträgt etwa 30 Minuten. Dazu passt eine Wildreismischung.

Kürbiskuchen mit Salat

Schnellgericht

Den eingefrorenen Kürbiskuchen, Rezept vom 31. Oktober (s. Seite 267), auftauen und im vorgeheizten Backofen bei 160 °C (Umluft 140 °C) in etwa 15 Minuten erwärmen. Dazu gibt es einen gemischten Salat.

Gebratener Thanksgiving-Truthahn

Das amerikanische Erntedankfest wird traditionell am vierten Sonntag im November gefeiert. Der Truthahn, der zur Feier des Tages auf den Tisch kommt, macht gar nicht so viel Arbeit, denn er verbringt die meiste Zeit im Ofen.

Sonntagsessen

🍴 Für 6 Portionen

🕐 Zubereitungszeit:
   30 Minuten

🕐 Garzeit: 3 Stunden

1 küchenfertiger Truthahn
à etwa 5 kg
Salz, schwarzer Pfeffer
2 Bund gemischte Kräuter
(Petersilie, Kerbel, Thymian)
100 g flüssige Butter
¼ l trockener Sherry (Fino) oder

trockener Weißwein
¼ l Hühnerbrühe (Instant)
150 g Kräuter-Crème-fraîche

AUSSERDEM:
Küchengarn und
1 Küchentuch

📋 Was vom Truthahn übrig bleibt, einfach in Streifen schneiden und einfrieren für das Rezept vom 3. Dezember (s. Seite 293).

▶ Den Backofen auf 220 °C (Umluft 200 °C) vorheizen. Den Truthahn innen und außen kalt abspülen, mit Küchenpapier trocken tupfen und innen und außen mit Salz und Pfeffer würzen.

▶ Die Kräuter waschen und einen Bund davon tropfnass auf einem Backblech verteilen. Den zweiten Bund in den Truthahn geben. Mit dem Küchengarn die Keulen zusammenbinden, damit der Truthahn während des Bratens die Form behält.

▶ Den Truthahn mit flüssiger Butter bepinseln und auf das Kräuterbett setzen. Das Küchentuch in kaltes Wasser tauchen und tropfnass über den Vogel legen.

▶ Das Backblech auf die unterste Schiene in den vorgeheizten Backofen schieben und den Truthahn insgesamt etwa 2 ½ Stunden garen. Während der Garzeit das Küchentuch drei- bis viermal erneut wässern, damit das Truthahnfleisch saftig bleibt.

▶ Den Truthahn vom Blech nehmen, das Tuch entfernen und den Vogel dick mit Butter bepinseln. Zum Bräunen nochmals 30 Minuten in den Ofen geben, dabei zwei- bis dreimal wenden.

▶ Den Bratensatz vom Backblech mit Sherry und mit Hühnerbrühe lösen, alles durch ein Sieb gießen und auf dem Herd einige Minuten offen kochen lassen. Eventuell nachwürzen und mit Crème fraîche verfeinern.

▶ Den Truthahn aus dem Ofen nehmen, 5 Minuten ruhen lassen und erst dann seitlich die Truthahnkeulen abschneiden. Mit einer Geflügelschere Brust und Rücken in der Mitte zerteilen, sodass zwei Hälften entstehen. Die Hälften in kleinere Stücke schneiden und alles auf einer Servierplatte anrichten. Die Sauce separat dazu reichen.

TIPP

Durch das ständig gewässerte Küchentuch wird das Truthahnfleisch nicht trocken. Alternativ können Sie auch Speckscheiben darüber legen, um das Fleisch saftig zu halten.

Orangenes Süppchen mit Erbsen

📋 Kochen Sie gleich die doppelte Menge Suppe und frieren Sie die Hälfte ein, für das Rezept vom 14. Dezember (s. Seite 300) – allerdings ohne Erbsen, denn die waren ja schon eingefroren.

An einem grauen Novembertag wärmt ein feines Süppchen Leib und Seele. Und bei der Einlage sind der Phantasie keine Grenzen gesetzt: Von Garnelen bis zu Backerbsen eignet sich alles Mögliche.

2 Schalotten	1 Prise Zucker
2 Knoblauchzehen	1 Prise Cayennepfeffer
2 Karotten	100 ml Orangensaft
500 g Tomaten	¾ l Hühnerbrühe (Instant)
3 EL Olivenöl	100 g Crème fraîche
1 EL Tomatenmark	200 g aufgetaute Erbsen (TK)
Salz, schwarzer Pfeffer	1 TL gehacktes Basilikum

▸ Schalotten, Knoblauchzehen und Karotten schälen und fein würfeln. Die Tomaten blanchieren, häuten, entkernen und klein würfeln.

▸ In einem breiten Topf das Olivenöl erhitzen und darin die Gemüsewürfel andünsten. Alles mit Tomatenmark leicht rösten und mit Salz, Pfeffer, Zucker und Cayennepfeffer würzen.

▸ Den Topfinhalt mit Orangensaft ablöschen und mit Hühnerbrühe aufgießen. Einmal aufkochen lassen und dann bei geringer Hitze 5 bis 8 Minuten leise kochen lassen.

▸ Die Suppe mit Crème fraîche verfeinern und mit dem Pürierstab aufmixen. Nochmals abschmecken, die Erbsen einrühren und 5 Minuten ziehen lassen. Vor dem Servieren mit Basilikum garnieren.

Wirsingauflauf mit Wildreis

Den eingefrorenen Wirsingauflauf, Rezept vom 26. Oktober (s. Seite 262), auftauen und im vorgeheizten Backofen bei 180 °C (Umluft 160 °) in etwa 30 Minuten überbacken. Dazu die gekochte Wildreismischung, Rezept vom 20. November (s. Seite 282), in Butter schwenken und als Beilage servieren.

Flambierte Kürbismuffins

Diese Muffins schmecken Kindern und Erwachsenen, wobei natürlich nur die »erwachsenen« Muffins flambiert werden sollten. Garantiert ein großer Partyspaß.

Party, Party!

🎎 Für 24 Muffins

🕐 Zubereitungszeit:
   45 Minuten

400 g Kürbisfruchtfleisch
ohne Schale
1 unbehandelte Orange
350 g Mehl
1 Päckchen Backpulver
150 g Zucker
1 Prise gemahlener Zimt
1 Prise gemahlene Muskatnuss
Salz
100 g weiche Butter
5 EL Sonnenblumenöl

2 Eier
150 g Pfirsichjoghurt
(oder Naturjoghurt)

AUSSERDEM:
48 Papierbackformen und
flüssige Butter zum Auspinseln

ZUM SERVIEREN:
1 Päckchen Mandelstifte
Whisky oder Weinbrand

📖 Backen Sie gleich die doppelte Menge Muffins, die Hälfte ist für das Rezept vom 6. Dezember (s. Seite 296).

TIPP
Für Kinder können Sie die leckeren Muffins dick mit Puderzucker bestäuben.

▸ Das Kürbisfruchtfleisch auf einer Küchenreibe fein raspeln. Die Orange heiß waschen, mit Küchenpapier fest abreiben, die Schale fein reiben und mit den Kürbisraspeln vermengen.

▸ Mehl mit Backpulver, Zucker, Zimt, Muskat und 1 Prise Salz vermischen. Butter mit Sonnenblumenöl, den Eiern und dem Pfirsichjoghurt cremig rühren und die Mehlmischung unterziehen. Zuletzt die Kürbisraspel unterrühren.

▸ Je 2 Papierbackformen ineinander setzen und die Vertiefungen mit flüssiger Butter ausstreichen. Den Teig in den 24 Papierformen verteilen und diese auf ein Backblech setzen.

▸ Die Muffins auf mittlerer Schiene im vorgeheizten Backofen bei 220 °C (Umluft 200 °C) etwa 20 Minuten backen.

▸ Die fertigen Muffins abkühlen lassen und nach Belieben in der Papierform lassen. Zum Servieren je ein Häufchen Mandelstifte auf die Muffins stapeln. Mit Whisky oder Weinbrand tränken und anzünden.

Gemüse-Dippereien

Party, Party!

🏃 Für 4 Portionen

⏱ Zubereitungszeit:
    20 Minuten

TIPP

Sie können das Gemüse auch mit Olivenöl vermischen und im vorgeheizten Backofen bei 200 °C (Umluft 180 °C) etwa 20 Minuten schmoren.

1 kleiner Zucchino	FÜR DEN DIP:
100 g Champignons	2 frische Minzezweige
je 1 grüne und rote Paprikaschote	250 g Naturjoghurt
1 Fenchelknolle	Salz, schwarzer Pfeffer

▸ Das Gemüse putzen und in mundgerechte Stücke oder Stäbe schneiden. Das vorbereitete Gemüse auf einer Servierplatte hübsch anrichten.

▸ Für die Sauce die Minze waschen, von den Stängeln zupfen und in Streifen schneiden. Mit dem Joghurt verrühren und mit Salz und Pfeffer würzen. In eine Sauciere füllen.

---

26. November

Pizza mit Salat

Schnellgericht

Die tiefgefrorenen Pizzastücke, Rezept vom 28. Oktober (s. Seite 264), auftauen und im vorgeheizten Backofen bei 160 °C (Umluft 140 °C) etwa 10 Minuten erwärmen. Dazu saisonalen Salat servieren.

---

27. November

Lorbeerkartoffeln mit Kürbiskernpesto

Zeit für Gäste

🏃 Für 4 Portionen

⏱ Zubereitungszeit:
    30 Minuten

⏱ Garzeit: 40 Minuten

Folienkartoffeln einmal anders, und auch das Pesto ist ungewöhnlich – wetten, dass Sie damit bei Ihren Gästen punkten können? Und wenn Sie wollen, können Sie dazu noch Steaks vom Rind, Schwein oder Strauß braten.

4 große Kartoffeln	3 EL Kürbiskernöl
4 Lorbeerblätter	5 EL Olivenöl
Kräutersalz	Salz, schwarzer Pfeffer
100 g Rucola	100 g geriebener Parmesan
100 g Kürbiskerne	

BEVOR DIE GÄSTE KOMMEN:
▶ Die Kartoffeln unter fließend kaltem Wasser gründlich bürsten und mit Küchenpapier trocken reiben. Jede Kartoffel tief einschneiden und jeweils 1 Lorbeerblatt in den Schnitt stecken.
▶ Die Kartoffeln mit Kräutersalz würzen und einzeln fest in Alufolie einwickeln. Auf ein Backblech legen und auf die mittlere Schiene in den vorgeheizten Backofen stellen. Die Garzeit der Kartoffeln beträgt je nach Größe bei 200 °C (Umluft 180 °C) etwa 40 Minuten.
▶ In der Zwischenzeit den Rucola waschen, dickere Stiele entfernen und klein schneiden. Zusammen mit den Kürbiskernen, dem Kürbiskernöl sowie dem Olivenöl im Küchenmixer grob pürieren.

▶ Die Paste mit Salz und Pfeffer würzen und zuletzt den Käse unterziehen.

WENN DIE GÄSTE DA SIND:
▶ Die gegarten Kartoffeln auf Teller verteilen, die Lorbeerblätter entfernen und Kürbispesto in die Schnitte füllen.

🗓 Backen Sie gleich die doppelte Menge Kartoffeln, die Hälfte können Sie für das Rezept vom 29. November (s. Seite 288) verwenden.

TIPP
Kürbispesto eignet sich auch als Sauce für Fondues und Grillgerichte.

Crème brûlée

28. November

Vom Wochenmarkt frisches Baguette, gemischte Oliven, Tapas vom Spanier und kleine »Schweinereien« zum Dippen besorgen. Die Hauptspeise ist heute ganz unkompliziert, denn alle Aufmerksamkeit ist dem Dessert gewidmet.

Schnellgericht
🍴 Für 4 Portionen
🕐 Zubereitungszeit: 10 Minuten
🕐 Garzeit: 60 Minuten
🕐 Kühlzeit: 2 Stunden

300 ml Milch	100 g Zucker
300 g Sahne	5 Eigelbe
Mark von 1 Vanilleschote	3 TL brauner Zucker

▶ Wasser in einer Auflaufform oder in einem Bräter zum Kochen aufsetzen. 4 hitzebeständige Portionsförmchen mit kaltem Wasser ausspülen.
▶ Milch und Sahne mit dem Vanillemark in einem Topf auf etwa 70 °C erwärmen. Zucker und Eigelbe cremig rühren, die Vanillemilch unterrühren und alles durch ein feines Haarsieb in die Förmchen gießen.
▶ Die gefüllten Förmchen in das kochende Wasser stellen und den

TIPP
Der geschmolzene und leicht gebräunte Zucker erstarrt zu einer dünnen Platte. Kenner klopfen gerne mit ihrem Löffel an die Oberfläche, um zu prüfen, ob »profimäßig« zubereitet wurde …

Bräter auf die mittlere Schiene in den auf 180 °C (Umluft 160 °C) vorgeheizten Backofen schieben. Die Crèmes in knapp 60 Minuten stocken lassen.

▸ Die Förmchen aus dem Wasserbad nehmen und für mindestens 2 Stunden zum Erkalten in den Kühlschrank stellen.

▸ Zum Servieren die Oberflächen der Crèmes mit braunem Zucker bestreuen. Diesen entweder mit einem Bunsenbrenner karamellisieren oder die Förmchen unter den stark vorgeheizten Backofengrill stellen.

29. November

Lazy Weekend

🍴 Für 4 Portionen

🕐 Zubereitungszeit:
   30 Minuten

📋 Die gebackenen Kartoffeln stammen aus dem Rezept vom 27. November (s. Seite 286).

Souvlaki mit Bratkartoffeln

Leckere griechische Lammfleischspieße mit Bratkartoffeln sind im Handumdrehen zubereitet, der Sonntag bleibt also ein fauler Tag.

800 g Lammfleisch (Schulter oder Lammfilets)	1 TL getrockneter Oregano
Salz, schwarzer Pfeffer	4 große gekochte Kartoffeln
½ gewürfelte Zwiebel	2 EL Pflanzenöl
Saft von 1 Zitrone	
5 EL Olivenöl	**AUSSERDEM:**
	8 Schaschlikspieße

▸ Das Fleisch in etwa ½ cm große Würfel schneiden. Mit den oben genannten Zutaten vermischen und abgedeckt für mindestens 1 Stunde in den Kühlschrank stellen.

▸ Die marinierten Fleischstücke auf Spieße stecken und auf ein Backblech legen. Im vorgeheizten Backofen bei 220 °C (Oberhitze) oder mit Grillstufe auf der mittleren Schiene unter mehrmaligem Wenden etwa 20 Minuten grillen.

▸ Die gebackenen Kartoffeln schälen, klein schneiden und in der Pfanne in Pflanzenöl braten. Dazu passt eine fertige Knoblauchsauce oder Tzatziki, (Rezept s. Seite 63).

Gorgonzola-Nudeln

Nudeln mit Blauschimmelkäse – ein klassisches Pastagericht, das klassisch gut schmeckt.

Pasta, basta!

🍴 Für 4 Portionen

🕐 Zubereitungszeit: 20 Minuten

500 g Nudeln Ihrer Wahl	200 g Sahne
Salz	200 g Gorgonzola
½ Bund Petersilie	weißer Pfeffer

▸ Die Nudeln in reichlich kochendem Salzwasser bissfest garen. Die Petersilie waschen, trocken schwenken, die Blättchen abzupfen und fein hacken.

▸ In einem Topf Sahne vorsichtig erhitzen. Den Gorgonzola mit einer Gabel zerkleinern und in die leicht siedende Sahne rühren. So lange rühren, bis die Käsesauce cremig ist. Mit weißem Pfeffer würzen und die Petersilie unterziehen.

▸ Die Nudeln in ein Sieb abgießen, abtropfen lassen und auf tiefe Teller verteilen. Die Gorgonzolasauce nochmals gut durchrühren und die Nudeln damit überziehen. Dazu passt Feldsalat.

Dezember

Süß-saures Reisschweinchen

Kinder, Kinder

👥 Für 4 Portionen

🕐 Zubereitungszeit:
30 Minuten

🕐 Ruhezeit: 30 Minuten

📖 Kochen Sie gleich die doppelte Menge Basmatireis, die Hälfte ist für das Rezept vom 3. Dezember (s. Seite 293).

Toll, wenn man die leckeren Schweineschnitzel mal aus Schälchen essen darf. Schmeckt den Kleinen und den Großen.

500 g Schweineschnitzel	1 kleine Zwiebel
schwarzer Pfeffer	1 Knoblauchzehe
5 EL helle Sojasauce	
1 Prise Zucker	**ZUM FRITTIEREN:**
4 EL Mehl	¼ l Pflanzenöl
½ EL Speisestärke	2 EL Honig
100 ml Wasser	etwas Chilipulver nach Geschmack
250 g Basmatireis	

▶ Die Schweineschnitzel in etwa 1 cm breite Streifen schneiden. Pfeffer mit 3 Esslöffel Sojasauce, Zucker, Mehl, Speisestärke und Wasser glatt rühren. Die Fleischstreifen darin einlegen und für etwa ½ Stunde in den Kühlschrank stellen.

▶ Inzwischen den Basmatireis kochen, abgießen und gut abtropfen lassen. Die Zwiebel und die Knoblauchzehe abziehen und fein würfeln. Das Pflanzenöl in einer Pfanne mit hohem Rand heiß siedend erhitzen. Die Fleischstreifen mit Marinade darin portionsweise einlegen und von allen Seiten frittieren. Herausnehmen und auf Küchenpapier entfetten.

▶ Ein paar Löffel Pflanzenöl in einer zweiten Pfanne erhitzen und darin die Zwiebel- und Knoblauchwürfel andünsten. Das Schweinefleisch dazu geben und mit Honig und Chilipulver verrühren. Den Reis unterheben und alles nochmals mit der restlichen Sojasauce abschmecken. In asiatischen Schälchen servieren.

Kürbissuppe mit Nussbrot

Suppentag

Die eingefrorene Kürbissuppe, Rezept vom 7. November (s. Seite 273), auftauen, erwärmen und nach Belieben nochmals abschmecken. Dazu schmeckt Hasel- oder Walnussbrot besonders gut.

Truthahn-Reis-Salat

3. Dezember

Kalte Küche

Das in Streifen geschnittene Truthahnfleisch, Rezept vom 22. November (s. Seite 283), auftauen. Einen Salat aus dem Fleisch, dem gekochten Reis, Rezept vom 1. Dezember (s. Seite 292), und einer Dose abgetropfter Ananasecken (etwa 250 g) mischen. Eine Marinade aus 150 g Naturjoghurt, 2 Esslöffeln Orangensaft, ¼ Teelöffel Currypulver, Salz, Pfeffer und 1 Teelöffel gemischten Kräutern (TK) rühren und alles gut vermengen. Den Salat am besten auf Chicoréeblättern hübsch anrichten und mit geröstetem Weißbrot servieren.

Lachsrührei mit Feldsalat

4. Dezember

Schnellgericht
🍳 Für 4 Portionen
🕐 Zubereitungszeit:
    20 Minuten

Dieses herzhafte Mittagessen ist rasch zubereitet und liegt nicht schwer im Magen.

250 g Feldsalat	200 g Räucherlachs
3 EL Olivenöl	1 Schalotte
2 EL Rotweinessig	6 Eier
Salz, schwarzer Pfeffer	1 TL gehackter Dill (TK)
50 g gehackte Walnüsse	2 EL Sonnenblumenöl

▶ Den Feldsalat putzen, waschen und gründlich abtropfen lassen. Mit Olivenöl, Rotweinessig, Salz und Pfeffer anmachen. Die Nüsse darüber streuen.

▶ Den Räucherlachs in feine Streifen schneiden. Die Schalotte schälen und fein würfeln.

▶ Die Eier mit dem Dill in einer Schüssel verquirlen. Das Sonnenblumenöl in einer beschichteten Pfanne erhitzen und darin die Schalottenwürfel andünsten.

▶ Die Eier zugießen, unter Schwenken stocken lassen und die Lachsstreifen rasch unterziehen. Die saftigen Rühreier mit wenig Salz und Pfeffer würzen. Dazu schmeckt Pumpernickel.

Ente à l'orange

Zeit für Gäste

🎎 Für 4 Portionen

🕐 Zubereitungszeit:
   1 ¾ Stunden

📑 Die restliche Enten-
brühe (etwa ¼ l) für das
Rezept vom 19. Dezember
(s. Seite 304) einfrieren.
Das restliche Entenfleisch
in Streifen schneiden, in
Folie wickeln und für das
Rezept vom 6. Dezember
(s. Seite 296) verwenden.

*Ein klassisches winterliches Mahl, nahrhaft und zeitaufwendig,
aber das herrliche Ergebnis und die glücklichen Gesichter Ihrer
Gäste machen alles wieder wett.*

1 küchenfertige Ente mit Innereien (Herz, Hals, Flügeln) von etwa 2 kg	2 unbehandelte Orangen
	4 Stück Würfelzucker
Salz, schwarzer Pfeffer	50 g Zucker
½ Bund Suppengrün (Lauch, Karotte, Sellerie, Petersilie)	2 EL Sherryessig
	50 ml Portwein
5 schwarze Pfefferkörner	5 cl Orangenlikör (Cointreau)
4 EL Pflanzenöl	1 TL Speisestärke
1 Thymianzweig	

BEVOR DIE GÄSTE KOMMEN:

▸ Das Entenklein aus dem Bauchraum der Ente herausnehmen.
Die Ente innen und außen sowie
das Entenklein gründlich waschen. Die Ente innen und außen
mit Salz und Pfeffer würzen. Das
Suppengrün waschen und grob
zerschneiden. Zusammen mit den
Innereien in einem Topf mit etwa
1 ¼ Liter kaltem Wasser, 1 Prise

Salz und Pfefferkörner zum Kochen aufsetzen. Nach dem ersten
Aufkochen die Hitze zurückdrehen und alles etwa 40 Minuten leise kochen lassen.

▸ Den Backofen auf 200 °C (Umluft 180 °C) vorheizen und in
einem entsprechenden Bräter das
Pflanzenöl erhitzen. Den Thymianzweig waschen, in das Innere
der Ente geben und diese im Bräter von allen Seiten anbraten.

▸ Den Bräter in den vorgeheizten
Backofen schieben und die Ente
etwa 1 Stunde braten; zwischendurch mehrmals wenden und mit
etwas Entenbrühe rundherum
beträufeln. Die Orangen heiß
waschen, mit Küchenpapier abtrocknen und eine davon mit
Würfelzucker abreiben.

▸ Von der zweiten Orange mit
einem Zestenreißer feinste Streifen abziehen. Diese in kochendem
Wasser kurz blanchieren, kalt abschrecken und abtropfen lassen.
Beide Orangen zu Saft pressen.

▶ Die Entenbrühe durch ein Sieb gießen und etwa ¼ l davon beiseite stellen. Die fertige Ente aus dem Bräter nehmen, in Alufolie wickeln und warm stellen. Den Bräter auf den Herd stellen und den Bratensatz mit Entenbrühe loskochen und anschließend durch ein Sieb gießen.

WENN DIE GÄSTE DA SIND:
▶ In einem Topf Zucker, Würfelzucker und Sherryessig verrühren. Mit Orangensaft, Bratenfond, Portwein und Orangenlikör aufgießen. Die Speisestärke mit 2 Esslöffeln Wasser glattrühren und die Sauce damit binden. Nochmals abschmecken, nicht mehr kochen und die Orangenstreifen einrühren.
▶ Die Ente tranchieren, in Portionsteile auf einer Servierplatte anrichten und die Sauce separat dazu reichen. Röstiecken (TK) aus dem Backofen als Beilage servieren.

Rotkohl mit Rosinen

1 kg Rotkohl	1 leichte oder kräftige Prise
3 unbehandelte Orangen	gemahlener Zimt
100 g Johannisbeergelee	4 Gewürznelken
⅛ l trockener Rotwein	100 g Rosinen
6 EL Johannisbeerlikör (Cassis)	1 Zwiebel
2 Lorbeerblätter	2 EL Butterschmalz

Zeit für Gäste
🏃 Für 4 Portionen
🕐 Zubereitungszeit: 30 Minuten
🕐 Garzeit: 45 Minuten
🕐 Marinierzeit: 1 Tag

📑 Bereiten Sie gleich die doppelte Menge Rotkohl zu, für das Rezept vom 24. Dezember (s. Seite 309).

▶ Den Rotkohl vierteln, entstrunken und waschen. Die Viertel in dünne Streifen hobeln und in eine Schüssel legen. Die Orangen heiß waschen und fest mit Küchenpapier trocken reiben. Von ½ Orange die Schale abreiben und über den Rotkohl geben.
▶ Die drei Orangen zu Saft pressen und diesen durch ein Haarsieb passieren. Mit dem Rotwein, 3 Esslöffeln Johannisbeerlikör, Lorbeerblättern, 1 Prise Zimt und Gewürznelken unter den Rotkohl mischen. Luftdicht verschließen und zum Marinieren für 1 Tag in den Kühlschrank stellen.
▶ Die Rosinen mit 2 Esslöffeln Johannisbeerlikör beträufeln. Die Zwiebel schälen, halbieren und in dünne Streifen schneiden. Das Butterschmalz in einem Topf erhitzen und darin die Zwiebelstreifen glasig dünsten.
▶ Den marinierten Rotkohl mit den Rosinen in den Topf geben und bei mittlerer Hitze etwa 45 Minuten schmoren lassen.

Muffins und Entenfleisch-Sandwiches

Lazy Weekend

Mittags einen Spaziergang auf dem Weihnachtsmarkt, ein Plätzchen hier und eine Bratwurst da – da lässt man zu Hause am besten einen gemütlichen Adventsnachmittag folgen. Dazu die eingefrorenen Muffins, Rezept vom 25. November (s. Seite 285), auftauen und im vorgeheizten Backofen bei 140 °C (Umluft 120 °C) nur leicht erwärmen. Nach dem Süßen kommt bekanntlich der Appetit auf Pikantes: Baguette in den Backofen oder Weißbrot in den Toaster schieben und dicke Sandwiches mit Remoulade, Streifen vom Eisbergsalat, Tomaten- und Gurkenscheiben, in Streifen geschnittenen (eingelegten) Artischockenherzen und dem restlichen Entenfleisch, Rezept vom 5. Dezember (s. Seite 294), zubereiten.

Kartoffelklöße mit Rahmspinat

Schnellgericht

Die eingefrorenen gefüllten Kartoffelklöße, Rezept vom 17. November (s. Seite 279), direkt vom Gefrierfach ins siedende Salzwasser geben. Bei geringer Hitze etwa 20 Minuten garen. Dazu schmeckt Rahmspinat oder eine fertige Tomatensauce. Sehr lecker. Am besten noch gemischte gehackte Nüsse darüber streuen. Hmmm!

Graupen mit Minutensteaks

Schnellgericht
🍽 Für 4 Portionen
🕐 Zubereitungszeit:
  20 Minuten
🕐 Garzeit: 40 Minuten

Warum nicht mal ein fast vergessenes Getreide auf den Tisch bringen? Die meisten Menschen wissen gar nicht mehr, wie gut Graupen schmecken. Probieren Sie's aus!

1 Karotte	250 g Graupen
½ Stange Lauch	Salz, schwarzer Pfeffer
100 g Knollensellerie	¾ l Gemüsebrühe
1 Knoblauchzehe	4 Schweinelendchen à 100 g
50 g Butter	1 EL Pflanzenöl

▶ Die Gemüse waschen, Karotte, Sellerie und Knoblauch schälen. Alles in sehr feine Würfel schneiden.

▶ Den Backofen auf 200 °C (Umluft 180 °C) vorheizen. In einem breiten ofenfesten Topf die Butter erhitzen und darin die

Gemüsewürfel unter Rühren andünsten. Die Graupen einstreuen, 2 Minuten mitdünsten und mit Salz und Pfeffer würzen.
▸ Den Topfinhalt mit Gemüsebrühe aufgießen. Nach dem ersten Aufkochen den Topf mit einem Deckel verschließen und in den Backofen stellen.

▸ Die Garzeit der Graupen beträgt etwa 40 Minuten. Während dieser Zeit die Graupen ein- bis zweimal durchrühren.
▸ Kurz vor Ende der Garzeit der Graupen die Schweinelendchen mit Salz und Pfeffer würzen und in heißem Pflanzenöl auf jeder Seite 3 Minuten braten.

Apfel-Kartoffelbrei mit Kasseler

9. Dezember

Kinder mögen Kassler und Apfel-Kartoffelbrei sowieso. Lassen Sie es sich schmecken!

Kinder, Kinder
🍴 Für 4 Portionen
🕐 Zubereitungszeit:
    45 Minuten

700 g Kartoffeln	4 kleine Kasseler
Salz	500 g fertiges Sauerkraut (Dose)
2 Äpfel	150 g lauwarme Sahne
1 TL Zucker	50 g flüssige Butter
1 TL Zitronensaft	weißer Pfeffer
100 ml Apfelsaft	gemahlene Muskatnuss

🗂 Kochen Sie gleich die doppelte Menge Kartoffeln, für das Rezept vom 11. Dezember. (s. Seite 298)

▸ Die Kartoffeln waschen, schälen und in kochendem Salzwasser etwa 30 Minuten garen. Inzwischen die Äpfel schälen, entkernen und in etwa ½ cm große Würfel schneiden.
▸ Die Apfelwürfel mit Zucker, Zitronensaft und Apfelsaft in einem Topf verrühren und 5 Minuten leise kochen lassen.
▸ Die Kasseler auf das Sauerkraut legen und beides nur noch erwärmen. Die gegarten Kartoffeln kurz ausdampfen lassen, durch eine Presse drücken und mit lauwarmer Sahne sowie der Butter verschlagen.

▸ Die Apfelwürfel in ein Sieb gießen, kurz abtropfen lassen und unter den Kartoffelbrei mischen. Mit Salz, Pfeffer und Muskatnuss würzen.

Zwiebelkuchen mit Blattsalaten

10. Dezember

Schnellgericht

Die eingefrorenen Zwiebelkuchenstücke, Rezept vom 11. November (s. Seite 276), auftauen und im vorgeheizten Backofen bei 160 °C (140 °C Umluft) etwa 10 Minuten erwärmen. Dazu gibt es frische Blattsalate.

Kartoffelgemüse mit Wiener Würstchen

11. Dezember

Schnellgericht

Heute gibt es ein saures Kartoffelgemüse mit Wiener Würstchen. Dazu die gekochten Kartoffeln, Rezept vom 9. Dezember (s. Seite 297), in mundgerechte Stücke schneiden. Eine Zwiebel schälen, in Würfel schneiden und in 1 Esslöffel Butter andünsten. Mit 1 ½ Esslöffeln Mehl bestäuben, hell rühren und mit etwa ½ Liter heißer Gemüsebrühe (Instant) aufgießen. Ein Lorbeerblatt und die Kartoffeln einlegen. Etwa 10 Minuten bei geringer Hitze leise kochen lassen und dabei mit 2 Esslöffeln Sherryessig, 1 Prise Zucker, Salz und Pfeffer würzen. Mit frisch gehackter Petersilie bestreuen und dazu warme Wiener Würstchen reichen.

Zwiebelrostbraten mit Spätzle

12. Dezember

Schnellgericht
🕯 Für 4 Portionen
🕐 Zubereitungszeit:
   20 Minuten
🕐 Garzeit: 30 Minuten

Zu diesem feinen schwäbischen Klassiker können Sie fertige Spätzle aus dem Kühlregal verwenden – die schmecken auch. Sonst siehe Seite 138 für das Spätzle-Rezept.

2 große Zwiebeln	Salz, schwarzer Pfeffer
5 EL Pflanzenöl	1 EL Mehl
4 Rostbratenscheiben	100 ml Bratensauce (Instant)
(Kurzbratfleisch)	500 g fertige Spätzle
à etwa 150 g	1 EL Butter

▸ Die Zwiebeln schälen, halbieren und in feinste Streifen schneiden. 3 Esslöffel Pflanzenöl erhitzen und darin die Zwiebelstreifen unter gelegentlichem Rühren etwa 15 Minuten braten.
▸ In der Zwischenzeit die Fleischscheiben mit Salz und Pfeffer

würzen, leicht mit Mehl bestäuben und in 2 Esslöffeln Pflanzenöl auf beiden Seiten scharf anbraten. Seitlich in die Pfanne Bratensauce gießen und das Fleisch bei geringer Hitze etwa 20 Minuten schmoren lassen.

▸ Die Spätzle in heiß schäumender Butter braten und dabei immer wieder durchschwenken. Mit Salz und Pfeffer würzen.

▸ Die Rostbraten auf Teller verteilen, mit Zwiebeln belegen und mit Bratensauce überziehen. Dazu die Spätzle servieren.

Lachssteaks auf Salatbett

13. Dezember

Heute gibt es ein schnelles, gesundes Gericht und für den Nachmittag einen Kuchen, der so richtig schön nach Advent duftet.

Lazy Weekend

🔭 Für 4 Portionen

🕐 Zubereitungszeit:
   20 Minuten

4 aufgetaute Lachssteaks à 200 g (TK)	250 g Feldsalat
Saft von ½ Zitrone	1 Glas eingelegte Artischockenböden (etwa 200 g)
Salz, schwarzer Pfeffer	3 EL Olivenöl
2 EL Pflanzenöl	2 EL Balsamico-Essig
1 Radicchio	

TIPP
1 Orange in kleine Würfel schneiden und als Garnitur verwenden.

▸ Die Lachssteaks mit Zitronensaft beträufeln und mit Salz und Pfeffer würzen. Das Pflanzenöl erhitzen und darin die Lachssteaks von beiden Seiten scharf anbraten und dann bei geringer Hitze in etwa 8 Minuten fertig braten.

▸ In der Zwischenzeit Radicchio und Feldsalat putzen und waschen. Den Radicchio in Streifen schneiden und den Feldsalat kleiner zupfen. Die Artischockenböden in Streifen schneiden. Alles zusammen mit Olivenöl, Balsamico-Essig, Salz und Pfeffer anmachen.

▸ Den gemischten Salat auf vier Tellern breitflächig anrichten. Darauf je ein Lachssteak setzen.

Gewürzkuchen

1 TL Korianderkörner
3 Anissterne
1 TL Pimentkörner
½ TL abgeriebene Orangenschale
½ TL gemahlener Zimt
250 g zimmerwarme Butter
250 g Zucker
4 Eier
300 g Mehl
1 Päckchen Backpulver
1 Päckchen Vanillezucker

1 TL Kakaopulver
3 EL Schokoladenstreusel
200 ml trockener Rotwein

AUSSERDEM:
Butter und Semmelbrösel für
die Form

NACH BELIEBEN:
5 EL Orangensaft
4 EL Puderzucker

▸ Koriander, Anis, Piment und Orangenschale mit dem Zimt im Mörser zerreiben. Die Springform mit Butter ausstreichen und mit Semmelbröseln ausklopfen.

▸ Mit einem elektrischen Handrührgerät Butter, Zucker und Eier cremig rühren. Nach und nach die zerstoßenen Gewürze, Mehl, Backpulver, Vanillezucker, Kakaopulver, Schokoladenstreusel und Rotwein unterrühren.
▸ Den geschmeidigen Rührteig in die Springform füllen und auf der mittleren Schiene im vorgeheizten Backofen bei 160 °C (140°C Umluft) etwa 1 Stunde backen.
▸ Den Kuchen in der Form auskühlen lassen. Den saftigen Kuchen entweder mit Puderzucker bestäuben oder mit einer Glasur aus Orangensaft und Puderzucker bestreichen.

14. Dezember

Orangenes Süppchen mit Garnelen

Schnellgericht

Das eingefrorene Orangene Süppchen, Rezept vom 23. November (s. Seite 284), auftauen und in einem Topf erhitzen. 200 g Cocktailgarnelen in vier Suppenschalen verteilen und mit heißer Suppe auffüllen. Dazu passt frisches Vollkornbrot.

Bratapfel mit Marzipan

Es ist wieder mal Zeit für etwas Süßes, die Kinder werden sich freuen. Aber diese Bratäpfel sind auch für den Rest der Familie ein echter Genuss.

Kinder, Kinder
🍎 Für 4 Portionen
🕐 Zubereitungszeit:
   30 Minuten

4 mittelgroße Äpfel	**AUSSERDEM:**
100 g Marzipan	2 EL Butter, 4 EL Apfelsaft
1 Ei, getrennt	
2 EL Apfelsaft	**NACH BELIEBEN:**
(nur für Erwachsene 2 EL Rum)	2 EL Rosinen
1 EL Zucker	
¼ TL gemahlener Zimt	

▸ Die Äpfel waschen und mit einem Rundausstecher großzügig aushöhlen. Den Backofen auf 200 °C (Umluft 180 °C) vorheizen.

▸ Eine ofenfeste Form mit 1 Esslöffel Butter ausstreichen. Das Marzipan mit 1 Eigelb, Apfelsaft, Zucker und Zimt verrühren. Nach Belieben Rosinen untermengen.

▸ Das Eiweiß zu steifem Schnee schlagen und unter die Marzipanmasse heben. Die Masse in die ausgehöhlten Äpfel füllen und in die Auflaufform geben. Rundherum mit Apfelsaft beträufeln und 1 Esslöffel Butter in Flöckchen daraufsetzen. Im vorgeheizten Backofen 25 bis 30 Minuten backen.

Weißkohl-Hackfleisch mit Kartoffelgratin

Schnellgericht

🍴 Für 4 Portionen

🕐 Zubereitungszeit:
30 Minuten

🕐 Garzeit: 40 Minuten

📖 Kochen Sie gleich die doppelte Menge Weißkohl-Hackfleisch und frieren Sie die Hälfte ein, für das Rezept vom 28. Dezember (s. Seite 312).

Ein schmackhaftes Gericht, das ruckzuck zubereitet ist und ganz vortrefflich schmeckt.

800 g Kartoffeln	250 g Hackfleisch
Salz, schwarzer Pfeffer	edelsüßes und rosenscharfes
200 g Sahne	Paprikapulver
50 g frisch geriebener Greyerzer	¼ l Gemüsebrühe (Instant)
oder Emmentaler	
500 g Weißkohl	**AUSSERDEM:**
2 EL Pflanzenöl	Butter für die Form

▶ Den Backofen auf 200 °C (180 °C Umluft) vorheizen und eine Auflaufform mit Butter ausstreichen. Die Kartoffeln schälen und in dünne Scheiben schneiden.

▶ Die Kartoffelscheiben dachziegelartig in die Form legen. Alles mit Salz und Pfeffer würzen. Sahne mit Käse verrühren und darüber gießen.

▶ Die Form in den vorgeheizten Backofen schieben und die Kartoffeln etwa 40 Minuten überbacken.

▶ In der Zwischenzeit den Weißkohl putzen, waschen und in feinste Streifen hobeln. Das Pflanzenöl in einem breiten Topf erhitzen und darin das Hackfleisch krümelig braten. Die Weißkohlstreifen hinzufügen und alles weitere 5 Minuten braten.

▶ Den Topfinhalt mit Salz, Pfeffer und den beiden Paprikapulversorten würzen und mit Gemüsebrühe aufgießen. Bei mittlerer Hitze etwa 20 Minuten schmoren lassen.

▶ Das Kartoffelgratin auf Teller verteilen und dazu das Weißkohl-Hackfleisch geben.

Joghurt-Hähnchen

Das typische Kindergericht gibt es heute mal mit Joghurt – ein echter Gaumenschmeichler.

Kinder, Kinder

Für 4 Portionen

Zubereitungszeit: 20 Minuten

Garzeit: 40 Minuten

2 küchenfertige Hähnchen à etwa 1 kg	1 Msp. gemahlene Kurkuma
Salz, schwarzer Pfeffer	1 EL Tomatenmark
je 1 Prise rosenscharfes und edelsüßes Paprikapulver	2 EL Olivenöl
250 g Vollmilchjoghurt	AUSSERDEM: Olivenöl für die Auflaufform

▶ Die Hähnchen innen und außen waschen und in einen Kochtopf legen. Mit so viel kaltem Wasser aufgießen, bis sie ganz bedeckt sind. Aufkochen und die Hähnchen dann bei mittlerer Hitze etwa 20 Minuten leise kochen lassen.
▶ Den Backofen auf 200 °C (Umluft 180 °C) vorheizen und eine Auflaufform mit Olivenöl ausstreichen. Die Hähnchen aus dem Kochwasser nehmen, kurz abkühlen lassen und in je zwei Hälften schneiden.

▶ Die Hähnchenhälften mit Salz, Pfeffer sowie den beiden Paprikapulversorten würzen und mit den Brustseiten nach oben in die Auflaufform legen.
▶ Den Joghurt mit Kurkuma, Tomatenmark und Olivenöl glatt rühren. Die Hähnchen mit dieser Mischung löffelweise überziehen. Die Auflaufform in den vorgeheizten Backofen schieben und die Hähnchen etwa 20 Minuten goldbraun überbacken. Dazu passen im Backofen gebackene Pommes oder Kroketten.

Makkaroni mit Pistaziensauce

Dieses originelle Nudelgericht wird auch so manchem Pastafreund noch nicht geläufig sein; halten Sie das Rezept bereit, Sie werden bestimmt danach gefragt.

Pasta, basta!

Für 4 Portionen

Zubereitungszeit: 30 Minuten

Kochen Sie gleich die doppelte Menge Nudeln, die Hälfte brauchen Sie für das Rezept vom 21. Dezember (s. Seite 306).

500 g Makkaroni	150 g Vollmilchjoghurt
Salz	4 EL Olivenöl
150 g Pistazien	100 g frisch geriebener Parmesan
1 Bund glatte Petersilie	grob geschroteter schwarzer Pfeffer
2 Knoblauchzehen	
Saft von ½ Zitrone	

▸ Die Makkaroni in reichlich kochendem Salzwasser bissfest garen. Inzwischen die Pistazien in einer heißen, ungefetteten Pfanne unter Schwenken so lange rösten, bis sie duften. Herausnehmen und auf einen Teller legen.

▸ Die Petersilie waschen, trocken schwenken, von den Stängeln zupfen und fein hacken. Die Knoblauchzehen schälen und fein hacken. Die abgekühlten Pistazien in ein Küchentuch wickeln und mit dem Fleischklopfer zerkleinern.

▸ Alle vorbereiteten Zutaten mit Zitronensaft, Joghurt, Olivenöl sowie der Hälfte Käse mit einem Schneebesen kräftig aufschlagen. Zusätzlich ein paar Löffel Nudelwasser unter die Sauce rühren und alles mit Salz und Pfeffer würzen. Mit den Nudeln in einer Schüssel vermischen, auf tiefe Teller verteilen und mit dem restlichen Käse bestreuen. Dazu passt ein frisch geraspelter Karottensalat.

---

19. Dezember

Thailändisches Entencurry

Ein leckeres Entencurry für einen auch in kulinarischer Hinsicht gelungenen Abend mit Freunden.

Zeit für Gäste

🍽 Für 4 Portionen

🕐 Zubereitungszeit: 1 Stunde

📖 Kochen Sie gleich die doppelte Menge Langkornreis, die Hälfte kommt in dem Rezept vom 22. Dezember (s. Seite 307) zum Einsatz.

📖 Die Entenbrühe stammt aus dem Rezept vom 5. Dezember (s. Seite 294).

4 Knoblauchzehen	Currypaste
1 Zwiebel	2 EL flüssige Butter
etwa 3 cm frische Ingwerwurzel	2 küchenfertige Entenbrüste
1 Bund Koriandergrün	(400 bis 500 g)
(oder Petersilie)	Salz, schwarzer Pfeffer
1 Dose Kokosmilch	¼ l Entenbrühe
2–3 EL rote thailändische	250 g Langkornreis

BEVOR DIE GÄSTE KOMMEN:

▸ Knoblauchzehen, Zwiebel und Ingwerwurzel schälen und fein würfeln. Den Koriander waschen, trocken schwenken, die Blättchen abzupfen und fein hacken.

▸ Den Knoblauch, die Zwiebel, Ingwer und Koriander verrühren und in 1 EL Butter glasig braten.

► In einer breiten, hohen Pfanne 1 Esslöffel Butter erhitzen und darin die Entenbrüste von allen Seiten 3 bis 4 Minuten braten. Herausnehmen, auf einen Teller legen und mit Salz und Pfeffer würzen.

► Die Currypaste in die Pfanne geben und unter Rühren etwa 5 Minuten braten. Dann Entenbrühe und Kokosmilch einrühren. Die Pfanne mit einem Deckel verschließen und knapp 10 Minuten schmoren lassen.

► Inzwischen die Entenbrüste in mundgerechte Stücke schneiden und mit dem ausgetretenen Bratensaft in die Pfanne geben. So lange unter Rühren bewegen, bis die Fleischwürfel vollständig mit der Sauce überzogen sind.

WENN DIE GÄSTE DA SIND:

► Den Topf wieder verschließen und das Fleisch in etwa 25 Minuten fertig schmoren, gleichzeitig den Reis zum Kochen aufsetzen und in etwa 20 Minuten garen.

Weißkohlsalat

Ein Weihnachtsmarkt jagt den anderen, da wird es Zeit, zu Hause mal wieder den Kühlschrankinhalt zu prüfen: Da lagern bestimmt noch Schinken, Aufschnitt und Käse, und Brot ist sicher auch noch da. Dazu gibt's einen würzigen lauwarmen (Winter-)Salat.

Lazy Weekend

🏃 Für 4 Portionen

🕐 Zubereitungszeit:
   20 Minuten

🕐 Ruhezeit: 30 Minuten

1 kg Weißkohl	5 EL Pflanzenöl
1 große Zwiebel	4 EL Weißweinessig
Salz	schwarzer Pfeffer
100 g magerer Räucherspeck	1 EL Kümmel
¼ l heiße Fleischbrühe	1 Prise Zucker

► Den Weißkohl putzen und auf einem Hobel in feine Streifen schneiden. Die Zwiebel schälen und fein würfeln. Beides zusammen mit Salz in einer Schüssel mit den Händen durchwirken.

► Den Speck fein würfeln und in einer Pfanne auslassen. Mit hei-

ßer Brühe aufgießen, aufkochen lassen und über den Weißkohl gießen. Mit Pflanzenöl, Weißweinessig, Pfeffer, Kümmel und Zucker vermischen. Nochmals abschmecken und etwa 1 Stunde ziehen lassen.

Dänischer Nudelsalat

Kalte Küche

🏮 Für 4 Portionen

🕐 Zubereitungszeit:
   30 Minuten

📖 Die gekochten Makkaroni stammen aus dem Rezept vom 18. Dezember (s. Seite 303).

Wie schmeckt eigentlich Nudelsalat in Dänemark? Heute können Sie es ausprobieren. Und nach Belieben können Sie noch Kühlschranküberbleibsel wie Zucchini, Karotten, Essiggurken oder Käse daruntermischen.

4 Eier
150 g magerer Kochschinken
2 große säuerliche Äpfel
1 EL frischer Zitronensaft
500 g gekochte Makkaroni
250 g grüne Erbsen (Dose)
150 g Naturjoghurt

50 g Mayonnaise
3 EL Orangensaft
Salz, schwarzer Pfeffer

AUSSERDEM:
1 EL gehackte Petersilie
2 Tomaten, in Achtel geschnitten

▸ Die Eier in etwa 10 Minuten hart kochen. In der Zwischenzeit den Schinken fein würfeln. Die Äpfel schälen, entkernen, in Stifte schneiden und mit Zitronensaft säuern.
▸ Makkaroni, Erbsen, Äpfel und Schinken in einer Schüssel locker vermengen. Joghurt und Mayonnaise mit Orangensaft glatt rühren und unter den Salat geben. Mit Salz und Pfeffer würzen.
▸ Die Eier kalt abschrecken, pellen und durch einen Eierschneider drücken. Den Salat auf vier Teller verteilen und mit den Eierscheiben belegen. Mit Petersilie bestreuen und mit Tomatenachtel garnieren. Dazu passt gerösteter Toast.

Gefüllte Paprikaschoten

22. Dezember

Sieht aufwendig aus, geht aber ganz schnell und schmeckt vortrefflich.

1 kleine Zwiebel	4 gleich große Paprikaschoten
50 g geräucherter Speck	1 EL Paniermehl
4 EL Pflanzenöl	(oder Semmelbrösel)
1 EL gehackte Petersilie	250 ml Gemüse- oder Fleisch-
500 g gekochter Reis	brühe
250 g gemischtes Hackfleisch	250 g Tomatenwürfel im Saft
2 kleine Eier	(Konserve)
1 EL Tomatenketchup	1 TL Butter
Salz, schwarzer Pfeffer	50 g Kräuter-Crème-fraîche

▸ Die Zwiebel schälen und fein würfeln. Den Speck in kleine Würfel schneiden. 1 Esslöffel Pflanzenöl in einer Pfanne erhitzen und darin die Zwiebelwürfel andünsten. Petersilie einrühren und alles in einer Schüssel mit der Hälfte Reis, dem Hackfleisch, dem Ei und dem Ketchup vermengen. Mit Salz und Pfeffer würzen.

▸ Die Paprikaschoten waschen, die Deckel abschneiden und entkernen. Die Paprikadeckel in kleine Würfel schneiden. Den Fleischteig in die Paprikaschoten füllen und Paniermehl darüber streuen. Das restliche Pflanzenöl in einem Topf erhitzen und darin die Paprikaschoten unter mehrmaligem Wenden anbraten. Paprika- und Speckwürfel rundherum streuen und mitbraten.

▸ Den Topfinhalt mit Brühe und Tomaten mit Saft aufgießen. Aufkochen lassen, dann die Hitze reduzieren, den Topf mit einem Deckel verschließen und die Paprikaschoten unter gelegentlichem Umrühren etwa 30 Minuten garen.

▸ Den restlichen Reis in etwas Butter braten und als Beilage dazu servieren.

▸ Die fertigen Paprikaschoten auf vorgewärmte Teller geben. Die Sauce eventuell nachwürzen, mit Crème fraîche verfeinern und löffelweise um die Schoten geben.

Schnellgericht

🍴 Für 4 Portionen

🕐 Zubereitungszeit: 20 Minuten

🕐 Garzeit: 35 Minuten

📖 Der gekochte Reis stammt aus dem Rezept vom 19. Dezember (s. Seite 304).

📖 Kochen Sie gleich die doppelte Menge Paprikaschoten und frieren Sie die Hälfte ein, für das Rezept vom 30. Dezember (s. Seite 313).

Käsesuppe mit Preiselbeerschnitten

Suppentag

👥 Für 4 Portionen

🕐 Zubereitungszeit:
30 Minuten

Einen Tag vor Heiligabend ist noch so viel vorzubereiten, dass es in der Küche schnell gehen sollte. Die Käsesuppe macht satt und ist sehr lecker.

1 Zwiebel
1 Knoblauchzehe
2 EL Butter
1 EL Mehl
1 l Gemüsebrühe (Instant)
Salz
grob geschroteter Pfeffer aus der Mühle
4 Toastbrotscheiben

1 TL Kräuterbutter
2 EL Preiselbeeren
4 Scheiblettenkäse
100 g Sahne
1 Schmelzkäseecke (etwa 62 g)
1 Msp. gemahlene Muskatnuss

FÜR DIE GARNITUR:
2 EL Schnittlauchröllchen

▸ Die Zwiebel und die Knoblauchzehe schälen und fein würfeln. In einem Topf die Butter erhitzen und darin die Zwiebel- und Knoblauchwürfel glasig andünsten. Mit Mehl bestäuben, hell rühren und mit Gemüsebrühe aufgießen.

▸ Die Suppe bei kleiner Hitze knapp 10 Minuten offen kochen lassen. Mit Salz und Pfeffer würzen. Den Backofen auf 200 °C (Oberhitze 180 °C) oder mit Grillstufe vorheizen.

▸ Die Brotscheiben zuerst mit Kräuterbutter und dann mit Preiselbeeren bestreichen. Diagonal in Dreiecke schneiden. Die Käsescheiben diagonal halbieren und jeweils auf ein Brotdreieck legen.

▸ Die acht Brotschnitten auf ein Backblech geben und in den vorgeheizten Ofen schieben. In 5 bis 8 Minuten goldgelb überbacken.

▸ Die Suppe durch ein Sieb passieren und erneut erhitzen. Mit Sahne aufgießen und den Schmelzkäse in Stückchen einrühren. Nur noch leise kochen lassen. Mit Salz, Pfeffer und Muskat abschmecken.

▸ Die Suppe auf vier vorgewärmte Suppenteller verteilen und je zwei Käseschnitten obenauf setzen. Mit Schnittlauch bestreuen. Einen Servierteller mit frisch geschnittenen Kiwis und Ananasecken dazu stellen.

Halali-Fondue mit Cumberlandsauce

An Heiligabend sollte das Kochen nicht zu lange dauern, schließlich brauchen Sie ja noch Zeit zum Auspacken der Geschenke! Deshalb gibt es heute ein feines Wildfondue mit mindestens einer leckeren Sauce.

1 kg Wildfleisch (Hirschrückenfilet, Hasenfilet, Hirschsteak)
250 g Egerlinge (braune Champignons)
1 Romanesco
250 g Brokkoli

AUSSERDEM:
1 kg Kokosfett

FÜR DIE CUMBERLANDSAUCE:
1 unbehandelte Orange
1 TL scharfer Senf
100 g Johannisbeergelee
100 ml trockener Rotwein
etwas fein abgeriebene Zitronenschale
1 Prise Zucker
1 Spritzer Rotweinessig
fertig gekochter Rotkohl

Party, Party!
👯 Für 4 Portionen
🕐 Zubereitungszeit: 40 Minuten

📑 Der Rotkohl stammt aus dem Rezept vom 5. Dezember (s. Seite 295).

TIPP
Beim Fondue spielen die Saucen und Beilagen die Hauptrolle, hier ein paar Vorschläge: 1) Preiselbeeren mit Cassis (Johannisbeerlikör) verfeinern. 2) Hagebuttensauce: Hagebuttenmark mit etwas Zitronenmark, Rotwein und Ahornsirup verfeinern und mit Gin abschmecken. 3) Pfeffercreme: Mayonnaise und Crème fraîche (im Verhältnis 2:1) mit fein gehacktem Chili und grobem Pfeffer verrühren.

▸ Die verschiedenen Fleischsorten in mundgerechte Stücke schneiden. Die Egerlinge putzen und je nach Größe halbieren oder vierteln. Den Romanesco sowie den Brokkoli putzen und in Röschen teilen.
▸ Für die Cumberlandsauce von der Orange feinste Streifen abziehen, diese blanchieren und mit Küchenpapier trocken tupfen. Die Orange zu Saft pressen.
▸ Senf mit Johannisbeergelee, Rotwein und Orangensaft verrühren. Mit Zitronenschale, Zucker und Rotweinessig würzen; zuletzt die Orangenstreifen unterziehen.
▸ Das Kokosfett im Fonduetopf heiß siedend erhitzen und auf den Tischrechaud stellen. Rundherum Fleisch, Gemüse und Sauce stellen.
▸ Den Rotkohl auftauen, erwärmen und zum Fondue servieren. Dazu passen Apfel-Sellerie-Salat mit Walnüssen und verschiedene Brotsorten.

Dorade mit Fenchelgemüse

Zeit für Gäste

🏃 Für 4 Portionen

🕐 Zubereitungszeit:
40 Minuten

Gerade an den Weihnachtstagen, an denen immer wieder Plätzchen genascht werden, sollte man auch mal ein leichtes Gericht servieren. Ihre Gäste werden's Ihnen danken.

6 EL Olivenöl
4 küchenfertige Doraden (auch Meerbrassen, Babybutt, Forellen, Makrelen oder Rotbarben)
Saft von 1 Zitrone
Salz, weißer Pfeffer
je 4 frische Zweige Thymian und Rosmarin

100 ml trockener Weißwein
3 Fenchelknollen
(auch Auberginen, Zucchini, Karotten oder Artischocken)
2 Knoblauchzehen
1 TL gehackte glatte Petersilie

BEVOR DIE GÄSTE KOMMEN:
▸ Den Backofen auf 200 °C (Umluft 180 °C) vorheizen; vier Alufolienblätter bereitlegen und mit Olivenöl bepinseln. Die Doraden waschen, trocken tupfen, innen und außen mit Zitronensaft beträufeln und mit Salz und Pfeffer würzen.
▸ Frische Kräuter in den Bauchraum geben und je eine Dorade auf eine geölte Alufolie legen. Mit etwas Weißwein beträufeln, die Folien locker nach oben klappen und verschließen.

▸ Inzwischen den Fenchel waschen und in Streifen schneiden, Knoblauchzehen abziehen und fein würfeln. Das restliche Olivenöl in einer Pfanne erhitzen und darin Fenchel und Knoblauch 5 bis 8 Minuten dünsten. Mit Salz, Pfeffer und Petersilie würzen.

WENN DIE GÄSTE DA SIND:
▸ Die Fischpakete auf ein Backblech oder Grillgitter legen. In den vorgeheizten Backofen schieben und die Fische etwa 20 Minuten garen lassen; nach der Hälfte der Garzeit die Alufolie öffnen.
▸ Das Gemüse nochmals erwärmen und breitflächig auf vier Tellern anrichten. Die Doraden filetieren und die Filets auf dem Fenchel anrichten.

Senf-Fondue mit Würstchen

26. Dezember

Weihnachtszeit ist Familienzeit, und in der gibt es ja bisweilen auch viele Kinder. Für die und natürlich auch für die Erwachsenen ist dieses Würstchen-Fondue der herzhafte Ausgleich zu den vielen süßen Naschereien. Und Sie können alles vorbereiten, bevor die Gäste kommen.

Zeit für Gäste

🍴 Für 4 Portionen

🕐 Zubereitungszeit:
   40 Minuten

TIPP

Sie können die Würstchen auch in heißem Öl im Fonduetopf frittieren, anstatt sie in der Brühe zu garen.

½ l Fleischbrühe
½ l Gemüsebrühe
200 g Sahne
3–4 EL würziger Dijon-Senf
Salz, schwarzer Pfeffer
1 kg verschiedene Würste
(Kochwürste, z.B. Wiener,
Regensburger, Lyoner, Weißwürste,
alle gehäutet und in 1–2 cm dicke
Scheiben geschnitten)
½ Bund Petersilie, gehackt

FÜR DIE TEUFELSSAUCE:
150 g Mayonnaise
50 g Tomatenketchup
Saft von ½ Orange
2 EL Weinbrand
Tabascosauce nach Geschmack
1 Prise Zucker
Cayennepfeffer
Salz, schwarzer Pfeffer

AUSSERDEM:
1 Glas Essiggurken
1 Glas Cornichons
ofenfrische Brötchen und Laugenbrezeln

▶ Fleisch- und Gemüsebrühe mit Sahne bei mittlerer Hitze 8 bis 10 Minuten leise kochen lassen. Den Topf vom Herd nehmen und den Senf unterschlagen. Mit Salz und Pfeffer würzen.

▶ Die Wurststücke nach Sorten auf Serviertellern anrichten. Salz- und Pfeffermühle sowie ein Schüsselchen mit gehackter Petersilie auf den Esstisch stellen.

▶ Für die Teufelssauce alle oben genannten Zutaten gründlich miteinander verrühren und in eine Sauciere füllen.

▶ Essiggurken, Cornichons und gemischte Brotwaren anrichten. Die Senfbrühe auf das Tischrechaud stellen.

Bunte Nachweihnachtsplatte

27. Dezember

Die Feiertage sind vorbei, und ganz sicher warten im Kühlschrank noch vielfältige Überbleibsel auf ihre Verwertung. Stellen Sie ein buntes Potpourri zusammen und reichen Sie dazu Brot.

Lazy Weekend

Weißkohl-Hackfleisch mit Nudeln

Schnellgericht

Keine Zeit und keine Lust auf die große Küche? Verständlich und kein Problem, denn im Gefrierfach steht ja noch das Weißkohl-Hackfleisch, Rezept vom 16. Dezember (s. Seite 302). Auftauen und mit Nudeln Ihrer Wahl genießen.

Ananassalat mit Zwiebeln

Schnellgericht
- 🍴 Für 4 Portionen
- 🕐 Zubereitungszeit: 30 Minuten
- 🕐 Ruhezeit: 1 Stunde

Zeit für einen Vitamincocktail, und ein solcher ist dieser vitaminreiche Salat, den Sie mit gemischtem Schinken und Vollkornbrot servieren können.

1 mittelgroße Ananas	Saft von 1 Orange
2 Zwiebeln	Salz, schwarzer Pfeffer
4 Stängel Koriandergrün	Cayennepfeffer
(oder Petersilie)	
150 g Joghurt	**AUSSERDEM:**
½ TL Currypulver	50 g Kokosnussraspeln

▸ Die Ananas schälen, längs vierteln und den Strunk entfernen. Das Fruchtfleisch in kleine Ecken schneiden. Die Zwiebeln schälen, halbieren und in feinste Streifen schneiden.
▸ Den Koriander waschen, trocken schwenken, von den Stängeln zupfen und fein hacken.

▸ Den Joghurt mit Koriander, Currypulver und mit Orangensaft verrühren. Mit Salz, Pfeffer und Cayennepfeffer abschmecken.
▸ Alle vorbereiteten Zutaten in einer Schüssel locker vermengen, abdecken und 1 Stunde im Kühlschrank ziehen lassen. Zum Servieren dick mit Kokosnussraspeln bestreuen.

Gefüllte Paprikaschoten mit Baguette

Die eingefrorenen gefüllten Paprikaschoten, Rezept vom 22. Dezember (s. Seite 307), auftauen und im Topf sanft erwärmen. Da in der Füllung schon Reis enthalten ist, als Beilage frisches Baguette und Feldsalat servieren.

Schnellgericht

Fischfondue mit Kaviarsauce

Der letzte Tag des Jahres ist gekommen, wie gut, dass Sie schon eine Rezeptidee für Ihre Party haben: Ein Fondue eignet sich immer gut zum Feiern, und dieses macht mit seinen feinen Zutaten dem Anlass alle Ehre.

Party, Party!
🎎 Für 4 Portionen
🕐 Zubereitungszeit:
   40 Minuten

1 EL Olivenöl
150 g fein geschnittene Gemüsewürfel (Karotte, Sellerie, Lauch)
1 gewürfelte Knoblauchzehe
1 l Fischfond (Fertigprodukt)
Salz, schwarzer Pfeffer
15 Safranfäden
1 EL gehackte Kräuter
(Petersilie, Basilikum, Kerbel)
4 geschälte Riesengarnelen
250 g Steinbuttfilet
250 g Lachsfilet
250 g Rotbarbenfilet

FÜR DIE KAVIARSAUCE:
200 g geschlagene Sahne
1 TL gehackter Dill
1 gewürfelte Schalotte
1 Döschen Kaviar
(etwa 40 g, z. B. Seehasenrogen)
1 TL Zitronensaft

AUSSERDEM:
Weißbrot
Fonduegabeln

TIPP
Zusätzlich feine Fertig-
saucen zum Dippen bereit-
stellen, z. B. Curry- oder
Knoblauchsauce. Auch
Mangochutney oder Kräu-
terremoulade eignen sich.

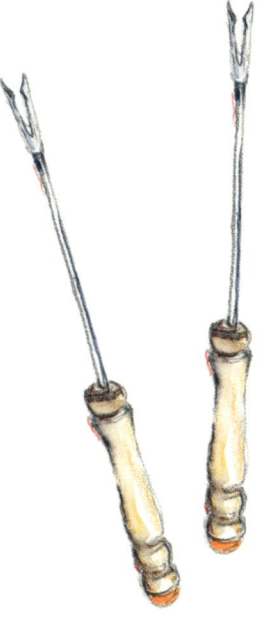

▶ Das Olivenöl in einem Topf erhitzen und darin Gemüse- und Knoblauchwürfel andünsten. Mit Fischfond aufgießen und auf-kochen lassen. Mit Salz und Pfeffer würzen und den Topf beiseite ziehen, Safranfäden und Kräuter einrühren.
▶ Die Riesengarnelen längs halbieren, dabei entdarmen, waschen und mit Küchenpapier trocken tupfen. Die Fischfilets in mundgerechte Stücke schneiden. Alle vorbereiteten Zutaten auf einer Servierplatte anrichten.
▶ Für die Kaviarsauce alle oben genannten Zutaten unter die geschlagene Sahne rühren und in eine Sauciere füllen.
▶ Den Topf mit der Brühe auf einem Tischrechaud warm halten und Weißbrot dazu servieren.

Rubrikregister

Sonntagsessen

Suppentag

Zeit für Gäste

Alphabetisches Register